清华国学丛书

孔夫子与现代世界

Confucius and Modern World

陈来 著

图书在版编目(CIP)数据

孔夫子与现代世界/陈来著.—北京:北京大学出版社,2011.3
(清华国学丛书)
ISBN 978-7-301-18617-6

Ⅰ.①孔…　Ⅱ.①陈…　Ⅲ.①儒家-研究-中国-现代
Ⅳ.①B222.05

中国版本图书馆 CIP 数据核字(2011)第 035303 号

书　　　名：孔夫子与现代世界
著作责任者：陈　来　著
责 任 编 辑：田　炜
封 面 设 计：海云书装
标 准 书 号：ISBN 978-7-301-18617-6/B·0967
出 版 发 行：北京大学出版社
地　　　址：北京市海淀区成府路 205 号　100871
网　　　址：http://www.pup.cn　电子邮箱:pkuwsz@yahoo.com.cn
电　　　话：邮购部 62752015　发行部 62750672　出版部 62754962
　　　　　　编辑部 62752022
印　刷　者：三河市博文印刷有限公司
经　销　者：新华书店
　　　　　　880mm×1230mm　A5　9.5 印张　220 千字
　　　　　　2011 年 3 月第 1 版　2016 年 1 月第 2 次印刷
定　　　价：28.00 元

未经许可,不得以任何方式复制或抄袭本书之部分或全部内容。
版权所有,侵权必究
举报电话：010-62752024；电子邮箱：fd@pup.pku.edu.cn

《清华国学丛书》总序

在现代中国,"国学研究"就其内容而言即国人对于中国文化之研究。中国文化有几千年连续发展的历史,中国文化的体系博大精深。经过百年来与外来文明的融汇,中国文化不断实现着新的发展与更新。在中国现代化进程不断发展、全球化浪潮冲击世界的今天,更全面、更深入地认识中华文明及其历史发展,发扬优秀的中国传统文化,已经成为新时代的重要使命。清华大学国学研究院的恢复建立,就是要为中华文明的伟大复兴,为中国文化走向世界,为中国学术的卓越发展,为重振清华大学中国文化研究的雄风而尽其努力。

在清华的历史上,1925年曾成立清华研究院国学门,当时亦通称清华国学研究院,后因各种原因,在1929年停办。在短短的四年当中,毕业学生近七十名,其中后来成为我国人文学界著名学者的近五十人。清华国学研究院指导学生的教授王国维、梁启超、陈寅恪、赵元任四位先生,后被称为四大导师,清华国学研究院的研究在当时代表了我国国学研究的最高水平,其教育人才的成就也成为我国近代教育史的一段佳话。

关于老清华国学研究院的宗旨和精神,吴宓在《清华开办研究院之宗旨及经过》中明确地指出:"惟兹所谓国学者,乃指中国学术文化之全体而言。而研究之道,尤注重正确精密之方法,并取材于欧美学者研究东方语言及中国文化之成绩,此又本校研究院之异于国内之研究国学者也。"近代以来,"国学"概念的使用有不同的用法,吴宓的提法代表了当时多数学者的用法。后来清华国学研究院的教研实践也显示出,清华国学研究院对"国学"和国学研究的理解,始终是把国学作为一种学术、教育的概念,明确国学研究的对象即中国传统学术文化,以国学研究作为一种学术研究的体系。在研究方法上,则特别注重吸取当时世界上欧美等国研究中国文化的成果和方法。这表明,老清华国学研究院以研究中国传统文化为本色,但从一开始就不是守旧的,而是追求创新和卓越的,清华国学研究院的学术追求指向的不是限于传统的学术形态与方法,而是通向新的、近代的、世界性的学术发展。

所以,这种求新的世界眼光,是清华国学研究院得以取得如此成就和如此影响的根本原因之一。事实上,在20世纪20年代,在大学里成立国学研究的院所,清华并不是第一家,前有北京大学研究所国学门(1922)、东南大学国学院(1924),后有厦门大学国学研究院(1926)、燕京大学国学研究所(1928),尤其是北京大学国学研究所成立早,人员多,在当时影响广泛,但最终还是清华国学研究院后来居上,声望和成就超出于其他国学院所,成为现代中国学术史的标志。究其原因,除了王国维等人本身是当时我国国学研究冠绝一世的大师外,主要有二:一是清华国学研究院以中西文化融合的文化观作为基础,在中国文化的研究方面,沉潜坚定,不受激进主义的文化观念所影响;二是把国人的国学研究和世界汉学、东方学的研究连成一体,以追求创新和卓越的精神,置身在世界性的中国文化研究前沿,具有世界的学术眼光。

老清华国学研究院是不可复制的,但它的精神和宗旨在今天仍然有其不可磨灭的价值。今天的清华大学国学院,依然承续老清华国学研究院对国学概念的理解和使用,我们也将以"中国主体、世界眼光"为宗旨传承老清华国学研究院的学术精神。"国学研究"是中国学者对自己的历史文化的研究,必须突出中国文化的主体性;但这种文化主体性的挺立,不是闭关自守、自说自话,而是在世界文化和世界性的中国文化研究中确立起自己的地位。

清华大学国学研究院力图秉承老清华研究院国学门的精神,接续20世纪三四十年代清华人文研究的传统,参与新时期以来清华文科的恢复振兴,力求把"清华国学研究院"办成具有世界影响的中国文化研究中心,为中国文化研究提供一个一流的国际化的平台。研究院将依托清华大学现有人文学的多学科条件,关注世界范围内中国研究的进展,内外沟通、交叉并进,既关注传统学术的总体与特色,又着重围绕中国哲学、中国史学、中国美学与文学、世界汉学进行多维度的深入研究,以高端成果、高端讲座、高端刊物、高端丛书为特色,为发展国际化的中国文化研究做出贡献。

《清华国学丛书》是清华大学国学研究院主办的几种高端丛书之一,丛书主要收入本院教授、访问学人的研究成果,及本院策划立项的研究项目成果。这些成果在完成之后,经过遴选而收入本丛书,由北京大学出版社出版。

清华大学国学研究院

2011 年 1 月

目 录

孔子与当代中国 …………………………………… 1
谁之正义,何种伦理?
　　——儒家伦理与全球伦理 …………………… 14
儒家思想与人权话语 ……………………………… 21
儒家传统与公共知识分子 ………………………… 35
儒家仁说的生态面向与现代诠释 ………………… 55
儒家礼学与现代社会 ……………………………… 68
儒耶对话的儒家观点
　　——本体与本根 ……………………………… 84
儒家思想与现代东亚世界 ………………………… 107
儒家伦理与中国现代化 …………………………… 117
现代中国文化与儒学的困境 ……………………… 139
中国早期政治哲学的三个主题 …………………… 154
论道德的政治
　　——儒家政治哲学的特质 …………………… 168
论儒家的教育思想 ………………………………… 180
现代新儒家的"哲学"观念
　　——以熊十力为中心 ………………………… 197

"互以对方为重"
  ——梁漱溟的儒家伦理观……………………………… 216
"文化热"运动的儒学护法
  ——张岱年先生的儒学观……………………………… 239
二十世纪的儒学研究与儒学发展………………………… 254
走向真正的世界文化
  ——全球化时代的多元普遍性………………………… 275

后 记……………………………………………………… 292

孔子与当代中国

在过去的一个世纪里,像中国人那样对自己的文化传统给以全面、深入的批判在世界历史上是令人瞩目的,也许正因为如此,晚近出现的传统文化复兴的诸多现象,也引起了相当普遍的关注。这似乎表明,近代以来的中国社会历史文化的变迁,始终与"传统"的问题结下了不解之缘。

不管人们喜欢或不喜欢孔子和儒家,事实是,在中国过去两千多年的历史上,儒家在中国社会和文化中占据了突出的地位,在中国文化的形成上起了主要的作用;以至于人们有时把儒家传统作为中国文化的代表,以孔子作为文化认同的象征。另一个事实是,20世纪的革命运动和现代化变革,给孔子和儒学的命运带来了根本的变化;在20世纪的文化运动中,对孔子和儒家思想的反省、批判可以说占了主导的地位。而跨入新的世纪以来,随着中国经济的快速增长和中国在政治、经济上在世界地位的提高,要求对孔子和儒家思想文化重新认识的呼声也不断出现。在这样一个呼唤"文化自觉"的时代,我们期待把孔子和儒家的问题放进古老文明现代发展的纵深视野,置诸全球化的现实处境,以理论思考和实践关怀相结合的态度,把对这一问题的思考推进到一个更深入的水平。

让我们先举出与"孔子与当代中国"问题有关的三种思想史的

解释方式,然后尝试描述与"孔子与当代中国"问题相关的现实处境。

一

"孔子与当代中国",这个题目很容易使人联想起约瑟夫·列文森40年前的名作《儒教中国及其现代命运》。尤其是,这部书中正好就有"孔子在共产主义中国的地位"一章。在这一章的结尾,列文森说:"20世纪的第一次革命浪潮真正打倒了孔子。珍贵的历史连续性、历史认同感似乎也随之被割断和湮没。许多学派试图重新将孔子与历史的延续、认同统一起来。共产主义者在寻找逝去的时光中发挥了作用,并有自己明智的策略和方法:恢复历史的本来面目,还孔子的真相,置孔子于历史。"①那么,什么是"置孔子于历史"？列文森的这部书中有一部分,名为"走入历史",这意味着,在他看来,儒家思想文化在1950—1960年代的中国,已经丧失了任何现实的存在和作用,成为"过去",而走进了历史。正如他评论当时中国的文化政策所说:"共产主义者可以使孔子民族化,使他脱离与现行社会的联系,脱离今后的历史,将他回归于过去,只把他当作一个过去的人物对待。"②与后来的"文革"不同,在1960年代初期的一个间隙,对孔子的比较平心静气的学术讨论曾一度短暂地浮现,列文森对此加以评论说:"与这些历史遗物相同,共产党也没有必要非从精神上彻底抛弃孔子不可,所以孔子也能受到一定的保护,也有存在的价

---

① 列文森:《儒教中国及其现代命运》,第343页。
② 同上书,第336页。

值。共产党不是要剥夺他存在的意义,而是取代他的文化作用。简言之,保护孔子并不是由于共产党官方要复兴儒学,而是把他作为博物馆的历史收藏物,其目的也就是要把他从现实的文化中驱逐出去。"①

孔子当然是一个过去的人物,但是,这里所谓使孔子回归过去,是要使孔子仅仅成为"一个逝去的古人",其真正意味是使孔子的思想成为过去,使孔子思想在今天没有任何影响,使孔子及其思想成为博物馆中保存的历史遗物,在现代社会没有任何作用。这样,所谓置孔子于历史,就是"把孔子妥善地锁藏在博物馆的橱窗里"。应当承认,60年代的列文森在评论60年代的中国文化政策时,他的评论没有任何受冷战意识形态的影响的迹象,他甚至对中国当时采取的文化政策与方法有某种同情的了解,显示出历史学者平实、冷静的态度和风范。

由此也可见,列文森有名的"博物馆收藏"的比喻,其实并不是他自己的文化主张,而首先是他对1950—1960年代中国的文化政策的一种旁观的概括;其次在这种概括下也包含了他对中国社会现实的认知和判断,即儒家已经"走入历史"。而一个走入历史的孔子,应当既不受崇拜,也不受贬斥,已经不再是一个需要反击的目标。

二

列文森死于1969年,他虽然未及看到70年代前期的批孔运动,但"文化大革命"高扬破除传统思想文化的口号,显然给"博物馆收

---

① 列文森:《儒教中国及其现代命运》,第338页。

藏"说带来了冲击和困惑。难道,对已经走入历史的博物馆收藏物还需要大动干戈地"继续革命"么?

然而,这样的困惑对李泽厚并不存在。1980年李泽厚发表了他在70年代末写的《孔子再评价》,他的思想特色,是把孔子和儒家思想把握为"一个对中国民族影响很大的文化——心理结构",以此作为解释孔子的一条途径。在这个解释下,孔子根本没有"走入历史",而是始终作用于历史和现实之中。他指出:"由孔子创立的这一套文化思想,已无孔不入地渗透在广大人们的观念、行为、习俗、信仰、思维方式、情感状态……之中,自觉或不自觉地成为人们处理各种事务、关系和生活的指导原则和基本方针,亦即构成了这个民族的某种共同的心理状态和性格特征。值得重视的是,它的思想理论已转化为一种文化——心理结构,不管你喜欢或不喜欢,这已经是一种历史和现实的存在。"①

在李泽厚看来,这种心理结构化为民族智慧,"它是这个民族得以生存发展所积累下来的内在的存在和文明,具有相当强固的承续力量、持久功能和相对独立的性质,直接间接地、自觉不自觉地影响、支配甚至主宰着今天的人们,从内容到形式,从道德标准、真理观念到思维模式、审美情趣等等"②。文化心理和民族智慧虽然并不是超时空超历史的先验存在物,但在20世纪它显然不是走入历史的死的木乃伊,也不是无所附着的幽灵,而仍然是一种持久、延续的、活的、深层的存在。

根据李泽厚,儒学在历史上所依托的传统教育制度、政治制度、

---

① 李泽厚:《中国古代思想史论》,人民出版社,1985年,第34页。
② 同上书,第297页。

家族制度等在20世纪已全面解体,走入历史,但儒学并没有因此完全走入历史,因为它已化为民族的性格。在这个意义上,孔子和儒家思想当然不是博物馆的收藏品,而是在当代现实生活中,在大众、知识分子、政治家内心存活着的、作用着的东西。即使在今天,也没有人能否认李泽厚的这一看法。因此必须承认,儒家对中国人的行为和心理的影响是中国的现实,是所有研究当代中国的社会科学学者必须面对和认真对待的基本国情。

三

同样明显的是,儒家思想既不能归结为走入历史的过去式遗存,它的超越历史的意义也不仅限于文化心理结构的存在,它还具有更广泛的文化传统和文化资源的意义。本杰明·史华慈曾针对列文森的博物馆比喻,提出图书馆的比喻,认为思想史不是博物馆,而是图书馆,在一定意义上揭示了这一点。从思想史传统和资源的角度来看,这是很重要的。黑格尔早已说过:"思想的活动,最初表现为历史的事实,过去的东西,好像是在我们的现实之外。但事实上,我们之所以是我们,乃是由于我们有历史。或者说得更正确些,正如在思想史的领域里,过去的东西只是一方面,所以构成我们现在的,那个有共同性和永久性的成分,与我们的历史性也是不可分离地结合着的。"①也就是说,思想史上"过去"的东西,同时也在我们的"现实"之中。而在本体论上说,"过去"乃是规定着现在我们之所以为我们的东西。这个我们可以是个人、族群、国家。在这个意义上,图

---

① 黑格尔:《哲学史讲演录》第一卷,第7页。

书馆的比喻就远不够了。就思想史而言,黑格尔认为,思想史的生命就是活动,"它的活动以一个现成的材料为前提,它针对着这些材料而活动,并且它并不仅是增加一些琐碎的材料,而主要地是予以加工和改造"①。过去的传统把前代的创获传给我们,每一世代的文化成就都是人类精神对全部以往遗产的接受和转化,因此传统是每一时代精神活动的前提。列奥·施特劳斯同样强调,古代伟大的哲学家的学说,不仅具有重要的历史意义,也有重要的现实意义,为了了解古今社会,我们不仅必须了解这些学说,也必须借鉴这些学说,因为他们所提出的问题在我们今天依然存在②。他甚至断言,古代思想家的智慧,要比现代智慧更为优越,这当然是见仁见智的了。儒家作为文化资源或思想史的意义,就是指儒家的道德思考、政治思考、人性思考等仍然可以参与当代的相关思考而有其意义。

四

论及文化传统,自然要提起爱德华·希尔斯的经典著作《论传统》。值得注意的是,其导言中曾专列一节,名曰"社会科学对于传统的无视"。他认为当代社会科学受启蒙运动的观念影响,接受了怀疑传统的态度和不能容纳传统的"社会"观念。他说:"读一下当代社会科学家对特定情况中发生的事情所作的分析,我们就会发现他们会提及参与者的金钱利益、非理性的恐惧与权力欲,他们用非理

---

① 黑格尔:《哲学史讲演录》第一卷,第9页。
② 施特劳斯:《政治哲学史》上,"第一版序",河北人民出版社,1993年,第1页。

性认同或利害关系来解释群体内部的团结,他们还会提及群体领导的策略,但是他们很少提到传统与重大事情的密切关系。现实主义的社会科学家不提传统。"①他以为,社会科学坚持"现实现地"的研究,而忽视时间的"历史向度"。因此,"行动的目的和准则,接受这些目的、准则的根据和动机,以及我们称之为传统的信念、惯例和制度重复出现的倾向,往往都被认为是不成问题的问题。社会科学各分支在理论上越发达,就越不注意社会中的传统因素"②。据希尔斯分析,社会科学对传统的忽视有各式各样的原因,其中最根本的原因是社会科学家接受了进步主义的观点,于是厌恶传统把传统视为落后甚至反动,他们认为现代社会正走在一条无传统的道路上,"利害关系"和"权力"将支配人的行为。他举例说:"最伟大的社会学家马克斯·韦伯,当然不是热衷于进步的人,但他持有一种普遍观点,他认为归根结底有两种社会,一种是陷于传统的社会,而在另一种社会里,行为的选择标准是理性的计算、以达到最大的利益满足。……按照这个观点推论,现代社会正在走向无传统状态,在这种状态中,行动的主要根据是借助理性来追逐利益,而传统则是与这种现代社会的风格格格不入的残余之物。马克斯·韦伯在论述现代社会时,显然没有给传统多少位置,虽然他在表达这一点时表现出特有的悲剧式的雄辩。"③希尔斯对现代社会科学的批评也许过于严厉了,在中国的社会科学领域,不少社会科学学者一直致力于与儒学传统相关的研究,如社会学、法学、心理学等,尤其是香港社会科学学者,在这方面可谓着了先鞭。但希尔斯的批评肯定是有的放矢的,直指经

---

① 希尔斯:《论传统》,上海人民出版社,1991年,第9页。
② 同上书,第10页。
③ 同上书,第12页。

济学、政治学的学科习惯和"理性经济人假设"等新的社会科学教条,也很能针对当代中国社会科学多数学者的心态。事实上,人文学者和社会科学学者都应关心、思考包括传统问题在内的社会、文化问题,以及其他公共领域的问题。

在另一方面,希尔斯也指出,20世纪人们已经对现代文明加以反思,现代文明是科学的、理性的、个人主义的,也是"享乐主义"的。"人们对资产阶级社会的责难之一是,资产阶级社会使人类脱离了赋予存在的意义的秩序",而传统正是这种意义秩序的组成部分,传统是此种秩序的保证,意义的来源,是文明质量的保证。现代社会在理性化和除魅的同时,也丧失了伟大宗教所提供的意义。由是他批评韦伯低估了传统的权威以及体现传统权威的模式和制度对现代社会这种发展的抗拒力量,在他看来,相对于现代社会的各种力量如科层化而言,对实质性传统的崇敬、对既存事物的尊重、宗教信仰、克里斯玛常规化的制度、累积的实践经验智慧、世系与血亲感、对地方和民族的归属感等,在现代社会仍有力量。他指出,实质性传统已不像从前那样独占社会中心,"然而实质性传统还继续存在,这倒不是因为它们是仍未灭绝的习惯和迷信的外部表现,而是因为,大多数人天生就需要它们,缺少了它们便不能生存下去"[1]。在这个视野之下,儒学当然是属于他所说的"实质性传统"。在市场经济的时代,在道德重建和社会正义的要求日益突出的时代,我们需要更严肃地考虑传统在现代社会的作用和意义。

---

[1] 希尔斯:《论传统》,第406页。

五

跨入21世纪以来,传统文化普及日益发展,民众对包括儒学在内的传统文化的热情持续增长。据国际儒联的一份报告,全国各地幼儿园、中小学开展的以诵读蒙学与四书为主要内容的普及活动方兴未艾,估计有1000万少年儿童参加,在这1000万人背后,至少还有2000万家长和老师。这些活动主要是民间的力量分散、自发地组织开展的。这些传统文化普及活动,以养成社会价值观和传统美德为中心,着眼于道德建设和人格成长,追求积极的人生,受到了社会的积极的关注。其中如北京的一耽学堂,天津的明德国学馆等普及儒学的民间团体,以"公益性"为宗旨,组织志愿者身体力行,颇受好评。这些被称为草根性的儒学普及活动,在新一波的国学热中占了重要的地位。在教育文化界,素被认为以坚持意识形态优先而著称的人民大学,在2002年率先成立了孔子研究院,此后大学的儒学中心遍地开花,《论语》等儒家经典的今人解说,更是俯拾皆是。据估计,2007年有上百种解读《论语》的新书问世,印刷量将创历史纪录。企业界精英学习了解传统文化的热情一直有增无减,大学举办的以企业管理人员为对象的国学班正在四处发展,与蓬勃发展的中国民营经济形成了配合的态势。同时,也出现了由企业界人士出资创办的非盈利性的以学习传统文化为主的学堂和书院。以儒学为主要内容的网站目前已有几十个,互联网博客的出现更成为民间传统文化爱好者研究者的嘉年华展场,进一步激发了民间性的文化力量①所

---

① 参见《国际儒联工作通报》2007年6期。

有这些,无疑都反映了90年代中期以来中国经济快速发展以及所谓"中国崛起"所带来的全民的民族自信与文化自信的增强。另一方面,民众对传统文化的热情体现出的人们精神的迫切需求,根源于旧意识形态在人们心灵的隐退所造成的巨大虚空,这种空间要求得到弥补,特别是民族精神与伦理道德的重建,成了社会公众的强烈需求。

民间草根性的对传统文化特别是儒家文化的热情成为这一波中国文化热的巨大推动力量,它的出现和规模,完全超出了知识精英的预期,其力量也远不是学院知识分子可以相比的。其中虽然有些盲目的成分,但无可怀疑地显示出,"文化场"不再是学者的一统天下,从而,社会和民间的文化价值取向将成为知识精英必须重视的因素。民间大众最少洋教条、土教条的束缚,他们根据自己的社会文化经验,表达他们自己的文化偏好,在文化民主的时代,发出了自己的声音。应当看到,国民心理已经发生了变化,而这种变化,不会是短暂的,将是持久的,可惜我们还缺少对这一文化现象的有深度的社会学研究。

今天,"孔子学院"已经把孔子的符号带往世界各地。在某种意义上,孔子被恢复了他作为中国文化象征的地位。这标志着,在后"文革"时代以来对孔子及其思想的平反进程迈进了一个新的阶段。这看起来对于儒家是一个可喜的变化,然而,在我看来也更是一个挑战。我在这里指的还不是一些人出于不同的动机而利用这种变化,而是指,近几十年来为了反抗对它的不合理的批判,儒家学者往往把主要精力用于在文化上的自我辩护和哲学上的自我发掘。而今天,当不再需要把主要力量置于文化的自我辩护的时候,儒家的社会实践,除了坚持其一贯在文化教育、道德建设和精神文明上的努力之外,如何面对当今世界、当今社会的现实处境(包括扩大民主、社会正义和公共福利等)而发出自己的声音,表达自己的态度,不能不成为新的考验。

六

就20世纪后半期的中国(大陆)而言,可以大体分为两个阶段,前一阶段为革命的延续,后一阶段为改革的兴起。而在跨世纪的门槛上,中国的社会、经济、政治、文化,与20世纪相比,发生了巨大的变化。从文化上看,正如中国的经济一样,我们今天已经处在一个与五四时期、与国内革命战争时期、与文化革命时期、与改革开放启动时期都完全不同的时代。革命早已成为过去,经济改革已基本完成,这个时代的主题不再是"革命—斗争",甚至也不再是"改革—发展",用传统的表达,进入了一个治国安邦的时代。在文化上,从上个世纪的"批判与启蒙",走向了新世纪的"创造与振兴"。

儒学不是鼓吹革命的意识形态,儒学也不是启动改革的精神动源,因此儒学在20世纪的被冷落,是理有必然的。与相对短时段的革命和改革而言,儒学正是探求"治国安邦"、"长治久安"的思想体系。时代的这种变化在领导党的观念上已经表达出来,"执政党"概念在近年的普遍使用,鲜明体现出领导党从"革命党"到"执政党"的自我意识的转变。这一点应当得到肯定。而执政党的任务就是要把注意力平实地集中在治国安邦的主题上。与此相伴,执政党的政治文化也有了明显的变化,从江泽民的哈佛演讲,到胡锦涛的耶鲁演讲,以及温家宝的哈佛演讲,无可怀疑地显示出执政党政治文化的"再中国化"倾向。21世纪中国领导人的演讲,以自强不息、以民为本、以和为贵、协和万邦为核心,无一不是从中国文明来宣示中国性,来解释中国政策的文化背景,来呈现中国的未来方向。以"和谐"为中心的执政党的国内政治理念和口号,也体现着类似的努力,即探求以中国文化为基础来构建共同价值观、巩固国家的凝聚力,建设社会的精神文明。大量、积极地运用中国文化的资源以重建和巩固政治合法性,已经成为21世纪初执政党的特色。放眼未来,这种顺应时代的发展只会增强,不会减弱。这与90年代以来台湾当局的"去中国化"努力正成对比。

所谓"再中国化",当然并不表示此前的、20世纪后半期的中国政治、文化缺欠中国性,而是指自觉地汲取中国文化的主流价值资源,正面宣示对中国文明的承继,更充分的中国化,以应对内外现实的复杂挑战。这种再中国化,也决不表示对外部世界的各种"好东西"的拒绝,因为它只是当代中国政治文化连接传统的一个方面,而不是全部。它重在表示与"和传统决裂"的不同态度,肯定了现代中国必须是根于中华文明原有根基的发展,表现出复兴中国文明、发展中国文明的文化意识。所有这些,都是我们今天讨论"孔子与当代中国"所不可忽视的背景。至于全球化浪潮下的文化多样性和自主性问题的突出,就不在这里叙说了。

毫无疑问,传统的复兴决不是要回到过去,如果说新文化运动时期的"复古"批判具有当时政治的针对性,那么,今天任何对传统的关注,都是对现实的一种救治和补充,没有任何人要在政治、经济、文化上回复到古代。事实上,历史上的所谓复古也大都是变革的一种形式,人们从来都是"古为今用"的。无论如何,传统是不可或缺的,但传统不是完美的;传统是延续的,但传统不是固定不变;传统既要经过接受,也要经过修改;发展、变化、转化充满了传统传延的过程。而且传统的传延更依赖于诠释,而诠释总是反映着时代的新的变化,包含着新的发展。我们所期待的是,人文学者和社会科学学者密切交流,以理性的态度、开放的心态,在学理上深入探讨有关儒学与当代中国的各种课题,以适应、促进当代中国社会文化的更好发展。

20世纪对儒家思想文化从启蒙和现代化的角度进行的批判可以说已经发挥得淋漓尽致,达到了最深入和全面的程度;同样,对这些批判的回应,在20世纪也达到了深入和全面的呈现。因此,重要的不是简单重复20世纪有关儒家文化讨论的已有论述和观点,更不是肤浅地追逐文化的热点,而是应当适应时代的变化,结合当代中国的社会现实,直面文化、价值、秩序的重建,发展出新的问题意识和寻求新的解答,在这一点上,我们期待着人文学者和社会科学学者的深入沟通与全面合作。

2007 年 7 月 26 日

谁之正义,何种伦理?
——儒家伦理与全球伦理

90年代,一个"走向全球伦理"和促成"世界伦理宣言"的运动方兴未艾。然而,我们为什么要订立一份"世界伦理宣言"?这个宣言与人权宣言的关系是什么?已有的种种论述显示,这个问题仍然是不清晰的。

到目前为止,"走向全球伦理"的运动,一直在追求和寻找"世界各宗教在伦理方面现在已有的最低限度的共同之处"。很明显,在上百种宗教中能找到的它们间的相同处,可能远远少于它们的不同处。这不仅会导致"最少主义"的空洞形式的伦理,更重要的是,即使找到一些共同处,并在将来发展出更多的一些共同处,又能怎么样?不要忘了,基督教和伊斯兰教同源,它们的共同处要比现在宣言中各宗教的共同处多,可是它们间的冲突难道不比基督教和佛教更厉害吗?两次世界大战在欧洲不都是发生在基督宗教信仰传统的国家间吗?不是文明内的冲突吗?

所以,重要的也许不是宗教信仰和宗教伦理间的共同处有多少,而是应当努力发展各宗教中的和平主义和宽容精神,销蚀各宗教内对异教的排斥冲动,从而引导世俗世界的多元共存。找共同处,其实仍是一种一元论的思维方式,难道我们就不能想象一种中国式的

"和而不同"的思路吗？没有必要期望所有宗教最后的趋同并由以解决世界的冲突，这种期望只能是对多元文化的否定。信仰、伦理上的共同处不能保证和平共处，共同处多也不等于共处容易。

在我们问世界伦理宣言的意义是什么的时候，还包含有这样的意思：这一伦理宣言所欲对应的究竟是什么范围的问题？是各个宗教内部、各个民族国家内部的道德危机、行为失范，还是国家间、民族间的冲突、压迫？换言之，责任宣言要面对的责任主体是谁？

1995年在勃兰特领导下，提倡"全球性的公民伦理"，以"作为不同国家和文化之间合作解决全球性问题的基础"。照这个说法，宣言是着眼在国家间和文化间的关系准则，其伦理的主体就是冲突的主体，即是"国家"和"文化"（亨廷顿说是文明）。孔汉思博士发起世界伦理运动的最初动因，也是基于这样一种信念："没有宗教间的和平，就没有民族间的和平。"以后演变为"没有一种全球性伦理，便不可能有美好的全球性秩序"。这似乎是说，"世界伦理"对应"世界秩序"，这里的"世界"是指各个民族国家组成的世界，从而世界秩序即是国家间的秩序，于是世界伦理就是民族—国家间行动之伦理准则。

道德对国际事务和外交活动确有约束作用。但现代国家的行为不再依赖个人的良知和荣誉，而受制于党派、选民；普遍伦理与民族国家利益冲突时，往往是民族国家占上风。近代历史表明，国际法、国际道德准则、世界舆论等规范体系对主权国家由权力意志出发的行动很难有效地加以规范。这是由于"国际社会"与一个现实的民族国家的社会不同，现在的世界仍然是一个没有世界政府和世界社会的世界，规范自然难起作用。一切道德都是对存在实体的欲望企求、权力意志加以限制，但在国际领域，道德言辞常常流为掩盖真实利益动机的装饰,不能真正起作用。冯友兰早就指出,一团体或社会的行为道德,是依据此团体或社会之上更高的团体或社会所规定的基本要求;但国家之上没有更高的社会,故国家之行为不能如国家内的行为那样易于受道德的规范。

因此,伦理宣言或责任宣言不必把国家间行动之伦理准则当做主要着眼点,而应当阐明基于各大宗教伦理传统的对当今世界道德状况的不满和改造人心状态的看法,阐明道德危机的原因,谋求从根本上改变人类的精神生活。

在责任宣言和世界伦理宣言中,有着一种对人权话语的谨小慎微的态度:"我们,世界各族人民,以此方式在此强调已在《人权宣言》中宣布过的那些承诺,即承认人有尊严,承认它们的不可剥夺的自由与平等,以及它们在利益上的休戚与共,这世界上的每一个人都应当通过学习而获得对这些责任的意识,并且提高对于它们的认同态度。"(《人的责任宣言》)这意味着什么呢?意味着人的责任宣言就是要再次承诺在人权宣言中被肯定的人的自由、尊严和权利?

又如,在1997年3月的巴黎会议,"与会者同意,现在的有关普遍权利、价值和标准的文件,比如《人权宣言》和其他相关条约,应该成为这次寻求普遍伦理的出发点,《人权宣言》现已为越来越多的文化所接受,它在一个重要意义上已成为了普遍伦理的先驱","普遍伦理旨在认定全球社会的基本伦理和原则,人权文件中所列举的那些人的权利和责任将在这个过程中担任重要角色"。如果说《人权宣言》成为伦理宣言的起点和重要内容,责任宣言的必要性和特殊性又在何处?

更有进者:"也许总有一天,甚至可以制订一份联合国的全球伦理宣言,它将对常常遭到忽略和粗暴破坏的《人权宣言》提供道德的支持。"①难道"为《人权宣言》提供道德支持",这就是全球伦理宣言的全部目的和实质？或者，难道《人权宣言》本身没有包含道德理念，需要另找一些道德理念来支持它？

最后："我们想起了1948年联合国的世界人权宣言，它从权利这一层面正式宣告的东西，我们在此希望从伦理角度加以肯定和深化。这些东西是：人的固有的尊严的充分实现，一切人本质上不可让渡的自由与平等，所以人都必须团结一致和相互生存。"②于是，伦理宣言就是从伦理的角度去肯定人权宣言的内容？

其实，责任与权利是如此明显的不同，这使得孔汉思也承认："从否定的方面来说，一份全球伦理宣言不应当是什么？概括地说，不应当是《人权宣言》的重复。如果各宗教基本上只是重复联合国《人权宣言》的种种说法，那么，人们不要这一份宣言也是可以的。但是，伦理意味着比权利更多的东西，而且这样一份伦理宣言就不能免除这一指责：即它是一份典型的西方文件。"③事实上，伦理不仅意味着比权利更多的东西，甚至意味着与权利不同的东西！

我是赞成有一份世界伦理宣言的。而在我看来，这份伦理宣言不应当是为《人权宣言》服务的，恰恰应是对《人权宣言》的补充和对权利话语的救正，是对现代性的道德反思，是对启蒙主义的灵性回应，是对一切宗教传统和价值的理性的肯认。它不应是对《人权宣言》已有的东西的重新论证，而应当着重于提出《人权宣言》所没有、

---

① 孔汉思：《全球伦理》"序"，载《全球伦理——世界宗教议会宣言》，孔汉思、K. 库舍尔编，何光沪译，四川人民出版社，1997年。
② 孔汉思、库舍尔编：《世界宗教议会走向全球伦理宣言·全球伦理的原则》，载《全球伦理》，第11页。
③ 孔汉思、库舍尔编：《走向全球伦理的历史、意义与方法》，载《全球伦理》，第56页。

所忽略的道德态度。

自由主义的道德的中心原则是个人的权利优先,人人有权根据自己的价值观从事活动,认为用一种共同的善的观念要求所有的公民,将违背基本的个人自由。而儒家和世界各大宗教伦理则都强调社会共同的善、社会责任、有益于公益的美德。"责任"与"权利"是两种不同的伦理学语言,反映着两种不同的伦理学立场,适用于不同的价值领域。伦理宣言或责任宣言必须明确自己的立场:宣言究竟是以责任为基础,还是以权利为基础。它应当在表明坚持《人权宣言》的条目的同时,不含糊地申明它不赞成权利话语的伦理立场。

毫无疑问,我们必须坚持和守护《人权宣言》中的所有要求,并努力使之实现。但是,这并不意味着伦理宣言仅仅是为《人权宣言》提供支持。宣言应当指出,在伦理问题上,权利话语和权利思维是有局限的,是远远不够的,权利中心的思维的泛化甚至是当今众多问题的根源之一。权利话语又往往联系着个人主义。个人主义的权利优先态度,其基本假定是把个人权利放在第一位,认为个人权利必须优先于集体目标和社会共善。在这样的立场上,个人的义务、责任、美德都很难建立起来。权利优先类型的主张只是保障人的消极的自由,而不能促进个人对社会公益的重视,不能正视社会公益与个人利益的冲突。责任宣言要推进的是建设有积极意义的价值态度。

在西方文化的主流理解中,人权是个人面对国家而要求的一种权利。它是每个人都需要的、对其政府提出的道德的和政治的要求。在这里,个人的权利要求即是政府的责任和义务,故人权观念只涉及了政府的责任和应当,却无法界定个人对社会、家庭和他人的义务和责任。这样的权利观念是西方近代以来的自由主义哲学的核心,是近代市场经济和政治民主进程的产物。但由于把焦点集中在个人对社会的要求、集中在个人对自己权利的保护上,因而忽视了个人对社会的责任、忽视了个人也应具有尊重他人权利的责任。

儒家伦理的价值,用简单的方式说明,也许可以借用亚洲价值的说法来参考。亚洲价值的提法虽然可能受到有关西亚、南亚文化的质疑,不过,按提出者的解释,亚洲价值主要是指东亚受儒家文化影响的价值体现。亚洲价值是亚洲传统性与现代性的视界融合中所发展出来的价值态度和原则。这些原则根于亚洲文化、宗教和精神传统的历史发展,这些原则又是亚洲在现代化过程中因应世界的挑战,淘除传统不合理的要素,适应亚洲现代性经验所形成的。亚洲价值被概括为五大原则:一,社会、国家比个人重要;二,国家之本在于家庭;三,国家要尊重个人;四,和谐比冲突有利于维持秩序;五,宗教间应互补、和平共处。可以看出,这几条在儒家伦理中都是满足的。

这五项原则可以说是当代东亚文化中的适用价值。因而,这五项原则中不仅有亚洲的传统价值,也有百年来吸收西方文明和建立市场经济、民主政治过程中生长起来的新的价值,如尊重个人。因此,所谓"亚洲价值"并不是说它的价值体系中的所有要素只有亚洲性。现代亚洲的价值与现代西方的价值的不同,不是所有的要素都不同,而是价值的结构、序列不同,价值的重心不同。质言之,这是一套非个人主义的价值观体系,但却是亚洲现代性的价值观。这也是新的、现代的儒家文明的价值观。其核心是,不是个人的自由权利优先,而是族群、社会的利益优先。这种社会公群利益优先的价值态度,不能用来作压制人权的借口,它靠民主制度和尊重个人的价值实现人权的保护。而与现代西方价值的不同在于,这种价值态度要求个人具有对他人、公群的义务与责任心,这种义务与责任心是与公群的基本共识和共享价值是一致的。这种价值态度要求人保持传统的美德,这种美德既是人性的体现,又是社会普遍利益的升华。

儒家思想与人权话语

近代欧洲发展起来的现代性方案,经历几个世纪的扩张,已经在相当程度上成为全球性的范本。然而,历史的发展却显示,正如亨廷顿所指出的,世界正在变得更加现代化但是更少西方化。其中的基本原因是,虽然各个国家都把现代化作为追求的目标,但是非西方社会并非照搬西方现代性方案的观念与制度,而是在实践中不断因应社会文化的实际,从而形成与西方现代性有所不同的现代性文化方案和政治方案,即各有不同的意识形态模式与制度安排。这种发展,社会学家艾森斯塔德称之为多元现代性的形成。不过,全球性和本土性,普遍性与特殊性总是处在一种辩证的关系之中。因此,对于非西方社会而言,问题并不是要简单拒绝西方现代性或根本否认西方现代性中具有普遍性要素,而是如何在自己的文化中重新诠释西方所发展起来的概念、制度,重新建构这些概念、制度与自己传统的概念制度的相互关系。

人权的观念便是体现多元现代性的一个例子。一方面,人权观念对于现代社会具有其普遍意义是不能否认的。另一方面,如何理解人权观念及其地位,在不同文明背景的社会中选择不同。西方人权理论的观念形式和其实际诉求之间有没有文化的距离,西方式的人权观念有没有超出其实际诉求的特殊哲学假设,儒家传统中是否有与西方人权思想的类似物？如果有,它的重点和强调之处是什么？它与现代人权思想的相容性如何？儒家是否会认同一种肯定人权的但与西方有所不同的现代性方案？这些是本文所希望略加讨论的问题。

一

所谓"人权"的概念是从近代西方文化中发展起来的。"人权"的观念本质上是一种权利取向的文化的体现。因此,在以义务或责任为取向的中国传统文化中很难找到与"人权"观念类似的概念,是不足为奇的。但是,就近代"人权"思想主要关注的思想内涵(而不是概念)来说,在中国古代文化中特别在儒家文化中并非全然没有其对应物和类似关切,只是它所具有的类似关切通常以不同的方式来表现,并且有不同于西方的侧重和方向。了解这些,不仅有助于理解中西文化与价值取向的差异,亦可由以思考如何以古代儒家思想为基础来接引、丰富西方世界的人权观念。因此,尽管古代中国文化中没有"权利"的概念,本文仍然试图内在于"人权"论说的框架,来检视本文一开始所提到的这些问题。

我们知道,"人权"的概念有许多定义,在诸多的定义中,有一些说法比较适合于本文有关儒家思想的讨论,如"人权是个人作为面对国家的人的一种伦理权利"(美国的韦尔曼),和"所谓人权是每个人都要对他的社会和政府提出的或被认为应当提出的那些道德上的和政治上的要求"(美国的亨金)。同时,人权一般区分为"公民、政治权利"和"经济、社会权利",在西方近代以来的文献中,关于公民和政治权利往往使用"个人享有的权利"这样的表达;而关于经济和社会权利,则往往使用国家行为而非个人权利的措辞。① 这两方面其实是相辅相成的,因为所谓个人对国家的权利,反过来说即是国家对个人的义务。

如果把"人权"了解为"政府所应保障人民享有的最低的权利"的话,人权本质上是政治学的而非伦理学的概念,虽然在其后面有一定的道德观念以为基础。因此,尽管我们在古代儒家思想中找不到与"人权"类似的概念表达,但如果把上述了解的重点移向政府或统治者对人民所应承担的义务,那么,类似的关切在中国儒家政治思想中便俯拾皆是了。可以说,在古典儒家思想中是以"政府义务"而不是"个人权利"来表达近代人权观念的某些要求的,而这些要求又比较集中在基本生存权利的方面。

二

早期中国政治文化中统治者与被统治者关系的理想模式是"父母—赤子"。《尚书》的《洪范》说"天子作民父母",《康诰》说"若保赤子惟民其康乂",典型地反应了这种模式。所以,正如众所周知的,周代的政治思想的核心之一是"保民",这也是整个《尚书》中不断重复的主题。如"政在养民"(《大禹谟》),"安民则惠"(《皋陶谟》),"抚民以宽"(《微子之命》),"子子孙孙永保民"(《召诰》)。与此成为对照的,是对"虐民"的强烈指控。正是在这样一种政治文化的精神气质中,才形成了"民为邦本"(《大禹谟》)的思想。把养

---

① 以上参看沈宗灵《第二次世界大战后西方人权学说的演变》,《当代人权论》,当代中国出版社,1993年,第126、127、131页。

民、安民作为统治者的最大责任和基本义务,经由上古政治文化的演进,逐渐强化为中国儒家政治思想的基调。换成本文要讨论的语言,此一基调就是:政府或主政者以保障人民生活的富裕和安宁为根本义务。"保民"的内涵主要是"养"和"安","养"指满足人民的生活需求,"安"指满足人民的和平需要。这种政治思想又是建立在承认民有其"欲"的基础之上,故说"惟天生民有欲",而且"民之所欲,天必从之"。

《尚书》中的天民合一论表明,上天是民意的终极支持者和最高代表。而由于民众的意愿具有体现上天意志的强大道德基础和终级神学基础,所以在理论上民意比起君主更具有优先性,因为皇天授命君主的目的是代行天意来爱护保护人民。在这样一种思想和信念中,在上天面前,人民与君主不是平等的,人民对君主具有优先性和重要性。人民对君主并没有无条件服从和忍受压迫的义务;反而,以皇天作为终极支持者,人民有权利要求君主实行德政;如果君主不行德政而"虐民",则人民视君主为寇仇是正当的。

三

孔子曾有先富后教的指示,把统治者的首要义务规定为"富民"。但真正全面继承了《尚书》政治思想的是孟子。正如世界人权宣言产生于二次世界大战之后,孟子的思想是直接针对战国战争的人道呼吁,他要求王者必须保障人民免受战争和饥饿,他说:

> 狗彘食人食而不知检,涂有饿莩而不知发,人死则曰"非我也,岁也"。是何异于刺人而杀之,曰"非我,兵也"。王无罪岁,斯天下之民至矣。(《孟子·梁惠王上》)

所以,孟子所理想的社会,首要的是免于饥寒的生存保障。他有一段著名的话:

> 五亩之宅,树之以桑,五十者可以衣帛矣。鸡豚狗彘之畜,无失其时,七十者可以食肉矣。百亩之田,勿夺其时,数口之家可以无饥矣。……七十者衣帛食肉,黎民不饥不寒,然而不王者,未之有也。(《孟子·梁惠王上》)

这是指王者统治之合法性与统治现实之可能,全有赖于是否保障人民有基本的物质生活条件。故又说"保民而王,莫之能御也"(同上)。

在《孟子》中有孟子与齐宣王的对话:

> 孟子谓齐宣王曰:"王之臣有托其妻子于其友而之楚游者,比其反也,则冻馁其妻子,则如之何?"王曰:"弃之。"曰:"士师不能治士,则如之何?"王曰:"已之。"曰:"四境之内不治,则如之何?"王顾左右而言他。(《孟子·梁惠王下》)

这一则对话明确表示出,当人们把某种东西委托给某人时,他有其应履行的受托义务。同样,一个担任某种职务的官员必须履行好其承担的职责和责任。一个统治者亦然,他也和其他受托者一样,如果他不能履行其责任和义务,他应该被抛弃。

《孟子》中还提出了另一个类似的故事,他对一个官员提出批评:

> 今有受人之牛羊而为之牧之者,则必为之求牧与刍矣。求牧与刍而不得,则反诸其人乎?抑亦立而视其死与?(《孟子·公孙丑下》)

孟子并用这一说法讽谏齐王,这都说明他认为王与政府官员都是受托的管理者,必须完善地履行其管理义务与责任,不能称职者应当把权利还给人民。

因此,在儒家的政治思想中,"作民父母"不是无条件的,孟子说:

> 为民父母,使民盻盻然,将终岁勤勤,不得以养其父母,又称贷而益之,使老稚转乎沟壑,恶在其为民父母也?(《孟子·滕文公上》)

所以,君主最重要的也是最基本的职责为"制民之产"。当然,孟子讲的是"以仁富民",他是反对"不行仁政而富之"的。

四

关于政治合法性,孟子有两方面的表达,都可谓继承发展了《尚书》的政治思想,一是:

> 得天下有道:得其民,斯得天下矣;得其民有道,得其心,斯得民矣。得其心有道,所欲与之聚之,所恶勿施尔也。(《孟子·离娄上》)

这是把合乎民心作为政治合法性的根源。另一是:

> 贼仁者谓之贼,贼义者谓之残,残贼之人谓之一夫,闻诛一夫纣矣,未闻弑君也。(《孟子·梁惠王下》)

这是把道德原则作为政治合法性的根据。无论如何,对违背民心和道德原则的统治者,人民有反抗和革命的正当权利,承认这一点与否,是中国儒学和日本儒学的重大区别之一。日本儒学正是因为否定人民革命的正当权利,而以忠君为第一优先,形成了与中国儒学的不同特色。

虽然孟子并不反对言论和信仰自由,虽然孟子自己非常重视人格尊严,但总的说,孟子认为统治者对人民所承担的首要责任和义务,不是保障自由与平等,而是保障人民的基本生活的温饱和安宁。在中国古代,现代人权思想所表达的要求并不表达为个人向政府所要求的权利,而是表达为主政者必须为人民承担的根本义务和责任。同时,与近代相比,传统儒学政治思想主张统治者对"民"的保障,其"民"不是指个体的个人,而是一般地意指人民的集体。

《大学》引诗说"乐只君子,民之父母",说"民之所好好之,民之所恶恶之,此之谓民之父母"。孟子所说的民心,也就是《大学》所说的民之好恶。在古典儒家的政治思想中,民之父母首先是指统治者必须像父母承担保障子女的义务一样,承担起保障人民权利的责任。其基本原则是"因民之所利而利之"、"因民之所好恶而好恶之"。这些"利""好恶"都在直接意义上指人民集体对生存、和平、安宁的要求。这种思想,如果用现代人权的语言来表达,我们似乎可以说,儒家所注重强调的是"民"的经济权、生存权,即最基本的人权;而未涉及政治权(参政权)、文化权。在孟子的论述中,始终把"制民之产"放在仁政的首位,即置于政府责任的首位。这是重视经济权优先的立场。

所以,从上述论述可知,如果说"人权"实际上是指个人面对国家要求的一种权利,则儒家思想中并无人权的观念。但"人权"的诉求相应地可表达为国家或政府的义务。因此如果把"人权"的内容从政府所应保障的人民的权利这一角度来表达,则在中国儒家思想中可以发现一些类似物。对照世界人权宣言来看,古典时代的儒家重视人民的经济社会权利,但从未设想过参政权利,儒家所考虑的政治权利只限于革命权利,而革命权是属于自然法和天道天理,不是社会正常状态下国家所肯定的权利。文化思想权利在儒家亦未涉及。儒家所要求的政府和统治者保障人民的义务有其重点,即强调基本生存权的满足。

五

其实,古代和中世纪的西方,也没有人权的概念,奴隶和农民都没有人权。17—18世纪人权思想在欧洲出现,意在反抗教会专制和封建特权。此后,在洛克、卢梭的影响下,欧美有关人权的宣言式的文献不断涌现,这是与资产阶级上升时期的推动分不开的。但是人权的理想,自从它被提出之后,已不属于哪一个特定的阶级,而成为各民族、各阶级维护自己利益的普遍口号。尤为明显的是,在历史的发展中,人权不仅是一个普遍的旗帜,从第一代人权到第三代人权的发展,社会主义的理想和要求也已经成为人权体系的重要内容。

然而,人权是一种价值理想,也正因为它是理想,所以它的实现可以说注定是要经历漫长、困难的道路;或者说,正是人类生活背离人权理念的永久现实,才使得人权的理想显示其意义。欧洲是人权思想的发源地,可是在法国大革命至今的二百年中,不仅欧洲曾对亚洲、非洲、拉丁美洲进行了长期的殖民统治,法西斯主义、反犹太主义在欧洲本身的肆虐,由此导致的世界大战,更是有史以来对人权的最大的破坏。美国是战后经济最发达的民主国家,而60年代美国黑人运动和越南战争所体现的美国人权状况,显示出人权进步的步履艰难。自认为捍卫人权最力的美国,直到今天也没有参加联合国大会通过的两个重要的人权公约以及有关种族、妇女的国际人权公约。发达、民主如美国尚且如此,由此可知,人权理想在全世界范围的实现,远远不是短期内可以期望的。

基于这种现实,推动人权在世界范围内的改善,不应当是理想主义的,而应当是现实主义的。人权运动的首要目标应是,使一切团体和个人在理论上、理念上承认人权是超越文化具体性的普遍价值理想,而不是把注意力过分集中在具体行为上,因为违反人权的现象在任何国家都是永远不可能彻底消除的。

六

在讨论儒家文明与人权的关系时,迄今为止,理论上的讨论常常集中于这样一个问题,即"儒家传统中是否有人权观念或其萌芽"。

把注意力集中在"儒家传统是否有人权观念"上,很大程度上是出于这样的考虑:如果儒家传统有人权的观念或其萌芽,则儒家文明会较容易接受现代的人权理论;如果儒家传统中没有人权观念或其萌芽,则儒家文明就很难接受人权理论。这在理论上说起来,似乎是如此。但对任何一个传统来说,都会有些东西是其本来没有而将来也难以接纳的;同时也都会有些东西是其本来所没有而后来或将来可以接纳的。因而"本无"并不就排斥"后有"。儒家思想在历史发展中,曾不断地接受和吸取了许多原先没有而后来取自其他资源的思想因素。儒家接受吸收道家、佛家的思想文化成分,这至少是唐宋以后的一个趋势。又如,儒家本身并没有"科学"的观念,但自19世纪后期以来,中国人接受科学的观念并无障碍。从这个方面来看,问题也许不在于儒家传统中有或者没有人权观念,而在于儒家是否有可能接纳人权观念,成为自己新的发展的一部分。

另一方面,人权论说是一种权利语言,而权利语言是一种西方文化的语言。因此,如果仅就概念而言,儒家在传统上不仅没有"人权"的概念,就连"权利"的概念也没有。在这个意义上,"人权"观念是一个典型的西方文化语境中产生的概念,尽管是在西方近代才产生,而且是市民社会与民主发展的产物。但是,如果不拘泥于概念,而注意"人权"观念形式下所表达的内容与要求,特别是60年代以来所形成的人权理论和国际文书,并从这个方面考察儒家传统是否肯定此种内容与要求,才能真正理解儒家文化和人权论说的相互关系。而这就要求我们首先要把人权论说还原,从各种"权利"观念的形式下还原出其具体的主张和要求,以了解儒家能否接纳人权的主张与要求。

七

在《世界人权宣言》的"弁言"中,对人权价值的强调可归为以下四个原则:自由言论、自由信仰/得免忧惧、得免贫困/人格尊严与价值/男女平等。这四点包含了人权要求的不同方面,即公民政治权利、经济权利、法律权利、社会权利。在这四点当中,正如本文前面所叙述的,中间的两条明显是儒家精神所肯定的价值,这表明,说现有人权文献与儒家思想格格不入,是肯定不正确的。关于男女平等,我们知道,儒家文化虽然重视夫妇关系和阴阳之道,但儒家传统中基本上是肯定男尊女卑的观念和秩序的,在这个意义上,儒家传统中有关男女平等的资源很少。但是,在过去的几十年,中国已成为世界上

（至少在东亚）男女平权、妇女解放最前进的国家,在城市的多数家庭,"妻为夫纲"成了普遍的现象。这是一个有关儒家文化圈内的从"本无"到"后有"的例子,而这一点,恐怕不能仅仅归于社会主义平等的观念引进与制度实践,我个人的感觉是,这仍然和中国儒家传统中以"仁"为核心原则所造就的男性性格不无关系。

据潘恩的看法,法国《人权宣言》的前三条概括了宣言的全部内容,这就是:一、人的权利生来平等;二、自由、财产、安全及反抗压迫是天赋人权;三、国民是一切主权之源。这些有关财产权、安全权、反抗压迫权以及国民为主权之源的思想,与儒家传统的民本主义表达的形式虽然不同,但在内容上有相通之处。《世界人权宣言》中将人权保护规定的更为具体,其中关于人人有权享有生命权、自由迁徙权、婚姻权、财产权、受教育权、受社会保障权、工作及受酬权、参加文化生活权、母亲和儿童受保护权、病残寡老受保障权,这些条目的规定更明显地是儒家可以肯定的,可以接受的。

人权公约把人权宣言的理想加以分别,把"得免忧惧,得免贫困"发展为《经济、社会、文化权利国际盟约》,把"自由言论、自由信仰"发展为《公民和政治权利国际盟约》,比宣言规定的更为周全。《经济、社会、文化权利国际盟约》的全部三十一条中,不仅没有什么是儒家精神立场上所不可接受的,而且是儒家精神所欲积极推动的。

八

在西方的角度来看,与东方的最大争议是在有关公民和政治权利方面。由于历史的原因,对公民权利的特别关注成为美国立国的基础。儒家对"自由言论、自由信仰"的理念究竟是何态度呢?与法家主张对人民的思想控制相比,先秦儒家在百家争鸣中比较接近自由派,汉代的董仲舒虽有"罢黜百家,独尊儒术"之说,但只是主张朝廷有一指导思想,并不是主张禁止人民的其他思想信仰。从这一点来看,宋代以后三教合一的趋势表明,宋代以后的儒家也没有反对信仰自由和表达自由,惟其限制中以尊重君主之权威及名誉为首要,这是因为在封建时代君主的权威与名誉代表一国之秩序。而这并不意味着儒家反对批评君主。恰恰相反,儒家不仅以批评君主之恶为道德义务,更以生命的代价践履这种道德义务。根据《公民和政治权利国际盟约》的规定和表达,人有思想、信念、宗教的自由、人有表达其宗教或信仰的自由,而此两种自由都需以"保障国家安全、公共秩序、卫生、风化及尊重他人名誉权利为限"。这在儒家的精神立场上是可以接受的,并不存在什么障碍。

不过,由于儒家自己不是一种有组织的宗教,儒家在传统上虽不反对思想自由,却始终主张有统一性的道德宣传与道德教育("教化"),赞成以国家为主体的教化活动,以"一道德而同风俗"。因此儒家在现代社会不会反对公民及政治权利,不会反对政治思想上的自由,但仍然必定反对道德伦理上的自由和相对主义,仍然会赞同政府在道德伦理方面(而非意识形态方面)的教化与范导行为。

九

把人权语言还原后的内容与儒家思想进行交谈,便可发现,已有的人权国际公约的内容,没有什么是儒家精神立场上所不可接受的。因此,儒家传统中有没有人权思想,并不是一个根本性的问题。事实上,非西方文明的国家能否接受人权观念已经不成其为问题。

然而,如果"人权是个人对社会、政府所提出的要求和权利",如果西方政治思想的中心原则是个人权利优先和个人自由优先,如果认为用一种共同的善的观念要求所有的公民,将违背基本的个人自由,那么,儒家永远不可能认可此种权利优先的态度。儒家与西方各宗教伦理都强调社会共同的善、社会责任、有益公益的美德。因此,儒家的精神立场可以接受《经济、社会、文化权利国际盟约》和《公民和政治权利国际盟约》的所有内容,但却是在责任、义务、公群的背景和框架中来肯定其内容。从而,公民、政治、经济、社会各种权利在逻辑层位上,在与历史情境密切关联的实现次序上,更在责任与权利的根本关系上,儒家的安排会与西方文化不同,其立场肯定是非权利优先、非个人优先的。

人权已经成为世界范围内被普遍接受的价值和理想。但是人权的观念在不同文化中的价值地位不同。在现代西方特别是美国的教育中,人权已成为首要的内容。中国没有逃避宗教迫害的背景,没有与殖民者进行斗争求得独立的历史,没有市民阶级与贵族斗争的历史,而中国自古以来,特别是儒家传统,始终不是把个人对国家的要求和权利放在首要地位。儒家思想中规定了统治者和政府所应承担的保障人民的义务,但其重点在经济社会权利方面。儒家思想在几千年中更是作为士大夫的思想,士大夫则是知识分子和官员,这使得儒家思想始终内在地把对社会承担的责任和美德以及对公共事务的关切作为首要的要求,而儒家民本主义又要求士大夫始终对民生有高度的关注。于是"忧国忧民"成了儒家知识分子的精神传统和内在关怀。19世纪中叶以来的中国历史,面对外来的冲击与压迫,使知识分子的这种精神更为强化。因此,处在发展中的社会、受儒家传统影响的中国知识分子会乐于认同人权思想,但这种接受和认同不会是超越了他固有的忧国忧民的社会意识和责任观念优先的伦理态度,从而使得人权观念不会无条件地成为他的第一原则,而始终会与他的传统的文化价值取向处于复杂的互动。事实上,这对世界各大宗教传统都是如此,不独儒家为然。这种多元文化的体现,是当今推动全球伦理和文明对话的过程中应当受到注意和尊重的前提与背景。

儒家传统与公共知识分子

当今世界,无论中外,"知识分子"的意义在大多数场合意味着"有专业知识的人"。而与这种通俗的、大众的用法相伴随的,是始终有一些思想家强调"知识分子"的非专业化的意义。早的不说,至少在拉塞尔·雅可比(Russel Jacoby)的《最后的知识分子》面世以后,"公共知识分子"(public intellectuals)已渐渐成了晚近美国公共论域的重要讨论,就是一个明显的例证。与其他的西方文化界的讨论往往与中国本土的兴奋点不相接近不同,"公共知识分子"的话题则是一个很容易为中国当代文化论坛所引入的话题。这是因为,"知识分子"话语本身,在中国的后文革时代一直是知识阶层"认同的焦虑"的释放途径和探究方式,也是中国现代化进程的文化表象。

一

在"反右"运动以后,中国的知识分子在大体上处于"思想改造"对象的地位,知识分子的总体不能作为革命的积极力量被肯定。或者是革命力量的边缘,或者是革命的对立面,在两者之间,知识分子的地位摇荡着,而且总是被推向着后者。在"文革"中知识分子的道德形象和社会属性更被贬抑到无以复加的地步,以至于差一点被归入与"地富反坏右叛徒特务走资派"一类的社会反动力量。知识分子的普遍压抑在"文革"之后遽然消解,并且在邓小平时代的初期以官方定义的"工人阶级的一部分"的身份恢复了与其他社会阶层的平等地位,虽然这一提法看上去很反讽,但它确然是当时意识形态下所能给予知识分子的最大程度的重新肯定。我们都还记得,在那种历史条件下,在那个时代,知识分子对于每一次官方给予知识分子的社会定位都相当敏感。

如果说,1980年以前"知识分子"话语的中心和动力总是围绕着官方的定位而发生,那么可以说,此后的"知识分子"话语则产生于知识分子自身在改革开放环境中的不断反思。这无疑反映了中国社会的政治进步和中国知识分子的群体自觉。30年来,知识分子对"知识分子"的思考已经成为时代变迁的每一阶段引人注目的文化图像。不过,在改革开放初期,知识分子"身份"的解放带来的直接后果是知识分子对于国家建设和专业工作的热情投身,而并没有立即引起知识分子自身对于"知识分子"的人文反思,这是不奇怪的。80年代关于知识分子的思考起于"文化热"的前夜,这时俄国式的知识分子定义随着西方学术文化和意识形态的传播,渐渐影响了知识分子的自我认同,引起对"知识分子"的最早思考,并导致了"知识分子研究"成为"文化热"中的焦点论题之一。而且,这种取向的对"知识分子"的理解与启蒙思潮一起,对1989的风潮起了它自己的作用。80年代的知识分子对自己的反思一方面集中在作"改革的"还是"保守的"知识分子,一方面强调与现实政治的距离性、批判性,"自由知识分子"成了那一时期不少知识分子的自我定义。与80年代的"知识分子"话语更多具有"政治化"的性格不同,90年代中期的"知识分子"话语是针对"市场化",所谓"人文精神"的讨论因此而起。而

21世纪第一个十年的今天,"公共知识分子"的讨论,一方面,按其在西方发生的逻辑应当是针对"专业化"和技术理性,另一方面则可能也针对着当代中国知识群体生活的"小资化"。这一切都明显地证实着中国现代化发展的深入历程。

其实,知识分子的声名不仅在中国曾经遭遇"臭老九"的尴尬,在西方也不总是受人推崇。萨义德(Edward W. Said)甚至论定:"一直到20世纪,英文中的知识分子(intellectuals)、知识主义(intellectualism)、知识阶层(intelligentsia)主要用于负面。"[1]所谓公共知识分子,是指知识分子在自己的专业活动之外,同时把专业知识运用于公众活动之中,或者以其专业知识为背景参与公众活动。这些公众活动包括政治、社会、文化等各个方面,而这种运用和参与是以利用现代大众媒介等公共途径发表文字和言论为主要方式。无疑地,公共知识分子的观念的提出,是要强调专业化的知识分子在以学术为志业的同时不忘致力于对于公共问题的思考和对解决公共问题的参与。

与以往知识分子概念的职业限制不同,如有些学者所强调的,"公共知识分子"的重要特点之一是其职业身份可以多种多样。如果从"关心政治、参与社会、投身文化"(杜维明语)的活动方面来看,那么公共知识分子所栖身和生存的地方,也是其发挥作用的地方。因此,虽然他们可能栖存在学术界、政府界、企业界等不同领域以及各种社会组织甚至社会运动,虽然他们各自关心的公共问题并不相同并且活动的公共方式亦各有异,但他们共同参与建构公共领域的空间,对公共事务发挥影响。

---

[1] 萨义德:《知识分子论》,三联书店,2002年,第2页。

在这种意义上的公共知识分子们并没有统一的政治立场和文化观点,不可能把公共知识分子理解成观点一致的集团。公共知识分子们往往各有不同的甚至是对立的政治主张和社会文化主张,无论是改革的时代或是革命的时代都是如此。知识分子可以是主张对现状批判的人,也可以是主张回到传统精神价值的人,知识分子无须与现有政治保持一致,但也不必与政治结构刻意保持距离。①

不仅在同一社会中的公共知识分子具有不同的主张和观点,在不同文化—社会传统中的公共知识分子也往往各自凸显出不同的特色。在文化中国最先倡导公共知识分子的杜维明指出,知识分子在沙俄集中体现为抗议的精神,但在美国则更多体现在增进市民社会的努力,在英国体现为社会批评,在法国体现为文化的反省,在中国体现为儒家性格的知识群体,等等。② 这使我们对于以下这点发生兴趣:现代公共知识分子对公共性的强调及其多样的公共性格在中国古代是否有其文化的资源?中国文化传统特别是儒家思想传统对现代中国公共知识分子有何文化的塑造作用或影响?在描述的意义上,我们能否比照俄英美法而把中国知识分子概括为在某一方面的突出体现?

二

公共知识分子的讨论是一个属于现代性的问题。但知识者的公共性并非现代社会所独有。葛兰西(Antonio Gramsci)所谓的传统知

---

① 参看《杜维明文集》第五卷,第601页。
② 同上。

识分子也有其公共性。而中国古代的"士"、"儒"、"士大夫",其本身在作为学者的同时就是官僚队伍的成员或候补成员,所以在此意义上古代中国的士儒天然具有其公共性。虽然在承担行政职务的范围和等级上的不同会导致其公共性的差异,但总的来说公共性对于古代的士儒从来不是问题。现代知识分子的公共性的展开和表达,无论就其存在和技术的意义而言,与古代已不可比,古代士儒超越自身利益而面对的公共事务集中在朝廷政治和地方政务,因此他们的政治表达途径与方式要么在宫廷之中面陈政见,要么在地方上疏建言、发布政教,与今天知识分子赖以生存的以大众媒介为主体的公共领域大相径庭。古代士儒的政论文字,也限于知识人之间流传,而不是"公开的合理讨论"(哈贝马斯)。但是另一方面,在价值取向上,现代中国的公共知识分子必然在不同程度上受到中国知识群体传统的影响。

在直接的意义上看,中国古代没有与现代公共知识分子的问题完全相当的讨论,但这绝不是说对于我们今天的公共知识分子讨论古代思想不能提供任何资源,或者古代思想传统对于当代公共知识分子的价值取向及自我认同没有影响。情况可能恰恰相反。古典资源所给予我们的意义,往往取决于理解和解释。从这个角度来说,事实上并不需要另外寻找特别的文献资料,对于公共知识分子而言,现有的中国古代知识阶层史的研究,只要换一个理解的角度,大都可以变成知识分子公共性讨论相关的资源。

1987年,余英时在为其古代知识分子研究论集新写的"自序"中指出:

> 如果从孔子算起,中国"士"的传统至少已延续了两千五百年,而且流风余韵至今未绝。这是世界文化史上独一无二的现象。今天西方人常常称知识分子为"社会的良心",认为他们是

人类的基本价值的维护者。……这里所用的"知识分子"一词在西方是具有特殊涵义的,并不是泛指一切有"知识"的人。这种特殊涵义的"知识分子"首先必须是以某种知识技能为专业的人;他可以是教师、新闻工作者、律师、艺术家、文学家、工程师、科学家或任何其他行业的脑力劳动者。但是如果他的全部兴趣始终限于职业范围之内,那么他仍然没有具备"知识分子"的充足条件。根据西方学术界的一般理解,所谓"知识分子",除了献身于专业工作以外,同时还必须深切地关怀着国家、社会、以至世界上一切有关公共利害之事,而且这种关怀又必须是超越于个人的私利之上的。……

西方学人所刻画的"知识分子"的基本性格竟和中国的"士"极为相似。孔子所最先揭示的"士志于道"便已规定了"士"是基本价值的维护者;曾参发挥师教,说得更为明白:"士不可以不弘毅,任重而道远。仁以为己任,不亦重乎?死而后已,不亦远乎?"这一原始教义对后世的"士"发生了深远的影响,而且愈是在"天下无道"的时代也愈显示出它的力量。所以汉末党锢领袖李膺,史言其"高自标持,欲以天下风教是非为己任",又如陈蕃、范滂则皆"有澄清天下之志"。北宋承五代之浇漓,范仲淹起而提倡"士当先天下之忧而忧,后天下之乐而乐"终于激动了一代读书人的理想和豪情。晚明东林人物的"事事关心"一直到最近还振动现代中国知识分子的心弦。如果根据西方的标准,"士"作为一个承担着文化使命的特殊阶层,自始便在中国历史上发挥着"知识分子"的功用。①

---

① 余英时:《士与中国文化》,上海人民出版社,1987年。

余英时的这些论述并不是特别针对所谓"公共知识分子"而发,但其论述全部,也都适用于公共知识分子的古代形态和心态渊源的说明。他所说的"知识分子"就是"关怀着国家、社会、以至世界上一切有关公共利害之事"的知识人,这里的公共性是兼针对私我性和专业性而言的。

我们可以再对余英时的论述做一点申发。首先,余英时的古代知识阶层研究更多用"士",而很少用"儒",其实在其所讨论的范围和意义下,"士"与"儒"是可以共用和互换的。更为明显的是,如果我们整个回看两千五百年以来的历史,无疑,承继和发扬了这一"士"精神传统的是儒家。儒家士人和儒家思想是此种精神的传承、阐扬与实践的承当主体。所以以下的论述中我们径用"儒士"、"士儒"来进行讨论。

另一值得注意之点,是"天下"的概念在古代知识分子论说中所扮演的公共性意义。从余英时所引的有限的材料已可显示,在中国历史文化中包含有公共知识分子的思想资源,儒士的政治、社会、文化的公共关切,往往借助于关于道、国家,特别是"天下"的论述形式表达出来。

让我们顺着这两点把这一问题稍加展开。

三

从春秋时代的历史来看,诸子百家的"士"是从王官中转化出来的,在这个意义上,伴随着"哲学的突破"发生,"士"(不是春秋最下层贵族的士)的产生正是指从各种专业化的世官中转生出来的、追求普遍价值的新知识人。儒士从其开始出现直到中华帝国晚期,一直保有着类似所谓公共知识分子的品格。

儒士的第一个特点是"以道自任"。这一点至少自余著提出以来已为众所周知,故只需略举数例,如孔子、孟子的名言:

> 士志于道。(《论语·里仁》)
>
> 君子谋道。(《论语·卫灵公》)
>
> 君子忧道。(《论语·卫灵公》)
>
> 士穷不失义,达不离道。(《孟子·尽心上》)

这些都是强调,士的关怀始终超越一己或家族的利害得失,而指向"道"。道是世界的普遍原则,是人类的精神理想。如果我们知道西周以来的世官制度是以家族世传某种知识为特征,就可知轴心时代以降的"志于道"者正是对专业化的世官心志的超越,而且这类士君子在春秋末期以后已经不是偶然出现而是成为群体了。

儒士的第二个特点是"以天下自任"。这一点需要以多一点材料来说明。

中国古代"公共"一词的含义多指普遍性而言。《释名》:"江,共也。小流入其中,所公共也。"在古代政治文献中,像"法,天下公共者也"的说法很为常见。在宋代以后的哲学思想中,"理为天下公共之理","理为天下所公共"这类的讲法俯拾皆是,以强调理的普遍性。① 不过,在与今天所说公共性有关的问题上,也有一些使用"公共"语词的例子,如宋代所谓的"公共讲求"、"公共参议"。② 宋代学者批评当时士人有言:"障固其公共者使之狭小,阐辟其专私者而更

---

① 如《朱子语类》卷十八、二十。
② 见《续资治通鉴》哲宗、徽宗年所载曾肇等言。

自以为广大。"①明代也有学者曾倡言:"故必推极其虚灵觉识之知,以贯彻无间于天下公共之物,斯为儒者之学。"②在这里,"贯彻无间于天下公共之物"成为儒者之学的一个本质规定。所以,"公共"一词在中国古代也有广泛使用,只是其用法与今天不尽相同。

较接近于今天所谓"公共知识分子"观念所强调的"公共性"的意义,古代多用"天下"来表达。显然这是一个大的"公共"概念,也体现了古代儒家思想的总框架。《大学》格、致、诚、正、修、齐、治、平的思想结构,表示格致诚正是基础,而修齐治平不仅是格致诚正的自然延伸,也是格致诚正的最终完成,家国天下在先秦儒学是作为心性学的必然展开和归宿。《中庸》也认为,知修身"则知所以治天下国家矣",所以把修身列为"天下国家有九经",即列入"为天下国家"的九条常法之中,可见"天下国家"是古典儒家的具有目的意义的关怀。当然古典儒家的关怀在《中庸》还有"与天地参"、"赞天地之化育"等更高的一面。但无论如何,"诚者非自成己而已也,所以成物也","合内外之道",君子决不能只以成己为限,而一定要发及成物,使道行于世。由于君子心怀"天下",所以"君子动而世为天下道,行而世为天下法,言而世为天下则"(《中庸》),这里的天下当然是一公共的世界,故古代儒家虽然在问题意识上没有提出公共性的问题,但在出世与入世、道与利等问题上的论述可以说都蕴涵了儒家在公共性上的价值立场,即"天下"所代表的人民的、公共的利益始终是儒家具有终极意义的关怀。

这种立场可以孟子的话为作代表:"思天下之民,匹夫匹妇有不

---

① 《宋元学案·水心学案下》。
② 《明儒学案·甘泉学案六》。

被尧舜之泽者,若己推而内之沟中,其自任以天下之重如此。"(《孟子·万章上》)孟子的话虽然不是讨论针对专业性的公共性,但他的话"自任以天下之重"无疑为古代知识人规定了基本的价值方向,而这种"自任"的内涵是以"忧国忧民"为其特色。我们在后世的著述中每看到"以天下为己任"、"以天下风教是非为己任"的话①,都是孟子以来此种传统的明确表现。至于这种精神在古代士儒的具体的体现,那就不胜枚举了。自《孟子》的"乐以天下,忧以天下"(《梁惠王下》)以后,早如汉代的士大夫"每朝会进见,及与公卿言国家事,未尝不噫呜流涕"②;后如范仲淹自诵其志"先天下之忧而忧,后天下之乐而乐",感论国事,时至泣下③;乃至从明代东林党人顾宪成到现代共产党人邓拓的"家事、国事、天下事,事事关心"④,这样的例子举不胜举,足以证明"自任以天下之重"的精神对古代儒士和现代知识分子的深入影响。这种精神的影响使得现代知识分子难以遗忘对公共事务的关切来谋求个人的专业发展,也不会使这种精神的体现仅限于学术界的知识分子。

以下再列举若干宋明儒者的说法和表达。《宋元学案》述范仲淹生平云:"先生以天下为己任,……尝自诵其志曰'先天下之忧而忧,后天下之乐而乐',感论国事,时至泣下,一时士大夫矫厉尚风节,自先生倡之。"⑤述陈古灵云:"气古行高,以天下之重为己任。"⑥

---

① 如《明儒学案》引师说论张阳和语。
② 《后汉书·袁安传》。
③ 语见《范文正公集》卷七《岳阳楼记》。
④ 邓拓:《事事关心》,载《燕山夜话》,1979年,第156页。
⑤ 《宋元学案》卷三《高平学案》。
⑥ 《宋元学案》卷五《古灵四先生学案》。

《明儒学案》所记载的此类儒者言行更多，如"以天下之理处天下之事"①，"以天下为己任"②，"以天下为重"③，"吾辈动辄以天下国家自任"④；这些都表明"以天下为己任"已经成为深入近世儒士心灵深处的价值精神，社会、民生、风俗的公共性相对于个人的任何关切都始终具有优先性。"道也者天下古今公共之理"⑤，"道也者，天下之公道也，学也者天下之公学也"⑥；"天下事皆所当言，上为朝廷，下为苍生"⑦，"以天下之公议，寄之天下之人，使天下之人言之"⑧，"公议所在，系国家元气，系天下治乱"⑨。古代儒士已经把真理的公共讨论，特别是政治问题的公共讨论看成是关系到国家治乱存亡的重要领域。

当然，宋明以后，受佛教的影响，理学中也有内向化的发展，有些儒者重视精神的修养，反对只追求家国天下而忽略个人修养，强调个人的修身应当和家国天下的关心一体并进，如说"今人但在天下国家上理会，自身却放在一边"，"便逐在家国天下去"⑩。更有强调道德修身决定论者，认为随着道德修身问题的解决，家国天下的问题即随之解决，故有说："人常言圣人忧天下、忧后世，故生出许多假意，悬空料想，无病呻吟。君子思不出其位，只是照管当下，即天下后世一齐皆在。"⑪当然，这一类说法也可能是明代后期士人对专制腐败

---

① 《明儒学案》卷四《崇仁学案》。
② 《明儒学案》卷十一。
③ 《明儒学案》卷十四。
④ 《明儒学案》卷二十三。
⑤ 《明儒学案》卷五十四《诸儒学案下二》。
⑥ 《明儒学案》卷十五。
⑦ 《明儒学案》卷九。
⑧ 《明儒学案》卷二十五薛方山记述。
⑨ 《明儒学案》卷五十三《诸儒学案下一》。
⑩ 《明儒学案》卷三十一《止修学案》。
⑪ 《明儒学案》卷二十九《北方王门学案》。

的政治丧失了改革的信心所致。所以，儒学传统内部虽然包含着某些复杂性，但其主流和主导的价值取向无疑是天下国家优先的。

四

杜维明(Tu Wei-ming)是近年大力提倡公共知识分子观念的儒家学者。对于杜维明来说，他不仅从上述儒家观念出发而认定儒家对于公共知识分子可能提供很多资源，显然他认为儒家对士的理念和实践从更广的方面支持和体现了他所理解的公共知识分子。他认为，公共知识分子是一种新的知识分子形象，而在西方文化中现代意义下的公共知识分子的资源相当薄弱①，因为现代意义的公共知识分子既不是离群独居的希腊哲学家，也不是代表上帝声音的希伯来先知，"甚至也不是西方意义下的僧侣阶级或者长老，也不是19世纪俄国发展起来的知识分子"。如19世纪俄国的知识分子(intelligentsia)，"他们全是贵族，特别反对政府，不反对政府就不是知识分子。萨哈罗夫是知识分子，戈尔巴乔夫、叶利钦都不能算是知识分子。这种观点现在和美国、英国、德国、法国的知识群体的发展有很大的不同"。而且这种定义和中国当代的体制内知识分子现象不能相合。②换言之，他所理解的公共知识分子的外延范围相当广泛，所谓公共知

---

① 事实上，如列文森所说，希腊式教育的目的也是要培养非职业化的绅士，19世纪牛津和剑桥的理想也是要把人培养成绅士以抵抗维多利亚时代的职业化，可见就非职业化而言，西方文化亦有其资源(见《儒教中国及其现代命运》第16、196页)。而杜维明所说，则是指，就公共知识分子可以活跃于政界、商界、传媒界而言，儒家传统可为这种形象的知识分子提供更多的观念和例子。

② 他还指出，知识分子概念同样应当包括回归传统价值的人，政府部门也是公共知识分子活动的重要舞台。雷蒙·阿隆可能比一个萨特或一个福柯更体现出公共知识分子所承担的伦理义务。《杜维明文集》第五卷，第520、601、606页。

识分子的职业身份和其表达公共性关切的方式都是多样的,这种公共知识分子的观念远远超过了那种仅以不同政见者自命的沙俄知识分子的概念。根据这样的对"公共知识分子"的理解和诠释,杜维明认为,与这种充盈着更为丰满的人文精神的公共知识分子的人格形象最确切相近的是儒家传统的"士",对于这样的知识分子类型,儒家具有较为丰厚的资源,在儒家传统影响下,儒家性格的公共知识分子表现为"关心政治、参与社会、注重文化",并富于历史感受和道德自觉。

中国古代儒者士大夫的这种广义的公共性(尤其是参与政治的公共性)是不言自明的,列文森说:"中国官僚不是保持其与王权的一定距离(或它与王权的紧张关系),而是以官员的身份为王权服务,以儒家的身份为社会思考。无论在事实界还是精神界,他们从来都没有陷入毫不起作用的境地。"①另一方面,儒家的人格理想与职业化的要求始终不合,"儒学主要坚守其非职业化理想,即反对专业化,反对那种仅把人当作工具的职业训练"②。因此,儒家对"士君子"的观念从来不是以现实政治的批判为唯一的内容,尽管儒家士大夫在实践上总是以对政治提出批评为自己的道德责任。儒家的文化信念和责任伦理,使得儒家更注意文化的发展,更注意道德风教的变化,更多站在政治之内(而不是站在政治之外)参与政治。与博格斯所说的历史上西方知识分子多"不履行一定的政治指责"相比,中国传统的儒士大夫多履行一定的政治—行政职责,而又同时保持其学者文人的文化身份。

---

① 列文森:《儒教中国及其现代命运》,中国社会科学出版社,2001年,第220页。
② 同上书,第175页。

我们今天讨论公共知识分子问题的意义,在我看来,这至少提供了一个机会,清理80年代以来的有关"知识分子"的自我确定方面的各种观念。以沙皇俄国时代知识分子的抗议精神来作为知识分子的自我定义,是80年代后期中国历史条件下知识分子的一种不完整的认同,这种认同固然在促进对"知识分子"的理解走出文革的历史转型、发展批判性方面有积极意义,但如果与中国知识阶层传统和儒家思想传统的士大夫精神相比,毕竟有些窄化,也已不能适应今天中国社会文化发展的多面需要。因此,对我来说,参与有关"公共知识分子"的讨论并不是对这一观念有任何道德上的偏爱,而是希望以此为契机,来吸收晚近的丰富资源,进一步认识知识分子的理解与当代中国社会发展的需要两者之间的关系。

从根源上,韦伯(Max Weber)和列文森(Joseph. R. Levenson)都认为,"君子不器"的儒家类型的知识分子是无专业技能的人,又是认同价值优先于技术的人。因此儒家的知识人文化与专家文化不同。而从另一方面来看,儒家文化中的"价值优先",在本文所讨论的范围内,表现为对公共事务的关切被看做是十分重要的价值。有人认为儒家的这种价值取向在二十世纪五六十年代的现代中国的红专之辩中仍有影响。自然,"红"虽然是泛政治化的、意识形态化的象征,但无疑是公共性的。在这个意义上红专之辩中也可以说隐含有儒家的影子。不过儒家的价值优先是道的优先、理的优先、义的优先,与"红"的政治意识形态色彩仍有不同,这一点也应明辨。列文森甚至认为儒家比共产党更反对专业化,以区别儒家与共产主义实践,这虽然在某一意义上是对的,但就1949—1978年而言,还应当说儒家比后者更反对政治化。事实上,儒家传统的知识人往往具有两种倾向,一种是充分地具有对国事天下事的关注,从而道德价值优先的模式会降低专业化的倾向,贬低专家的地位;另一种也应承认,儒家内部的反智主义传统不强,始终在主流上强调道德不离于知识,而且在儒学传统中包容了大量的人文知识的专业化研究,这使它比起其他宗教传统更易于容纳专业化。

在中国古代,"学术之为召唤"和"政治之为召唤"对于士大夫群体毫不冲突,而是自然合一的,因为,就其为学者而言,他们可感于学术的召唤,就其为官员而言,他们服务于政治的召唤。传统士大夫的这种双重性格与现代化社会的职业化体制对于知识分子的要求很不相同。韦伯早已指出,以理性化为其基础的现代社会分化,造成了职业化的合理发展,也是现代化由以发展的条件之一。但工具理性的发展使我们"被迫成为职业人",它造就的知识分子可能是"没有精神的专家",并使得现代社会的社会结构和文化价值之间存在着难以消解的冲突。现代意义的"公共知识分子"论说,正是在这种职业化的背景下所产生的,意在强调摆脱学院化所体现的职业局限和宰制,但是公共知识分子的观念并非从根本上反对职业化作为社会分化和专业分化的合理进步意义。所以,那些抗拒成为公共知识分子而致力于人文学科探求、专业化地认同学院化研究工作的人,应当受到尊重。

学术之专业化或职业化的发展,是现代社会或社会现代化的必然表现。事实上,科学研究的专业化及自然科学知识分子的专业化,在民初以后近代大学建立的过程中已逐渐确立。但是人文社会科学的职业化或专业化在50—70年代经历过复杂的曲折。有关"红"与"专"的讨论以及"又红又专""先红后专"的说法,是文革前后近三十年当中有关知识分子自我确定的主要模式,而这种模式当然是受着意识形态的影响的。如果"红"代表政治化而"专"意味专业化,那么可以说,在1949—1978这三十年,专业化和职业化始终受到阻碍,又由于意识形态与人文社会科学的关联性强,因之使得人文社会科学的专业化严重受阻,中国的人文社会科学发展严重落后。如果"红"的政治化是"你们要关心国家大事,要把无产阶级文化大革命进行到底"的公共性,在中国,后文革时代的专业化正是作为对泛政治化的否定和离异而发展起来的,它与中国作为民族国家在"社会主义初级阶段"的国家目标是一致的,也是中国现代化进程的内在组成部分。改革开放以来,正是教育、科研的专业化制度的发展作为重要条件之一促进了中国人文社会学科的巨大发展,而这种专业化的制度的建设仍然处于发展阶段。在这个意义上来看儒家传统对于公共知识分子讨论的意义,一方面儒家思想传统为知识分子保持其政治、社会、文化的公共关怀提供了价值的辩护,另一方面也应承认,儒家思想传统对专业化的发展不能提供较多的支持。

五

正如博格斯(Carl Boggs)指出的,随着知识分子被吸收进入大公司、政党、利益集团、教育体系、国家机构的现代体制网络,他们成为大规模的科学管理的成员,他们的作用越来越工具化了。职业性愈来愈重要,而公共性愈来愈弱化,知识分子的这种状态与现代性所产生的新意识形态"技术理性宰制"相适应,专业主义成了知识分子现代生存必须适应的环境①。知识分子不仅受技术理性的制约,由于

---

① 博格斯:《知识分子与现代性的危机》,江苏人民出版社,2002年,"前言",第11、80、100页。

大众媒介受私人公司和政府权力的控制的程度越来越深,而大众媒介又是知识分子表达公共意见的主要渠道,因此知识分子公共性的表达受到控制财富和权力的集团的限制。这种财富和权力对公共性的腐蚀虽然无关乎知识分子的意向心态,但也会造成公共知识分子生态的恶化。

另一方面,像传统的费边主义者(Fabians)所期望的,科学技术、文化学术的知识分子仍能在现代社会扮演公共良心的角色,这一点不仅由以上所说的现代性技术理性宰制和财富权力腐蚀造成巨大限制,而且,更极端者如古德纳(Alvin Gouldner)等人则认为现代知识分子已经是独立的阶级,而不可能作公共的良心,知识分子与资本家的不同在于,他们占有的是文化资本,他们在公共领域提出的只是这一阶级的特殊利益。其实,这种看法难脱庸俗唯物论之讥,比起孟子"无恒产而有恒心"的观念对于知识分子的理解,尚逊一筹。

但是,在提倡知识分子公共角色的学者看来,造成知识分子公共性丧失危险的主要方面来自专业化,来自专业化给知识分子自我确认带来的内伤。现代性以技术和大规模组织、专业主义标准等形式把社会领域格式化,而大学就是这种形式的集中体现。现代性产生了理性化形式的教育制度,而大学和教育在现代社会中起着决定性的作用。"对现代化影响的感觉,没有什么地方比在高等教育体系内更为强烈的了。在高等教育体系中,作为古典学者、哲学家、牧师或文人学士的传统知识分子,已经被技术专家治国型知识分子所取代,他们的工作与知识产业、经济、国家和军队有机地联系在一起。"[1]

---

[1] 博格斯:《知识分子与现代性的危机》,第121页。

"结果是相互分离的、各不相干的学科和亚学科的大量繁殖,就它们的专业化的学术网络控制而言,它们是科层化的,这一网络拥有自己狭隘的主题、行话和社会集团。"①强烈批评专业化的学者担心,科层化的专业性发展导致专家代替了传统的知识分子,即投身人类社会的政治主题、文化主题、社会主题的知识分子,富有创见和批判性的讨论逐渐消逝,人文领域的学术性问题变得日益狭隘化。他们认为,由于相信通向知识之路存在于耐心和无偏见的数据积累之中,学术问题力争向更严格、更客观的方向发展;于是对意义和观点的追求,哲学的反思,"不可避免地迷失在专业技能和经验性资料的困境之中",反而模糊了战争、和平、革命、善恶这样的大问题。② 雅科比(Jacoby)认为,当知识分子成为大学教授时,他们不需要写公共文章,他们不写,最终也不会写。③ 从而,知识分子的学术化不仅不能提出有创见的学问,更使这个专业化阶层与大学外的历史和社会相脱离。所有以上这些观点都表现出具有人文精神的忧患意识,也是对现代性的深度反省,值得"现代化中社会"的知识分子加以警惕。

不过,"公共知识分子"并不是一个道德的符号,公共知识分子并不享有道德的权力。如萨义德也指出,在大众媒体面前会产生媚俗的公共知识分子,宋儒程伊川亦云:"虽公天下之事,若用私意为之,便是私。"④波斯纳(Richard A. Posner)在其关于公共知识分子的著作中指出,1970年以前没有受过专业训练的人可以成为公共知识分子,而如今已经很难。在现代知识的专业化和职业化时代,如今一

---

① 博格斯:《知识分子与现代性的危机》,江苏人民出版社,2002年,第140页。
② 同上书,第144—147页。
③ 《最后的知识分子》,英文本,第7页。
④ 《宋元学案》卷十五《伊川学案》。

个领域的天才进入公共领域去发表其他方面的意见时,很可能错误百出,大说外行话。这使得公共知识分子所提供的,"公共"多于"知识"。这位前联邦法官尖锐地指出,当今美国公共知识分子在传播信息、提供意见方面表现很差,判断错误屡见不鲜,对改善公众的理解贡献不大,对重大问题的事实只有极为表面的理解。①

从另一方面看,立足于中国现实的社会发展,专业化不是太多了,反而可能是还很不够。因此对于中国而言,决不能把公共化与专业化相对立,而是应当在大力推进专业化的前提下倡导文科知识分子以其专业为背景的公共化。(甚至将来可能的发展是,公共知识分子的主体不再是学院知识分子的业余活动,而成为独立于专业学者的独立行当。)公共化并不是学院知识分子的必然义务,更没有必要提倡自然科学家向公共知识分子的方面发展。如波斯纳不把罗尔斯(John Rawls)包括在公共知识分子之中,因为罗尔斯从不有意识地为大众写作,可是谁能无视罗尔斯对于整个美国乃至世界学术界(无论人文科学或社会科学)的巨大影响力,及其对知识界、文化界的巨大影响?面对中国加速现代化进程中出现的对人文社会科学研究的广泛需求,和国际化的学术竞争与学科发展,我们现在太需要在各个学科中出现罗尔斯式的学者,而我们的传统使我们一向不缺少公共性的写作者(文学专业出身的青年知识分子尤其如此),而现代市场化的发展使得甘心长年坐冷板凳的有体系成就的专业学者更难出现。成为对照的则是,媒体的大规模扩张,为具有商业性的以及非商业性的公共化(大众化)的写作和表达提供了致命的诱惑和广泛

---

① 波斯纳的观点皆请参看钱满素:《聚焦公共知识分子》,《万象》第四卷第八期,2002年。

的市场,媚俗的知识分子应运而生。因此用公共性写作来回避专业工作的艰苦工夫,与用专业化工作消解社会关怀或公共参与,对人文社会学者而言,同样是要加以警醒的。① 当然,在另一方面,中国的大众传播业正在急速发展和扩张,从而产生了大量的关于媒体知识分子的社会需求,而如何定位媒体知识分子和专业学者的关系,也仍然是一个未加澄清的问题。

---

① 杜维明也指出:"值得告诫的是,只有一小部分的人文学者倾向于成为公众知识分子,其余的由于致力于人文学科自身的探求,则根本没有为韦伯呼求的'政治之为感召',这一感召却引导着他们的精神生活成为某种职业。这种对学院化工作的认同,与那些在社会与自然科学领域内的同事们的态度并无不同。他们也许并未感到有必要为其存在于学术兴趣向公众辩护,他们没有也从没有想过要成为公众知识分子。然而相当重要的一点在于,必须注意到他们的研究与教学对于高等教育机制的健康发展所具有的批评性质,并由此产生的对于整个社会的助益。"(《杜维明文集》第五卷,第604页。)

儒家仁说的生态面向与现代诠释

一

在西方哲学中很早就开始了从自然中抽象出"存在",从自我中抽象出"精神"的观念建构。这种抽象和分离当然是对原始的有机的统一的自然观的一种进步,但同时也包含了人与自然分裂的种子。近代以来,哲学所经历的从形上学到认识论的转向,从认识论到语言的转向,及向人的存在的转向,一步步地突出了人类中心的哲学立场。人的主观性方面越来越受到关注,抛弃古老的自然中心的哲学观念,成了近代哲学的特征。自然观不再是近代哲学的主题,而且由于科学的发展与知识的分化,更滋长起一种对自然的哲学的轻视。哲学从关注自然是什么转向关注人是什么,忽略了自然,也忽略了人与自然的关系。

然而,20世纪末,环境和可持续发展成了人类整体生存发展生死攸关的课题。这一现实,要求现代哲学必须重新检讨近代以来对于自然的态度,发展出适合当今全球状况的新的自然观。这也引导我们去重新审视东方古典传统的自然观的生态意涵,以扩大建构现代生态哲学的精神资源。

其实,原始的自然观,与其说是自然观,不如说是一种人与自然的一体观。如卡西尔所指出,这种原始的自然观乃是一种"生命的一体性"的观念,认为所有生命形式都有亲族关系,个别生命形式之间是沟通的一体,而人并非享有自然界中的特权地位。① 生命的一体性意味着自然整体的统一性,而统一体中"和解"是最基本的倾向。自然的生命一体化的原始感情在文化的进步中被战胜了。不过,在中国的历史文化中,社会文化的连续性发展,正如历史学家一致同意的,原始的氏族组织与纽带在后来的进一步发展中被保留下来,原始的生命一体化的气质也为后来的天人合一哲学所延续。

在古代中国哲学中,由于道家曾提出过"道法自然"一类的命题,研究者一向重视从道家文化资源中提取生态思想,对儒家思想资源中关于人与自然的关系的看法,颇不在意。卡普拉即说:"在伟大的诸传统中,据我看,道家提供了最深刻并且最完善的生态智慧,他们强调在自然的循环过程中,个人和社会的一切现象和潜在者的基本一致。"②但唐通则整个地指认中国传统:"中国的传统是很不同的,它不奋力征服自然,也不研究通过理解自然,目的在于与自然订立协议,实现并维持和谐。……这样一种智慧,它将主客体全面为一,指导人们与自然和谐,……中国传统是整体的人文主义的。"③这里所说的人文主义的自然观显然应当包含儒家思想在内。

为了适应 21 世纪全球可持续发展的需求,晚近在世界范围内,业已出现了寻求新的生态世界观、建立更加合理的自然观念与实践

---

① 卡西尔:《人论》,上海译文出版社,1986 年,第 105—107、111 页。
② 转引自董光璧:《道家思想的现代性和世界意义》,《道家文化研究》第一辑,第 71 页。
③ 同上。

精神的诸多努力。东方古老的文化传统成为发展新的生态智慧的重要资源之一。在这一方面，道家受到的关注似乎更多。而本文则将力图呈现出儒学特别是宋明新儒学中所包含的生态面向，以及宋明儒学所包含的生态哲学的特质。

二

早期新儒家的代表人物对生生不已的大自然有特别的感情与关注。周敦颐为"理学开山"，据记载，其住所的窗前绿草丛生，他却从不剪除；人问之，他回答说："与自家意思一般。"（《二程遗书》三）所谓"与自家意思一般"，乃是表现了一种思想，即个体的人的生命与其他的自然生命是相通的，同时也体现出一种与生生不已的大自然融为一体的人生胸怀。《二程遗书》载："观天地生物气象（周茂叔看）。"（同上书，卷六）这一条应为程颢语录，也是程颢对周敦颐"窗前草不除"的解释，即周敦颐是要通过置身在草的无阻碍的生长中体验天地生生不息的气象。

理学的奠基者程颢在青年时代曾从学于周敦颐，他后来说："昔受学于周茂叔，每令寻仲尼颜子乐处，所乐何事。"（同上书，二上）从此，体会孔子、颜回何以能常保持精神的快乐，成为新儒家精神性的基本要求。程颢自己并没有给出他对这一"孔颜乐处"问题的回答，但他所叙述的另一件事透露出"孔颜乐处"与自然的意趣的关联："自再见周茂叔后，吟风弄月以归，有吾与点也之意。"（同上书，卷三）"吟风弄月以归"，也就是"乐"，这种"乐"是体验了孔子"吾与点也"之意而来的。《论语》中记载，孔子曾问及各学生的志向，其中其他人都表示要作管理政事的官员，唯有曾点表示其志向是在大自然的美好风景中歌舞郊游、悠然而得其乐。孔子叹道:"吾与点也。"(《论语·先进》)这显示出,程颢所理解的"孔颜乐处",乃是一种与大自然密不可分的"曾点之乐",也因此,他对自然界的动植物怀有特别的乐趣:

> 明道书窗前有茂草覆砌,或劝之芟,曰:不可,欲常见造物生意。又置盆池畜小鱼数尾,时时观之,或问其故,曰:欲观万物自得意。(《二程遗书》二上)

他自己还说过:"观鸡雏可以识仁。"(同上书,卷三)与他同时的另一位哲学家张载则经常"观驴鸣",即观看驴子的鸣叫。宋明儒学把动植物与自然界看作宇宙生命、意义的体现,要通过"观物"以体验宇宙的"生意"。而这种自然的生命意向,又和"仁"有密不可分的关系。

所以"生"对宋明儒学有着非常重要的意义,在《周易》的《易传》中说"天地之大德曰生","生生之谓易",宋明儒学把自然的"生"与道德的"仁"等同齐观,使"生"不仅具有宇宙论的意义,也被视为人类道德原则的根源。程颢说:

> 万物皆有春意。(同上书,二上)

牟宗三说,此谓"万物处处生机洋溢"①。程颢又言:

> 万物之生意最可观,此"元者善之长也",斯所谓仁也。人与天地一物也。而人特自小之,何耶?(《二程遗书》十一)
>
> 人只为自私,将自家躯壳上头起意,故看得道理小了些。(同上书,二上)

---

① 牟宗三:《心性与性体》第二册,台北正中书局,1968年,第139页。

放这身来,都是万物中一例看,大小大快活。①

理学把自然的生命意义看成宇宙的本质和道德的根源,这种思想很值得注意。理学同时认为,人与自然万物是"一体"的,正是因为人与自然万物在存在上本来是"一体"的,所以人必须有"万物一体"的精神境界。那种只从人的生理需要、只从人的特殊角度看待自然万物,不过是"自家躯壳上头起意"。

三

不过,以上所说周敦颐、张载、程颢的"观物"实践,从主观方面而言,也可谓如唐君毅所说的"只是一艺术性之观照境界"②而非道德的境界。境界即是态度,观照境界即是一种审美态度与境界。审美性的、艺术性的观照境界,虽为儒家所含有,但非儒家所特有,在道家与中国佛教中也有此种境界。因此,如果儒家的自然观仅仅是艺术性或审美性的境界,虽然也可成为新的生态自然观的资源之一而有其意义,但究竟而言,既不可能与道家的自然观区别开来,也无法区别于文学家、诗人对自然的观赏态度。

儒家自然观的特色,在我看来,更在于宋代以来通过儒家"仁"学所发展的人—自然的一体说。程颢说:

> 仁者以天地万物为一体,莫非己也。认得为己,何所不至。若不有诸己,自不与己相干;如手足不仁,气已不贯,皆不属己。
> (《二程遗书》二上)

---

① 《宋元学案》卷十四《明道学案》,中华书局,1986年,第578页。
② 唐君毅:《中国哲学原论·原教篇》,香港新亚研究所,1977年,第139页。

所谓"仁者"即达到了"仁"的境界的儒者。明道的这段话,超越伦理—社会的诠释,而从自然—生态学的诠释来看,以天地万物为一体,这意味着,不仅要把每个他人看成与自己为一体,也要把天地万物即自然世界的一切存在物都看成和自己为一体。而所谓"一体",就是人与自然界存在的一体性。从这个角度,自然界的每一种事物,都是自己身体的一部分,与自己息息相关。人—自然共同构成一个身体。这种存在的一体性要求儒者在意识上真切地自觉其为一体,从而对万事万物怀抱"仁"的态度。这既是对孟子"仁民爱物"说的存在论的支持,也同时把"仁"从人推广到物。在这种世界观和态度中,自然界的事物并不是我们的"他者",不是与我们相对立的异在无关的他者,而是"己"本身的一部分。在这种世界观中,"己"已经不再是"躯壳"的小己,而成为与自然世界有机关联的一个整体。

同时,这种人—自然的存在的一体性以及对此种一体性的自觉,其建立亦须通过"气"的观念。如程颢说"手足不仁,气已不贯,皆不属己",就预设了肢体麻痹是由于"气"不能贯通,从而也就使人不能觉其为自己身体之部分,这就是"自限隔"。所以"气"的观念的必要性,不仅是存在论的,也是感受论的。

张载以气为基础,其《西铭》也提出了与程颢类似的思想:

> 乾称父,坤称母,予兹藐焉,乃混然中处。故天地之塞吾其体,天地之帅吾其性。民吾同胞,物吾与也。①

乾指天,坤指地。所谓天为父、地为母,合而言之,意谓自然界是人类的父母;分而言之,天地人并立为三。由于天地之气构成万物与人,

---

① 《张载集》,第62页。

构成人的气也是构成万物的气,从而,站在一个儒者的个体立场来说,天地是我的父母,民众是我的同胞,自然万物都是我的朋友。

《西铭》的说法明显表达出,张载所主张的,并不是要达到一种审美性的观照境界,而是通过这样一种方式更深地理解自我对他人、对自然万物所应具有的道德义务。这种哲学实际是把宇宙或自然的整体看成一个家庭,中国古人所理解的家庭是一个相互承担义务并以感情交通的系统。把宇宙或自然整体看成一个家庭的结果是,人应当把万物作为家庭成员来对待,换言之,人应由此对万物都负有一种将之作为家庭成员来对待的道德义务。

四

很明显,程颢、张载的世界观和自然观,已经从审美性的自然态度更发展出一种伦理性的自然态度,成为一种包含有价值意向性的自然观。从生态的诠释看,这对于以往的中国自然观而言,无疑代表了一种新的自然态度。

这种思想在王阳明哲学中得到进一步的发展:

> 问:"人心与物同体,如吾身原是血气流通的,所以谓之同体。若于人便异体了,禽兽草木益远矣,而何谓之同体?"先生曰:"你只在感应之机上看。岂但禽兽草木,虽天地也与我同体,鬼神也与我同体的。""请问"。先生曰:"你看天地中间什么是天地的心?"对曰:"尝闻人是天地的心。"曰:"人又什么教作心?"对曰:"只是一个灵明。"曰:"可知充塞天地中间只有这个灵明。人只为形体自间隔了。我的灵明便是天地鬼神的主宰。天没有我的灵明,谁去仰他高?地没有我的灵明,谁去俯他深?

> 鬼神没有我的灵明,谁去辨他吉凶灾祥?天地鬼神万物离却我的灵明便没有天地鬼神万物了。我的灵明离却天地鬼神万物,亦没有我的灵明。如此便是一气流通,如何与他间隔得!"(《传习录》下)

王阳明认为,"一气流通",不能只从身体的"血气流通"来看。如果仅从血脉贯通来理解"与物同体",那就很难建立个体与其他存在物的"同体"观。王阳明认为,还要从"感应"即"感通"方面来了解,从这个方面才能理解天地万物、自然与人,个体与他者之间决非"间隔"的,而是"一气流通"的同体、一体。这里所谓"感应"是指人的身心与万物之间的相互感通,特别是心灵对万物的感受性。

> 朱本思问:"人有虚灵,方有良知。若草木瓦石之类,亦有良知否?"先生曰:"人的良知就是草木瓦石的良知。若草木瓦石无人的良知,不可以为草木瓦石矣。岂惟草木瓦石,天地无人的良知亦不可以为天地矣。盖天地万物与人原是一体,其发窍之最精处是人心一点灵明,风雨露霜、日月星辰、禽兽草木、山川木石,与人原是一体。"(《传习录》下)

根据这个看法,人与天地万物是一个整体,这种整体,一方面是"一气"所构成;另一方面,在这一气构成的宇宙中,只有人心最精最灵。所以人心可以被看做这一气构成的整个世界的"灵明",它的理性、它的精神、它的良知。因此作为宇宙结构成分的灵明或良知就不仅是人的良知,也可以看做是草木、禽兽甚至瓦石的良知。天地人的这种一体性是有机的,没有人或人的良知,破坏了原始有机一体性的天地,也就不再成其为原来意义上的天地了。可见,这个思想是以一种有机整体宇宙的观念为基础的。

王阳明在《拔本塞源论》中也说：

> 夫圣人之心以天地为一体，……圣人忧之，是以推其天地万物一体之仁，以教天下，使之皆有以克其私去其蔽，以复其心体之同然。（《阳明全书》卷二）

"以天地万物一体"是一种态度，以天地万物为一体的态度和境界就是"其精神流贯，志态通达，而无有人己之分、物我之间"，就是"其元气周流，血脉条畅，是以痒疴呼吸，感触神应，有不言而喻之妙"（同上）。这里的"感触神应"即前面所说的"感应"；"元气周流"即前面所说的"一气流通"，都是强调要达到一种无人己之分、无物我之隔的境界。

在《大学问》中，王阳明更在万物一体之外，提出万物一家、天下一人的观念，他说：

> 大人者，以天地万物为一体者也。其视天下犹一家，中国犹一人焉。若夫间形骸、分尔我者，小人矣。（《阳明全书》二十六）

宋代理学把"大学"解释为"大人之学"，王阳明进而提出，"大人"与"小人"的分别，就在于"大人"是"以天地万物为一体，视天下如一家，视中国如一人"的人，而"小人"则是"间形骸、分尔我"，不能物我一体，也就是前面所说的"自躯壳上头起意"、"自间隔"、"自限隔"的人。

"天地万物一体"说在伦理上所指向的是"爱"，这一点，程颢早已指出：

> 若夫至仁，则天地为一身；而天地之间品物万形，为四肢百体。夫人岂有视四肢百体而不爱者哉。（《二程遗书》二上）

至仁的境界就是以天地万物为"一身",也就是说,人应当把自己和天地万物整体看成一个身体,而把万物万形看作这个身体的肢体、部分。这样人就会像爱自己的肢体一样爱万物。而把自己的肢体当做"非我"的"尔",就是不仁。仁就是意识到一体而产生爱。在这种境界中,人与万物、自然,不仅是"共在",而且是"一身",人不仅因把自然事物视为自己身体的部分而有亲近感,并且对自然事物承担着道德义务和责任。"仁者与天地万物为一体"的自然观,其真正意义就在于,在这种"一体"的自然观中,人—自然的关系,人与万物的关系,从"我与它"转为"我与己",或者说,如同马丁·布伯所说的"我与你"。在这种自然观中,人与自然的关系决不是人与异在的他者的关系,而变成了人与自己的关系。

王阳明在《大学问》中对"一体"和"感应"有进一步的说明:

> 是故见孺子之入井而必有怵惕恻隐之心焉,是其仁之与孺子而为一体也。用于犹同类者也,见鸟兽之哀鸣觳觫而必有不忍之心焉,是其与鸟兽而为一体也。鸟兽犹有知觉者也,见草木之摧折而必有悯恤之心焉,是其仁之与草木而为一体也。草木犹有生意者也,见瓦石之毁坏而必有顾惜之心焉,是其仁之与瓦石而为一体也。……故夫为大人之学者,亦惟去其私欲之蔽以自明其明德,复其天地万物一体之本然而已耳。(《阳明全书》二十六)

因此,不仅万物与人处于一气流通的本源性联系,而且,对万物的感通惜爱乃是人之本性,是心体的本然。所以"一体"不仅具有客观的、实体的意义,也是一种态度和境界,这种境界和态度把宇宙看作一个有机的系统,以凸显人—自然的息息相关的不可分割性。

五

宋明儒学的万物一体说同时亦即是仁说,其核心思想是主张以万物一体为仁。"一体"又表达为"一身"、"一家"、"一人"(万物一体、天下一家、中国一人)。从程颢到王阳明都认为,只有真正认识到万物一体的人才是仁者;真正以万物一体之仁而发出爱,才算达到了仁的境界。"万物"的用法合法地指明,自然及其各种存在物都是"仁"的对象。因此,仁学不仅是"人"学,也是人如何对待自然的学问。所以,没有人能够否认,宋明儒家的仁学包含着生态学的面向。循其方向,可以发展出独特的生态哲学体系和生态世界观。

宋明理学的生态世界观,是一种"有机的一体的生态观"。而就其特色而言,亦可谓"道德的生态观"(Moral Ecology)。此处"道德的"的用法取于牟宗三。牟氏区分了"道德底形上学"和"道德的形上学",他认为"道德底形上学"是关于道德的一种形上学的研究,而"道德的形上学"则是"从道德的进路入",由道德而进至形上学。所以"道德的"的关键是"由道德的进路入"。① 前述宋明儒学的万物一体说或仁说所包含的生态世界观,正是与审美性的观照境界不同的、一种从道德的进路入的、宋明新儒家所特有的生态世界观。

宋明新儒家的自然观,其特征是,不以征服自然为目标,而力图强调人与万物是有机的整体;它把人与自然的关系,从"我与它"变成为"我与己"或"我与你";它超越了审美观照的自然态度,不仅把

---

① 牟宗三:《心性与本体》综论第三章"自律道德与道德的形上学",台北正中书局,1990年。

自然作为审美的对象,而且作为伦理的对象,作为自己的家庭成员;它所强调的共同体观念,不是人类的共同体,而是把人包括在其中的自然共同体;与早期马克思所说的"自然是人的无机的身体"①也不相同,它认为人与自然共同构成了一有机的身体;它要求人把自然与自然事物看成与自己息息相关的,看成自己身体的一部分而爱惜之;它主张人应当对自然万物抱有道德的义务感。

这种哲学的基础,也超越了原始的巫术—神话世界观的有机一体观,它不包含巫术的神秘主义,但也不是单纯的自然主义,而借助"一气感通"而体现"仁",它力求把生态伦理与人的"不忍"(良知)之心联结起来,为生态伦理找到内在的心性根据,从而使"仁"的思想不仅是一种人道主义,而且成为一种更为普遍的、由道德的进路入的宇宙观。这种"一体"说或自然的共同体说,借用马克思的话来说,它是一种"彻底的自然主义或人道主义,既不同于唯心主义,也不同于唯物主义,同时又是把二者结合的真理"②;它"作为完成了的自然主义,等于人道主义,而作为完成了的人道主义,等于自然主义。它是人和自然界之间、人和人之间的矛盾的真正解决"③。

20世纪末的地球人类越来越多地意识到,与以往地球上的人类的最大不同,是20世纪的人类已经掌握了在根本上破坏地球生态系统的能力。20世纪人类的活动已经开始现实地、局部地但很大程度地毁坏了自然生态,对人的活动的环境本身造成了重大的威胁。而人类的文明程度越高,人类自己也就对这种威胁更加敏感。为了人类自身的长远生存,必须改变以"征服、索取"为特征的旧的人类中

---

① 马克思:《1844年经济学—哲学手稿》,人民出版社,1985年,第52页。
② 同上书,第124页。
③ 同上书,第77页。

心主义,寻求新的更加适合人类共同生存的对待自然的态度。在这个问题上,儒学传统的自然观可以提供一种参照。

现代西方哲学与文化对生态世界观的反思,往往要求从公正、平等、权利的观念来建立人对自然的道德态度,如提倡承认无感觉的东西有道德上的权利,把公正、平等的态度扩大到自然界等等。相比起来,儒家传统所提供的是另一种图景,它主张把人与自然看成一个整体的系统,人不仅包含于这个世界整体之中,而且人必须自觉其自己与自然界的每一部分的有机关联;它要求把自然事物看成自己的一部分,或把自然事物看成自己的家庭成员,由此建立起人对自然事物的道德义务,而对自然事物采取友善的态度。人与自然的对立、主体与客体的对立,是儒学所不了解的。在儒家哲学中,人虽然仍然在某种意义上是中心或基点(人者天地之心),但这种中心地位的承认,并不是要使人从宇宙的优越地位出发而把自然界当做可以任意索取、盘剥的他者;儒家所赋予人的中心的地位,正在于对人的理性(灵明、良知)的信任,对人能自觉万物一体的有机性的信任。这种立场可能会在旧的人类中心主义和当代彻底摒弃人类中心主义的要求之间提供一种平衡。

儒家礼学与现代社会

"礼"是东亚文化的传统,在现代东亚社会如日本、韩国仍可明显看到"礼文化"的强烈特色和影响。在台湾地区乃至在经过革命洗礼的中国大陆,虽然在形式仪节方面已较少讲究,但礼文化的精神仍然处处可见。这种礼文化的影响,体现在重视人际往来的礼节,重视上下关系的区别,讲求约束和规范,是东亚现代性中的传统因素。这些因素不仅含有有利于现代化的工具功能,而且有一种使东亚人民自觉妥适的文化氛围,构成了东亚文化的精神气质(ethos)。礼的文化固然与东亚的制度传统有关,但这种关联不是绝对的,如日本没有接受宗族制度,仍有明显的重礼特色,这说明"礼"已经成为东亚文化的精神传统。

礼是一套规则体系,也是儒家组织社会的理想方式,它对现代社会是否有意义,或有何意义?至少在多元文化成为潮流的当今世界,值得深入探讨。应该说,20世纪的历史已经证明,在资本主义经济冲动笼罩世界、市场经济法则支配全球的21世纪,仅仅依靠法律和民主不能建设起有序和谐的社会。为了提高精神生活的品质,发扬道德价值,指导人生方向,需要开放各种探求,而其中的一个课题是:有必要把东亚传统中的礼文化经过选择而有益地应用于人文教育的实施、社会问题的解决、人际关系的调整,以期达到提升人性价值、建立健全人格、共创和谐的秩序。

一 近代文化对于"礼"的态度

1919年五四新文化运动的主题之一,是猛烈抨击儒家的"礼教",而其焦点集中在批判旧家庭对青年男女爱情婚姻的干涉。"反礼教"成了中国近代新文化运动的最强音。当时反礼教的代表如陈独秀就说:"儒家之言社会道德和生活,莫大于礼。"认为"孔教之核心为礼教,为吾国伦理政治之根本"。维护礼教的人也同样把礼教视为儒家的根本,如谢幼伟说:"孔孟教人,亦首重礼,……一切莫不以礼为根据,盖以礼为天理之节文,所以成德之准。"①可见反对和拥护礼教的人都认为礼对儒家确有重要的意义。

五四新文化运动对"礼教"的批判得到了现代儒家思想家的同情和肯定。贺麟在40年代初期说过:"新文化运动的最大贡献在于破坏和扫除儒家僵化部分的躯壳的形式末节,及束缚个性的传统腐化部分。"同时,儒家思想家又认为,儒家思想文化与所谓"礼教"之间,并不能画等号,礼教并不能代表儒家的精义;而且,对礼教的批判反而有可能把儒学从礼教中解放出来,更促进其健康的发展。所以,"它并没有孔孟程朱的真精神、真思想、真学术,反而其洗刷的功夫,使得孔孟程朱的真面目更足显露出来"。故而"五四时代的新文化运动,可以说是促进儒家思想发展的一个大转机,表面上新文化运动是一个打倒孔家店、推翻儒家思想的大运动,但实际上,其促进儒家思想新发展的功绩与重要性远远超过了前一时期曾国藩张之洞等人

---

① 以上皆转引自蔡尚思:《中国礼教思想史》,香港中华书局,1991年,第267、293页。

对儒家思想的提倡"①。

那么,贺麟是否认为儒家应当割除其礼教的部分而求其新的发展呢?回答是否定的。在他看来,儒家的礼教本有其合理的部分,而且这一部分可以通过吸收西方宗教文化而加以充实。他说:"儒家思想本来包含三方面:有理学以格物穷理,寻求智慧;有礼教以磨练意志,规范行为;有诗教以陶养性情,美化生活。"因而,他主张,第一必须以西洋的哲学发挥儒家的理学,第二须吸收基督教的精华以充实儒家的礼教;第三须领略西洋的艺术以发扬儒家的诗教。② 礼教是指儒学体系中的宗教面向,其功能是使人得以内存和悦,外有品节。

与贺麟把礼教看成儒家的宗教面向不同,冯友兰则注意"礼"的非宗教的特质。他说:"近人桑戴延那(Santayana,又译桑塔亚那)主张宗教亦宜放弃其迷信与独断,而自比于诗,但依儒家对于其所用户之丧祭礼之解释,则儒家早已将古时之宗教修正为诗。"所以儒家所说丧祭礼等,"是诗与艺术,而非宗教,儒家对待死者的态度是诗的,艺术的,而非宗教的",是"兼顾理智与感情的",正如"我们在诗与艺术中可得情感的安慰,而同时又不碍理智的发展"。③ 其实,贺、冯两人都有所见,这表明,礼既有宗教性和与宗教相接近的功能,又的确与一般宗教不同。

梁漱溟则把"礼教"理解为"礼乐教化",他的社会理想就是天下为公、无用刑律,而"大兴礼乐教化,从人的性情根本处入手,陶养涵

---

① 以上皆见贺麟:《文化与人生》,商务印书馆,1988年,第5页。
② 同上书,第8、9页。
③ 冯友兰:《儒家关于丧祭礼的看法》,《三松堂学术文集》,北京大学出版社,1984年,第69页。

育一片天机活泼而和乐恬谧的心理"①。他认为礼乐的理想是人类理想的社会模式。

二 古典儒家"礼"的意义

我们今天当然不可能也不应当企图全部恢复儒家关于礼制、礼俗仪节的体系,我们必须依据创造的转化和批判的继承发展的原则,把儒家古礼的精神、结构、气质、原则、范式提炼出来,以适应现代社会的需要,对治当今世界的病症。然而,正如上节所述及的,现代儒家思想家对古代儒家的礼教各有不同的理解,或注重其宗教性格,或注重其诗与艺术的特质,或理解为一种社会模式。的确,"礼"的含义本来就是十分丰富的。那么,在儒家思想史上的"礼"究竟意有何指呢? 这必须加以分析和说明。可以说,"礼"在儒家文化中至少有六种不同的含义:

1. 礼义——Ethical Principle
2. 礼乐——Culture
3. 礼仪——Rite and Ceremony
4. 礼俗——Courtesy and Etiquette
5. 礼制——Institution
6. 礼教——Code

我们今天讨论儒家的"礼"文化必须在以上分疏的基础上加以讨论。

按照儒家礼的思想传统,在理解礼的意义和变迁中,最重要的是

---

① 梁漱溟:《人心与人生》,《梁漱溟全集》第三卷,第596页。

区分"礼"和"仪",或者用另一种后来儒家常用的分疏,即强调"礼之本"和"礼之文"的分别。

儒家思想是东亚轴心文明的代表,而轴心时代的儒家思想可以说与"礼"的文明有极为密切的关系。西周的礼乐文明是儒家思想的母体,轴心时代的儒家以重视"礼"为其特色。"礼"的重要性可以《礼记》中的一段话来表示:

> 道德仁义,非礼不成;教训正俗,非礼不备;分争辨讼,非礼不决;君臣上下、父子兄弟,非礼不定;宦学事师,非礼不亲;班朝治军,莅官行法,非礼威严不行;祷祠祭祀、供给鬼神,非礼不诚不庄。是以君子恭敬撙节退让以明礼。(《礼记·曲礼》)

礼是道德的标准、教化的手段、是非的准则,是政治关系和人伦关系的分位体系,礼有威严的功能,也有亲和的作用。

然而,春秋时代儒家思想的先驱们,已经不断地注意到"礼"和"仪"的区别,这在《左传》中十分明显。在儒家经典文化中,礼与仪有密切的关联。《诗经》中已有"礼仪"并称的例子,《礼记》中讲礼时常常引用《诗经》中"威仪"的提法,因此礼本来是联系着仪的、与仪不可分的,礼不是独立于仪之外的。但是,随着时代的发展,儒家的先驱逐渐意识到,要防止把礼仅仅归结为仪,必须把礼和仪区分开来。《左传》载:

> 公如晋,自郊劳至于赠贿,无失礼。晋侯谓女叔齐曰:"鲁侯不亦善于礼乎?"对曰:"鲁侯焉知礼!"公曰:"何为?自郊劳至于赠贿,礼无违者,何故不知?"对曰:"是仪也,不可谓礼。礼所以守其国,行其政令,无失其民者也。今政令在家,不能取也;有子家羁,弗能用也。奸大国之盟,陵虐小国;利人之难,不知其

> 私。公室四分,民食于他;思莫在公,不图其终,为国君,难将及身,不恤其所。礼之本末将于此乎在,而屑屑焉习仪以亟,言善于礼,不亦远乎?"(《左传·昭公五年》)

这是说,在仪式上的揖让进退的动作行为,能够按照既定的礼节而行,这只是"仪",还不是"礼"。仪只是礼的末,是礼的枝节,而不是礼的根本(本)。礼的根本必须体现为良好的政治秩序和民众的拥护,体现在讲求国家间的信用和不欺凌小国。如果这些都做不到,只是讲究一些仪式上的礼节,这就不能叫做知礼。《左传·昭公二十五年》中还有一处也讨论到这个问题:

> 子大叔见赵简子,简子问揖让周旋之礼焉,对曰:"是仪也,非礼也。"简子曰:"敢问何谓礼?"对曰:"吉也闻诸先大夫子产曰:夫礼,天之经也,地之义也,民之行也。天地之经,而民实则之,则天之明,因地之性,生其六气,用其五行……"

这也是说揖让周旋的仪式、礼节,只是仪,还不就是礼。礼是体现天地之道的法则,可以说礼之本是理。

孔子显然继承了这个思想,孔子提出"仁",正是从礼乐文化中提升出道德的精神:

> 礼云礼云,玉帛云乎哉? 乐云乐云,钟鼓云乎哉?
> 人而不仁如礼何,人而不仁如乐何?

礼乐并不只是祭祀与乐舞的外在形式,礼还应当是以仁为代表的道德原理。《礼记》也进一步发展了这一思想,说:

> 先王之立礼也,有本有文。忠信,礼之本也;义理,礼之文也。无本不正,无文不行。(《礼记·礼器》)

又说:

> 治国不以礼,犹无耜而耕也;为礼不本于义,犹耕而弗种也。

(《礼记·礼运》)

"忠信礼之本"即强调道德是礼仪的根本,根本也就是为礼必本的"义",这个义是指礼义。"义理礼之文",这里的"文"即形式,而这里的"义理"即是指具体的节目,犹如《礼运》所说"义者艺之分、仁之节"。这种礼和仪的区分,"礼之本"和"礼之文"的区别,成为以后儒家论礼的一个最基本的原则。所以,即使是号称反礼教英雄的吴虞也说过:"我们今天所攻击的乃是礼教,不是礼仪。"

显然,我们今天所要发扬的,就是指礼之本,而不是指礼之文。

三 "礼"的精神

如果礼不能归结为仪式和揖让进退的仪节,礼之本、礼之义是什么呢?礼之本虽然不是仪式和仪节,但礼所体现的道德精神也不能等同于儒家道德的整体,它还是有其范围和特定的方面的。我们还是来看《礼运》,其中说:

> 夫礼,必本于天,肴于地,列于鬼神,达于丧祭、射御、冠婚、朝聘。

这是说礼是根据于天地之道,与鬼神相合,而表现在人事的礼仪上。又说:

> 故圣人所以治人七情,修十义,讲信修睦,尚辞让,去争夺,舍礼何以治之?

喜怒哀惧爱恶欲七者为"人情",父慈子孝兄良弟弟夫义妇听长惠幼顺君仁臣忠,此十者为"人义"。礼的目的是治人情、修人义,而所以治修的主旨是"讲信修睦、尚辞让、去争夺",这个敬让和信的主旨就是礼之本,也是礼义,故又说:"故礼义也者,人之大端也。"

现在,我们把礼的精神和要义归结为以下几点:

1. 礼主敬让

《左传》早就有"让,礼之主也",《礼记·经解》也说礼是"敬让之道"。

2. 礼主交往间的平等

《礼记·曲礼》说:"礼尚往来。"

3. 礼追求一种非法律维持的秩序

《论语》说:"道之以政,齐之以刑,民免而无耻。道之以德,齐之以礼,有耻且格。"

4. 礼主和谐与秩序的统一

礼是礼乐之总名,其中礼主秩序,乐主和谐,故礼是秩序与和谐的统一。

5. 礼贵他人

《礼记·坊记》:"君子贵人而贱己,先人而后己,则民作让。""善则称人,过则称己,则民不争。"《礼记·表记》说:"君子恭俭以求役仁,信让以求役礼,不自尚其事,不自尊其身,俭于位而寡于欲,让于贤,卑己而尊人,小心而畏义。"

所以,我们可以说:

"礼"所体现的道德精神是贵人敬让,突出对于对方的尊重;

"礼"所追求的社会理想是有序和谐,特别是秩序;

"礼"的本质在于实现一种非法律维持的社会组织方式;

"礼"的体现是行为和精神的高度文明。

四　"礼"的性格和表现

关于"礼"的性质,我们想分成三组判断来加以考察。这三组判断都以"是……,不是……"的形式表现,可以在宏观上呈现"礼"文化的诸多特质。当然,礼在某些方面也可能有"既是……,又是……"的情形,但本文则为了凸显礼的主要性格,故此种情形皆不讨论。

第一组:

礼是人文的,不是神性的;

礼是入世的,不是出世的;

礼是文明的,不是野蛮的;

礼是交往的,不是自我中心的;

礼是温情的,不是冰冷的;

礼是理性的,不是暴力的;

礼是王道的,不是霸道的。

在这一组的判断中,礼的积极的人文意义非常突出。这些特质无须举出材料加以证明,也无须多加解释。不过,关于"礼是人文的"一点,应当指出,在先秦时代,礼乐体系中有些部分与早期宗教有密切的联系,而且礼乐文化虽然总体上是从古代宗教演进出来的人文文化过程的结果,但保留了某些神圣性的因素。近世儒学虽然进一步剔除了古代宗教的影响,但也还是在有关天地和亲属的祭祀方面保留着宗教的内容,以致安乐哲称之为"无神的宗教"。这也是贺麟强调其宗教面向的主要原因。

第二组：

礼是教化的，不是民主的；

礼是规范的，不是批判的；

礼是纪律的，不是自由的；

礼是他律的，不是自律的；

礼是义务的，不是权利的；

礼是社群的，不是个人的。

应当说，礼虽然不是民主的，但礼的教化功能可无悖于民主，而且可成为民主社会的约束条件和积极补充。礼虽然不是批判的，但礼对社会的规范功能的贡献是积极的，礼的规范、保守的功能可与其他文化批判的因素相互作用。礼是他律的，但他律亦有积极的意义，不能说自律是道德完善的唯一途径。一切有助于道德意识习惯和社会秩序建立的因素都应得到应有的肯定。至于说礼是注重社群利益和义务，而不注重个人中心的权利，这正是礼文化的特色。它与现代社会鼓动个人权利的制度文化可以构成一种平衡。

因此，正确地理解第二组判断，必须克服一元化的观点，而建立起阴阳平衡的辩证观点。如果不是形式主义地要求一种价值同时满足所有的价值，而是持一种对立统一的理论，则不难理解，现代性价值中只强调了民主、自由、批判、权利，而忽略了教化、规范、义务、社群，这正需要以礼或礼的类似物来加以补充。

所以"礼"在 21 世纪，不是像在古代东亚一样，扮演一元化和无所不包的制度体系，而是可以设想在现代文化体系中"一阴一阳之谓道"的格局中扮演一极。一方面，使现代社会有冲突不失和谐，有变化而不失秩序，重民主而不失教化，有批判精神而不失传统规范，伸张权利而不失义务，注重个人而不忘社群。甚至可以建立一种突出义务、责任、社群的文化结构。

第三组：
礼是社会等级的，不是社会平等的；
礼是男性中心的，不是性别平等的。

近代以来，对儒家的礼提出了不少批评，其中的主要之点是，指出礼的不平等特色，其中又似可分为两点，一是社会的不平等，一是性别的不平等。尽管安乐哲（Roger Ames）近来提出等级制度与民主观念并非水火不容，但我们仍然认为这一组判断的确指出了古代社会产生的礼文化的缺点和局限。礼文化在现代社会的发展，必须经过创造的转化，对礼的传统既有所继承，又有所批判。

事实上，礼的内部本来就存在着矛盾，一方面，礼是等级的、差别的，另一方面，礼在其适用的范围中又具有着平等的精神。《礼记·曲礼》所说的"礼尚往来"最明显地体现出礼要求在自我和他人之间的交往平等。扬弃儒家古礼的仪节，发展适应现代社会交往的礼节；去除旧礼的等级性财富占有制度，发扬礼尚往来的平等精神。礼尚往来还只是消极的平等，贵人敬让则体现了积极的平等。

五 礼的历史变化

11世纪以后的儒家礼学与古代相比又有其特色。如在中国，宋明清的礼学是我们最为接近的礼学传统，也是直接影响今天东亚生活的礼学传统，礼学的创造转化和批判继承，都不能不以这一时代的礼学为基础。

以中国为例，可以这样说，宋代以后的礼，主要是适应于宗族生活的家礼。在这一时期,朝觐聘问之礼只是皇朝中及其与外部交往中保存,而在社会文化的层面,主要是丧祭昏礼,乡饮酒礼亦多不存。宋代以后的礼,丧祭之礼主在明父子之恩、长幼之序,冠婚之礼则为生命节庆的仪式典节;而道德教化的功能则由读圣贤书和亲师友来实现,这与先秦有很大的不同。

儒家的礼学从古代到近世的变化,在我看来,可以这样说,古代儒家的礼文化是整体主义的,涵盖政治、制度、文化;而近世儒家所强调的礼文化,其致力方向唯在"家礼"、"乡礼",在基层社群。这从司马光的《书仪》、朱子的《家礼》可以看得很清楚。

朱子《家礼·序》称:

> 凡礼有本有文,自其施于家者而言之,则名分之守,爱敬之实,其本也。冠婚丧祭,仪章度数者,其文也。……三代之际,礼经备矣,然其存于今者,宫庐器服之制,出入起居之节,皆已不宜于世。

这是说,"文"作为形式节目,是可变的,随时代环境而改变;"体"则是不变的基本精神原则。所以,朱子作《家礼》,只是取其根本大旨,其家礼分为通礼、冠、婚、丧、祭五个部分。通礼中有"居家杂仪",是取自司马光《书仪》。但在《书仪》中居家杂仪本次于婚礼之后,而朱子则把居家杂仪入于通礼之中。这个做法是有理由的,因为这样一来,"通礼"的部分成为与冠婚丧理事礼不同的家庭通礼,其内容完全是一般的讨论尊长、卑幼、子、妇的义务与行为规范,其要义即尊卑之分、长幼之分、男女之分。这一部分不是属于生命仪节,而是伦理规范,与"名分之守"、"爱敬之实"的关系更为直接。

因此宋代以后的儒者礼学,除了学术层面外,在实践层面上集中在家礼的设计与实践,而宋明儒对于"家礼"的看法亦与古代有所不同,这个时代作为国家大法的礼乐制度已经确立,无需讨论和鼓吹,无需论证,这使得儒家的关心只能在宗法范围之内,在家族范围之内。冠婚丧祭之礼对儒家士大夫的意义只是士大夫身份的自我认同和保持,如同士大夫需要文学修养一样,表示这个文化阶层对养生送死有一套与俗民不同的方式,宋儒大概不大相信这四种礼对道德有直接作用,故特别制定出居家通礼的一套规范,强调尊卑长幼之义。当然,居家通礼及其他婚丧礼仪,在士大夫文化具有示范功能的近世社会,在客观上则有提升民众精神文明的移风易俗的作用。

先秦儒家致力于研究如何以整体性的礼解决政治—文化一体的问题,而宋以后的儒家如朱子、阳明则限制在"施于家者而言之",与荀子以礼治国的论调明显不同,体现了向日常生活的规范的全面转变。

六　礼的社会模式

礼的原始意涵中本来包含有礼俗之义,即风俗、习惯的意义,以后转变为一套规范体系、准则体系、仪节体系。

礼不是法律,也不等于道德;礼有法的功能,有道德的含义,但礼作为社会组织和管理方式的模式,是以习俗和仪式来实现社会的秩序与和谐;或者说把仪式和礼节化为礼俗,实现某种社会的功能。

《礼记·经解》在说明礼的作用时指出:

> 故以奉家庙则敬,以入朝廷,则贵贱有位;以处室家,则父子亲兄弟和;以处乡里,则长幼有序……。故朝觐之礼,所以明君臣之义也;聘问之礼,所以使诸侯相尊敬也;丧祭之礼,所以明臣子之恩也;乡饮酒之礼,所以明长幼之序也;昏姻之礼,所以明男女之别也。

这说明,儒家礼学中的朝觐、聘问、丧祭、乡饮酒等礼,是一整套习俗和仪式,儒家的理想是通过这些仪式与习俗养成人与人、群体与群体之间的一定的关系观念,即伦理观念。这种组织社会的方式和文明模式,应是起源于上古氏族社会的传统。儒家将此种传统加以发展,把仪式和习惯提高化、文明化,给以明确的伦理道德的解释,以实现其社会理想。周代的礼虽然包括制度,但儒家的礼主要不是指政治行政制度,而是指这种文明化了的习俗与仪式体系。习俗与仪式就是以既非法律亦非道德的方式,调节人们之间的关系;比起道德修养,仪式和习俗更强调社会的而非个人的作用。

前面已经说过,礼有大本大义大经大伦,礼如果仅仅是这些"义"、这些"精神",那就成为一般的价值体系,和一般所说的儒家或其他文化传统的价值体系没有区别了。而"礼"显然不是仅意味着经典的体系,而且是一套实践的体系、实践的传统。因此,只说"义"是不能显示出"礼"的特色的,是无法把儒家的"礼学"与其"仁学"区分开来的。

那么,礼的特殊性在哪里呢?可以说,礼是儒家道德观念与伦理精神落实为生活实在的可操作的具体实践方式。在《论语》、《孟子》、《大学》、《中庸》等书中儒家对于社会关系和社会伦理有一套观念的表达,但要把这些观念贯彻到、落实到生活世界,必须有一套可操作的具体的形式和手段。儒家创造性地发展了古代文化的模式,以古代代表性的习俗礼节仪式作为具体的实践途径,以期将中心精神理念在长期的内化过程中转化为对人们有约束力的伦理观念和非法律化、非制度化的规范。

所以,儒家礼学的实践方式,一是"齐之以礼"的社会管理,一是"养之成德"的伦理秩序。这是礼之为礼的关键所在,故云:"礼之教化也微,其止邪也于未形,使人日徙善远罪而不自知也。"(《礼记·经解》)就"礼化"的程度来看,在日本和韩国的历史上,礼文化已经在相当程度上全民化了,而礼化在中国古代则多只限于士的阶层,未能深入平民生活成为规范。

从比较文化的角度来看,礼的社会性十分突出。在亚里士多德的德性表中,甚至在整个西方伦理学史上,都没有类似中国对"礼"的强调,古代西方的德性伦理范畴中,从未想到以"礼"为其中一德。古代儒家的"礼"不仅是仪式的规则,而且是扩展到日常生活的举止合宜的要求。在某种意义上,古典儒家认为一个人不通过"礼"的训练就不能得到"仁"等高尚的品质。很明显,礼是在一定的社会关系中构成着的,甚至可以反过来说"礼"是构成人的社会关系的交往结构。麦金太尔(MacIntyre)由此解读出这样的结论:放弃礼,无视礼,就等于放弃了政治社会关系,就不再可能成为一个人,不再能作为宗族和政治共同体的一员。人只有借助礼才能成为社会中的一分子,才能使人们在社会关系中的相互沟通成为可能。在这个意义上,可以说,礼是我们作为个人进入社会关系的途径,礼使我们得以进入这一社会关系的编码,因为这个社会是由礼所结构的。古典西方社会不是礼所结构的社会,故不强调礼。而古代中国是礼所结构的社会,故强调礼,强调礼作为德性之一。

七 "礼"作为国家间交往准则的意义

"礼"的实践包含着双方的互相尊重。儒家特别强调"礼"作为群体间尤其是国家间关系的准则。从儒家的角度看,当今世界充满了非礼的现象,儒家礼学应用于国家间的关系,是主张"富而好礼,贫而知礼"。所以《曲礼》说："夫礼者,自卑而尊人,虽负贩者,必有尊也,而况富贵乎？富贵而知好礼,则不骄不淫,贫贱而知好礼,则志不慑。"强调使民富不足以骄,贫不至于约,"贫而好乐,富而好礼"(《坊记》),礼是主张和平的,故云"平国以礼则不乱"(《左传·宣公四年》)。《左传》载,郑庄公从齐侯伐许,但他不兼并许国,使许大夫奉许叔居许东,奉其社稷；又使人处许西,并戒勿作久留计。左丘明说："君子谓,郑庄公于是乎有礼。礼,经国家、定社稷、序民人、利后嗣者也。"(《左传·隐公十一年》)

礼是古代诸侯国关系调节的法则,礼的精神与帝国主义、霸权主义是对立的。礼重视"理",而不崇尚"力",礼是王道,不是霸道。礼虽然在古代容忍和承认某宗主式的不平等,但礼是重和平、重理性的,非意识形态的。比起近代民族国家的行为,礼似乎更为文明。

在民主主义、平等主义的现代性冲击之下,礼的这种模式是否能吸引现代人是很可有疑问的。21世纪人类面临着新的文明模式的挑战。西方文化以"自由"为首出的模式有其优点,儒家礼的模式以"秩序"为首出的模式,则可限制人对自由的滥用。放任,无限制的自由适足以破坏社会。日本、韩国礼文化已经全民化了,中国古代礼也只限于士的阶层,没有深入平民生活成为规范,礼的本义和功能是对人的放任的约束,构成上下的秩序和左右的彬彬有礼。由于宋以后的儒家已不用礼作为治国的制度,故现代国家制度—民主制的建立不影响礼的家乡面向。礼的社群取向也与国家政治制度的进化不冲突,反而可在社会分化的势态下更能发挥其社会文化的功能。礼所要求的不是法律的秩序,亦非一般的秩序,而是自我约束的秩序,这种自我的约束是通过习俗、礼节、仪式养成的。在这种模式中,我们也许可以找到一些有益于人类面对21世纪挑战的资源。

儒耶对话的儒家观点
——本体与本根

与世界上许多宗教传统中经典体系曾历经变化与发展一样,儒家的经典体系在历史上至少经历了三个明显的发展阶段。简单说来,儒家经典的第一个系统为"五经",即《诗》、《书》、《易》、《礼》、《春秋》,其内容为原始儒家思想,以春秋以前的政治思想与礼乐文化为重点,这个系统的经典文本经孔子手订,至汉代正式确立了其"经典"的地位。第二个系统为"四书",这是儒家学派早期发展的思想体现,其中《论语》在汉代已获得了与五经相同的经典地位,《孟子》、《大学》、《中庸》则在北宋以后受到高度重视,在南宋结为体系,这个系统的经典内容主要为儒家伦理思想与德性、人格的体系,宋以后成为比五经更为流行的儒家经典。第三个系统为"道学"著述,宋明道学的代表人物在12世纪以后逐渐被尊为儒家系谱中的圣贤,他们的著述实际上已被宋元明清的儒者作为经典研习讨论。其内容更为广泛,包含了从本体论到知识论等的新建构。

儒家经典体系在历史上的发展,不仅使得儒家的精神传统不断汇入新的资源,也自然使得儒家对宇宙本源与本体的思考、态度随历史而发展。因此,当我们企图展示儒家经典中的本根论或本体论的表达时,就不可能仅仅列举孔子的说法来呈现,必然要通过一定的历时性的经典系统的各种论述,才能将其源流及某种内在复杂性和变异大致呈现出来,这种情况与基督宗教和佛教等宗教的情形是一样的。

一 本根与本源

中国上古时代的巫文化曾较发达,从个体巫术到公众巫术的发展,逐步孕育出"神"的观念,导致了自然巫术向神灵巫术的发展。在以祭祀和战争为"国之大事"的文明时代初期,公众巫术融入祭祀文化而转进为祭祀文化的组成部分。祭祀文化显示出夏商时代的神灵信仰和自然崇拜相当普遍。在殷商后期,神灵观念约分为三类,即天神、地示、人鬼。天神包括上帝、日神、风神、雨神等,地示包括社神、四方神、山川神等,人鬼则是殷人的先王、先公等。殷墟卜辞显示"帝"为殷人信仰的最高神,具有最高的权威,管理天象与下国。上帝最重要的权力是管辖天时而影响收成,这表明殷人不仅已有至上神观念,而且此一至上神源于主管天时的农业神。"帝"不仅像人间帝王那样发号施令,而且有帝廷,有臣工,殷人的先王、先公则可以上宾于帝廷转告人间对上帝的请求。因此,殷商的多神信仰反映了对自然力的依赖。

但在"五经"中可以看到,周人的宗教信仰已有所变化,这种变化成为五经体系的主导态度。周人信仰的最高神为"天"及天命,五经中反复强调的主题"天"更多地被理解为历史和民族命运的主宰,而天命的意义又通向某种宇宙命运的观念。尽管存在这种变化,五经中明显保留着对主宰者"帝"和"天"的信仰,构成了与四书及道学著述相异的一大特色。代表原始儒家经典的"五经"与中国上古文化关系密切,不仅仅反映了上古的宗教观念,而且由于五经的经典地位,使得这些宗教观念在原始儒家体系中得到肯定,并通过五经的经典力量使这些观念成为此后儒家传统必须不断加以重视和诠释的观念资源。

五经中特别突出至上神宗教信仰的是《诗经》和《尚书》(因本文的性质所决定,这里不区分尚书的今古文,而把它们都作为儒家经典看待①),其中的主要表现是:

> 皇矣上帝,临下有赫。②
> 帝乃震怒。③
> 旻天疾威,敷于下土。④
> 天降丧乱,饥馑荐臻。⑤

上帝是高高在上、俯临下民的主宰,是有意志的人格化的神,具有天上的威力,能够降下大灾,遍及人间。不仅如此:

> 天命玄鸟,降而生商。⑥
> 帝立子生商。⑦

---

① 在儒家经典中《尚书》一般分为今文和古文,有关今、古文尚书编定年代及古文尚书是否为伪书,清代以来论辩尤多。本文的立场是:无论如何,至少自唐代以来,今古文尚书一直被共同确认为儒家经典,使得今古文尚书的内容已经共同地成为近世儒学精神传统的重要组成部分。而本文所注重是展示儒家经典在宇宙本源及诸问题上的立场与态度,因此我们所关心的是儒家经典中的陈述是什么,而不注重这些陈述究竟产生于西周或东周。所以我们的论述将不区别今古文及真伪时代,把它们都作为原始儒家经典的素材来使用。
② 《诗经·大雅·文王之什·皇矣》。
③ 《尚书·洪范》。
④ 《诗经·小雅·节南山之什·小旻》。
⑤ 《诗经·大雅·荡之什·云汉》。
⑥ 《诗经·商颂·玄鸟》。
⑦ 《诗经·商颂·长发》。

> 有夏多罪,天命殛之。①
> 天阴骘下民。②
> 天命靡常。③

在五经中,"天"和"帝"常常可以互换,并无本质不同,至上神不仅操纵自然,并且完全决定并干涉人间事务,人间皇权不仅来源于"天"与"帝",而且天所授予人间君主的权命并非永恒,是不断改变的,改变所依据的要求则与"民"和"德"紧密关联:

> 民之所欲,天必从之。④
> 天视自我民视,天听自我民听。⑤
> 皇天无亲,惟德是辅。⑥
> 天道福善祸淫。⑦

这明白显示出天的意志是伦理化的,天不是喜怒无常的暴君,而是善恶有则的裁判。

值得指出的是,原始儒家经典对帝、天信仰的记述中,突出的是至上神作为自然和历史的主宰者的角色,却既未肯定亦未否定天的创生者角色。换言之,帝与天虽然是有感情有人格的最高主宰,它虽然监督下民,明察善恶,施以赏罚,但并非是宇宙的创造者。这种上帝的观念,注重"主宰",而不重"创生",既与中国上古无创生神话传

---

① 《尚书·汤誓》。
② 《尚书·洪范》。
③ 《诗经·大雅·文王》。
④ 《尚书·泰誓》。
⑤ 同上。
⑥ 《尚书·蔡仲之命》。
⑦ 《尚书·汤诰》。

统有关，又对以后的本体论思想发生某种影响。主宰亦即是调控，在这一点上可与法则接通，所以《尚书》中"皇天无亲惟德是辅"很容易转为"天道福善祸淫"的天道观念。另一方面，天的意志在五经中已为天民合一思想所浸润，这导致了天、帝的观念在轴心时代逐渐淡化了其人格主宰的性质。

四书的经典在此背景下形成，孔子及其门徒仍然肯定上帝和鬼神的观念，这从《中庸》所引"鬼神之为德其盛矣夫"和"郊社之礼所以事上帝也"①两条明显可见。但在孔子思想中"天"与"天命"更加非人格化。特别是《中庸》中所引诗：

维天之命，于穆不已。②
上天之载，无声无臭。③

使得天成为一种神奇莫测、无形无象、其运无穷的实体，而这两句诗也成了后来宋明儒称述形上实体的经典语言。

在宇宙本源问题上，从《易传》开始，提出了一些新的重要观念。在儒学史上《易传》长期被视为孔子思想的体现，其时代与四书同时。《易传》十翼提供了儒家学派早期宇宙论的重要观念基础，特别是"元"和"极"的观念。《彖传》以"乾元"和"坤元"作为宇宙本根，乾元是阳的根源，坤元是阴的根源，带有二元论的色彩：

大哉乾元，万物资始，乃统天，云行雨施，品物流行。④
至哉坤元，万物资生，乃顺承天，坤厚载物，德合无疆，含弘

---

① 《中庸》十六、十九章（据朱子《中庸章句》分章）。
② 《中庸》二十六章。
③ 《中庸》三十三章。
④ 《周易·彖上·乾》。

> 光大,品物咸亨。①

这表示乾元是万物初始的究竟本根,坤元是万物生长的基础。乾元是天的本性,坤元则代表地的本性,乾元、坤元共同成为万物的根源。所以《系辞》说:

> 乾知大始,坤作成物。②

由于在比较上,"乾元"是万物据以"始"者,其特性尤在肇端万物之"始",所以乾元可以说是最根本的宇宙之源,以故《系辞》更明确提出一种一元论,以"太极"作为统生阴阳的本始根源:

> 易有太极,是生两仪,两仪生四象,四象生八卦,八卦定吉凶,吉凶生大业。③

"易"在这里是指宇宙变易的总历程,这一变化历程的本始根源为"太极","极"本来是极尽极致之处,太极即最本源的开始。由太极而生阴阳两仪,由两仪而生四时变化,由四时而衍变出天地水火风雷山泽八种基本自然事物,世界于是乎形成而发展。从此,"太极"、"阴阳"成为儒家宇宙论的最重要的概念,特别对宋明道学影响极大。

在《易传》与宋明道学之间,汉代儒者的宇宙论仍有一定意义。如西汉大儒董仲舒一方面继承了《易传》中"元"的观念,一方面又发展了原始儒家经典中"天"的主宰者含义:

---

① 《周易·象上·坤》。
② 《周易·系辞上》。
③ 同上。

> 天者万物之祖,万物非天不生。①
>
> 人之为人本于天,天亦人之曾祖父也,此人之所上类天也。……天子受命于天。②
>
> 天覆育万物,既化而生之,有养以成之。③

在这种表达中,天既是自然万物的根源,也是人类最本始的祖先,又是人类社会的主宰者,天为万物之祖,故没有天万物便无法产生。天亦是人类之根,所以人与天相类、相像。董仲舒有时也以"天地"合称为宇宙本源:

> 天地者,万物之本,先祖之所出也。④

在董仲舒思想中,天不仅是主宰者,也是创生者,这种以天为宇宙根源的思想正是五经体系所缺乏的。董仲舒提出"元"作为宇宙的究竟根源:

> 惟圣人能属万物于一而系之元之。……元犹原也,……故元者为万物之本,而人之元在焉。安在乎?乃在乎天地之前。⑤

"元"在这里被赋予了先于天地存在的根源意义,这个元实即《易传》太极与乾元,既是自然界万物的根源,也是人类的根源。

《易传》所说"元",扬雄称为"玄",这个"玄"不仅具有至极根源的意义,也有超越一切存在物的意义:⑥

---

① 董仲舒:《春秋繁露·顺命第七十》。
② 董仲舒:《春秋繁露·为人者天第四十一》。
③ 董仲舒:《春秋繁露·王道通三第四十四》。
④ 董仲舒:《春秋繁露·观德第三十三》。
⑤ 董仲舒:《春秋繁露·王英》。
⑥ 参看张岱年:《中国哲学大纲》,中国社会科学出版社,1982 年,第 32 页。

> 玄者,幽攡万类而不见形者也。资陶虚无而生乎规,搁神明而定摹,通同古今以开类,摛措阴阳而发气,一判一合,天地备矣。①

这里的"玄"是万物发生的根源,万有存在的所以然,无所不在而又超越一切对待,气及万物皆根于"玄"而发生。尤其值得指出,"玄"与"极"与"元"的一大不同处是,"玄"不仅为根源,而且是"道",即宇宙的根本原理与法则:

> 夫玄也者,天道也,地道也,人道也。②

这就把天地人三才之"道"的意义加诸宇宙根源意义上,这在宋儒的易学哲学中得到更大发展。

北宋周敦颐的《太极图说》发展了《易传》的太极论体系的宇宙论:

> 无极而太极,太极动而生阳,动极而静,静而生阴。静极复动,一动一静,互为其根,分阴分阳,而仪立焉。阳变阴合,而生水火木金土。五气顺布,四时行焉。五行一阴阳也,阴阳一太极也,太极本无极也。五行之生也,各一其性。无极之真,二五之精,妙合而凝。乾道成男,坤道成女,二气交感,化生万物。万物生之而变化无穷焉。③

他又著《通书》,其中说:

> 二气五行,化生万物,五殊二实,二本则一,是万为一,一实

---

① 扬雄:《太玄·摛》。
② 扬雄:《太玄·图》。
③ 周敦颐:《太极图说》。

万分,万一各正,大小有定。①

按照周敦颐的思想,无极是指无形无象,太极作为宇宙的根源,虽然无形无象,但却有动有静。太极的动静使阴与阳得以产生,而阴阳的分化形成了天地。阴阳的交合则变生出五行,于是四时顺行,五气顺布,又由二气产生出一切物类。因此,在这样的宇宙图式中,五行来源于阴阳,阴阳来源于太极,太极是"一",品物是"万","一"是"万"的根本的起源。

与周敦颐重新建构《易传》传统的太极宇宙论同时,二程则致力于把兼有价值意义的"理"的概念融入"天"的概念:

> "天者",理也。"神"者,妙万物而为言者也。②
>
> 乾,天也。天者,乾之形体;乾者,天之性情。乾,健也,健而无息之谓乾。夫天专言之则道也,天且弗违是也。分而言之,以形体谓之天,以主宰谓之帝,以妙用谓之神,以性情谓之乾。③
>
> 问:"天道如何?"曰:"只是理,理是天道也。且如说'皇天震怒',终不是有人在上震怒,只是理如此。"④

根据二程的思想,"天"仍是最高的本源和本体,但"天"不再意味着一个人格的主宰者,"天"的内涵完全等同于"理",由此而产生了"天理""天道"的概念。宋儒的"天理""天道"观念已不同于古代,是"道体"即宇宙本源与本体的概念,从这个角度论释原始儒家经典,

---

① 周敦颐:《通书·理性命章》。
② 程颐:《二程遗书》卷十一。
③ 程颐:《程氏易传》。
④ 程颐:《二程遗书》卷二十二上。

五经中的"乾"是指一种性质,"神"指一种奇妙的功能,"帝"是指宰制调控的作用,自然之天则是作为天道所依存的物质形体。而真正的本源意义的"天",必须被理解为"理"和"道"。"理"又是最高的价值根源。

儒家古典的、近世的宇宙论在朱子思想集其大成,得到了完整的表述。他明确指出"太极,形而上之道也",太极是"造化之枢纽,品汇之根柢"①,太极既是阴阳动静的所以然,又是至善之所当然:"太极只是个极好至善底道理。"②他论述太极的宇宙本源意义:

> 盖天地之间只有动静两端,循环不已,更无余事,此之谓易。而其动其静则必有所以动静之理焉,是则所谓太极者也。圣人既指其实而名之,周子又为之图以象之,其所以发明表著,可谓无余蕴矣。原极之所以得名,盖取枢极之义。圣人谓之太极者,所以指夫天地万物之根也;周子因之而又谓之无极者,所以著夫无声无臭之妙也。③

又说:

> 所谓无极而太极者,又一图之纲领,所以明夫道之未始有物,而实为万物之根柢也。④

这都指明太极为"万物之根"的宇宙论意义,而太极本身,即是"理"。朱子哲学中"根柢"的概念使用甚为频繁,对太极作为宇宙本根的意义和地位作了充分的肯定。他还使用比喻来说明其意义:

---

① 朱熹:《太极图说解》。
② 朱熹:《朱子语类》卷九十四。
③ 朱熹:《朱子文集》卷四十五,《答杨子直》。
④ 朱熹:《朱子文集》卷八十,《邵州州学濂溪先生祠记》。

> 太极如一木生上,分而为枝叶,又分而生花生叶,生生不穷。到得成果子,里面又有生生不穷之理,生将出去。①

因为太极即是理,所以朱子也多直接用"理"表述对宇宙根源的看法:

> 天道流行,发育万物,其所以为造化者,阴阳五行而已。而所谓阴阳者,又必有是理而后有是气。②
>
> 二气五行,天之所以赋受万物而生之者也。自其末以缘本,则五行之异本二气之实,二气之实又本一理之极也。③

从儒家思想的本根论的发展来看,原始儒家充满宗教性的"天"和早期儒家具有明确本源意义的"太极",在朱子思想中都由"理"的概念加以最终的统合,使得本义为理性和法则的"理"在儒家哲学中获得了最高的本体意义和终极根源的意义。

二 实在与空无

宇宙之本质为实在抑或空无,此类问题在早期儒学发展中并未出现。中古时代印度传来的佛教思想与本土发展起来的道教思想空前发展。在佛、道二教中都有贵空崇无的思想,尽管佛教与道教所讲不同,佛教内部对空的诠释也相当复杂,但佛道有关宇宙本体或本根为空无的思想给予儒家莫大挑战。惟其如此,宋以后儒者著述中不仅常常讨论到空无与实在的问题,而且基本上是以佛道(特别是佛

---

① 朱熹:《朱子语类》卷七十五。
② 朱熹:《大学或问》卷一。
③ 朱熹:《通书解》。

教)的理论作为对照和背景产生出来的。

张载反对佛道"空""虚"的教义,不过他的思想可以认为更多的是对道教而发:

> 知太虚即气,则无无。①
>
> 知虚空即气,则有无、隐显、神化、性命通一无二,顾聚散、出入、形不形,能推本所从来,则深于易者也。②

"推本所从来"就是进入宇宙论的领域研究其本源,在他看来,宇宙并没有真正的虚空,并不存在真正的虚无,一般所谓虚空不过是气的一种存在状态。宇宙是一个无限的实在,其中只有"幽明之分",并没有"有无之别"。所以又说:

> 若谓万象为太虚中所见之物,则物与虚不相资,形自形,性自性,形性、天人不相待而有,陷于浮屠以山河大地为见病之说,此道不明,正由懵者略知体虚空为性,不知本天道为用。③

由于张载把"气"作为宇宙的根本实体,气作为实体,充满一切,以此否定虚空的存在,换言之,肯定了宇宙本体的实在。这样一种气本论的本体论在宋以后的儒学思想家中也颇常见。

南宋时胡宏指出:

> 生聚而可见为有,死散而不可见则为无。夫可以有无见者,物之形也。物之理则未尝有无也。④

---

① 张载:《正蒙·太和》。
② 同上。
③ 同上。
④ 胡宏:《知言》卷一。

> 水有源故其流不穷,木有根故其生不穷,气有性故其运不息。①

"源"与"根"都表示本体论上的根据,只有根源的实在性才能保证生命运动的不息。气的存在与运动都以"性"为其依据,他所说的性,就本体论来说,也就是朱子所说的理:

> 大哉性乎,万理具焉,天地由此而立矣。②

而作为宇宙本源的性或理"未尝有无",是永恒的普遍存在。这种思想在二程早有启示:

> 道外无物,物外无道。③
> 体用一源,显微无间。④

这表示宇宙间不是道,便是物,更无虚空,而有道便有物,有物便有道,道在物中,道不离物,道与理才是最根本的实在,二程对此曾明确表示:

> 又语及太虚,曰:"亦无太虚。"遂指虚曰:"皆是理,安得谓之虚,天下无实于理者。"⑤
> 或谓惟太虚为虚,曰:"无非理也,惟理为实。"⑥

这明白地肯定,宇宙最根本的实在是理。宇宙的本质、本体、本源是实在的,而不是空无。

---

① 胡宏:《知言·一气》。
② 同上。
③ 程颢:《二程遗书》卷四。
④ 程颐:《伊川文集·易传序》。
⑤ 程颢:《二程遗书》卷三。
⑥ 程颢:《二程粹言》。

朱子继承了二程的惟理为实的思想,又吸收了张载有关气的思想,在批评二氏(佛老)的实践中进一步张扬了"理"的实在性:

> 无极是有理而无形,如性何尝有形? 太极是五行阴阳之理。皆有也,不是空底物事。若是空时,如释氏说性相似。①

> "天命之谓性",只此句为空无一物耶? 为万理毕具耶?……此实理也。②

> 问佛氏所以差,曰:从劈头处便错了,如"天命之谓性",他把做空虚说了。吾儒见得都是实。若见得自家底从头到尾小事大事都是实,他底从头到尾都是空,怎地见得破,如何解说不。③

这表明,儒家的立场是坚持太极是有不是无,理是实在不是空寂,万物万事都是实而不空,人性与道德更是实在而不能视为空无的了。

朱子对此有不少阐述:

> 儒者以理为不生不灭,释氏以神识为不生不灭。④

> 释氏只要空,圣人只要实。释氏所谓敬以直内,只是空豁豁地,更无一物,却不会方外。圣人所谓敬以直内,则湛然虚明,万理具足,方能义以方外。⑤

> 释氏说空,不是便不是,但空里面须有道理始得。若只说道我是个空,而不知有个实的道理,却作甚用!⑥

---

① 朱熹:《朱子语类》卷九十四。
② 朱熹:《朱子语类》卷三十一《答张敬夫》。
③ 朱熹:《朱子语类》卷百二十六。
④ 同上。
⑤ 同上。
⑥ 同上。

> 彼释氏见得心空而无理,此见得虽空而万理咸备也。①
>
> 或问他(释氏)何故只说空。曰:"说玄空,又说真空。"玄空便是空无一物,真空却是有物。与吾儒说略同。②
>
> 性无伪冒,不必言真。未尝不在,何必言在!盖性即天地所以生物之理,所谓"维天之命,于穆不已"、"大哉乾元,万物资始"者也,曷尝不在!③

张载用气的不生不灭反对空无,朱熹则以理的不生不灭反对空无,要之,都是新儒家坚持宇宙本体为实在的努力。在朱熹看来,离开"理"和"道"的空是没有的,而理或道作为"所以生物"的根源,"曷尝不在",即从未成为虚无,而始终是实有和实在。

明代大儒湛若水曾针对佛老言空在儒家内部所引起的反应而坚持认为:

> 上下四方之宇,古今往来之宙,宇宙间只是一气充塞流行,与道为体。何莫非有!何空之云!虽天地弊坏人物消尽,而此气此道亦未尝亡,则未尝空也。道也者,先天地而无始,后天地而无终者也。④

宋以后儒者常用"充塞流行"表示理或气的无所不在,这个"充塞流行"的观念本身就是一个对空无的本体论的否定的概念。从这个看法可见,明代的儒者亦皆坚持"道"是无始无终的,因此宇宙从"未尝空也"。宇宙及其根本原理"道"永远是实在。

---

① 朱熹:《朱子语类》卷百二十六。
② 同上。
③ 朱熹:《朱子语类》卷四十二,《答李伯谏》。
④ 湛若水:《甘泉文集》卷七,《寄阳明》。

三　超越与内在

五经体系中的"天"无疑可适用于西方宗教、哲学所说的"超越"。但五经时代的天民合一论已构成一种特别的意索,如"天视自我民视,天听自我民听",对后来儒学的发展有相当大的影响,这种天民合一论已经是把超越的"天"与人间的"民"沟通联结。

《孟子》中发展了这种思想:

> "然则舜有天下也,孰与之?"曰:"天与之。""天与之者谆谆然命之乎?"曰:"否!天不言,以行与事示之而已矣。……昔者尧荐舜于天而天受之,暴之于民而民受之,故曰天不言,以行与事示之而已矣。……《泰誓》曰'天视自我民视,天听自我民听',此之谓也。"①

不仅如此,孟子的心性功夫论更揭示出人心与天的关联性:

> 尽其心者知其性也,知其性则知天矣。存其心,养其性,所以事天也。②

人能知性便能知天,这个提法显示出,孟子虽然还未完全肯定性与天的合一性、同一性,但明显预设了性与天的密切关联,以致知性便知天,养性即事天,天的外在超越的特质已相当程度上向内在的心性靠近。

孟子的知性知天、养性事天的讲法是一种逆推的反向的讲法,并

---

① 《孟子·万章上》。
② 《孟子·尽心上》。

不是本体论从本源开始的正向讲法。《中庸》则发展了正向的表达：

> 天命之谓性,率性之谓道,修道之谓教。①

《中庸》这种天道论的正向表达,在儒学传统中一般被理解为,不仅天赋予了人和物以"性",而且人所禀受于天的性即是天的本性。

虽然一般人们习惯把《孟子》、《中庸》视为儒学中讲"超越内在"传统的源头,其实《易传》的思想和表达也不容忽视。这就是《系辞》所说的:

> 继之者善也,成之者性也。②

天道流行,善在其中,禀受了此种天道流行的善便是人的性。后来朱熹的超越内在论相当程度上是承继并延续着《系辞》的讲法的。

本体既超越又内在,这种思想的真正发展与中古时代佛教思想的扩展有密切关系,中国佛教中从《大乘起信论》到华严宗和禅宗,其思想一方面主张有真如本体的存在,另一方面又认为真如本体亦显现和存在于每个人心中,所以人追求圆满完善,只需向内心用功体悟。佛教哲学中不采取线性归约的宇宙论,而发展空有相即、理事无碍的建构方式,对儒家发展《孟子》、《中庸》的思路起了客观的推动作用。二程的哲学思维模式明显表现出此种特点:

> 形而上为道,形而下为器,须著如此说,器亦道,道亦器。③
> 道之外无物,物之外无道。④

---

① 《中庸》第一章。
② 《周易·系辞上》。
③ 程颢:《二程遗书》卷一。
④ 程颢:《二程遗书》卷四。

> 至微者理也,至著者象也。体用一源,显微无间。①
>
> 至显者莫如事,至微者莫如理,而事理一致,微显一源。②

这表示,把世界分为"形而上"和"形而下"只是分析性思维的需要,而在实存上,道与器不分离,本体与现象或事项不是分离的。"理"或"道"是最微妙的本体,但与"用"的关系是"无间",即没有任何分离,本体即存在于现象界之中,不离现象而独存。

仍然是在朱子哲学中充分发展了此种超越而内在的哲学思维与内容。而尤为突出的是他所发展的太极说:

> 是合万物而言之,为一太极而一也。自其本而之末,则一理之实而万物分之以为体,故万物之中各有一太极。③

把天地万物作为一个总体来看,太极是这个宇宙的本体,这个太极是一。这个太极是万物存在的根据和依据的法则。而一切事物又都禀受此理为性,为体,所以每一事物中也都有一个太极。又说:

> 盖合而言之,万物统体一太极也。分而言之,一物各具一太极也。④

总起来看宇宙的本体只是一个太极,同时每一事物之中又都包含着一个与宇宙本体太极完全相同的太极作为自己的本性。朱子解释这种存在的关系时说:

> 问:"理性命章注云:'自其本而之末,则一理之实而万物分

---

① 程颢:《伊川文集·易传序》。
② 程颢:《二程遗书》卷二十五。
③ 朱熹:《通书解》。
④ 朱熹:《太极图说解》。

之以为体,故万物各有一太极',如此则是太极有分裂乎?"曰:
"本只是一个极,而万物各有禀受,又各自全具一太极尔。如月在天,及散在江湖,则随处而见,不可谓月已分也。"①

不是割成片去,只如月印万川相似。②

朱子毫不犹豫地借用了佛教"月印万川处处圆"的譬喻,来说明他的"全体的分有"观念,他也曾为自己这一思想提出辩解:

万物之生,同一太极者也,而谓其各具,则亦有可疑者也。然一物之中,天理完具,不相假借,不相陵夺,此统之所以有宗,会之所以有元也,是安得不曰各具一太极哉!③

因此,从存在论上来说,太极不仅是宇宙的本体,也是每个人的性体。

天地之体即是人之体,天地之心亦即人之心,所以朱子在解释《中庸》首章时即指出:

道之本原出于天而不可易,其实体备于己而不可离。④

"出于天"即指其超越性,"备于己"即指其内在性。至此,孟子所谓"万物皆备于我"已发展为万物之实体备于己。

基于此种思想立场,朱子在其与陆象山辩论无极太极的信中断言:

一阴一阳虽属形器,然其所以一阴一阳者,是乃道体之所为也。故语道体之至极则谓之太极,语太极之流行则谓之道,虽

---

① 朱熹:《朱子类语》卷九十四。
② 同上。
③ 朱熹:《太极解义附辨》。
④ 朱熹:《中庸章句》一章。

有二名初无二体。周子所以谓之无极,正以其无方所、无形状,以为在无物之前而未尝不立于有物之后,以为在阴阳之外而未尝不行乎阴阳之中,以为通贯全体无乎不在,则又初无声臭影响之可言也。①

又说:

> 太极生阴阳,理生气也。阴阳既生,太极在其中,理复在气之内也。②

太极"在无物之前"、"在阴阳之外"皆指太极具有超越性,而太极在"立于有物之后"、"行乎阴阳之中",表明太极内在的一面。

这种以宇宙本体同时显现为人的内在心性的"既超越而又内在"的思想,在现代新儒家更有自觉体现,熊十力坚持"实体即在自心内"。他说:

> 体万物而不遗者,即唯此心。③
>
> 体万物者,言即此心遍为万物实体,而无有一物得遗之以成其为物者,故云尔。④

这表示个体的心同时即是普遍的宇宙实体。

> 本体非是离我的心而外在者,因为大全(原注:大全即谓本体)不碍显为一切分,而每一分又各各都是大全的。如张人,本来是有大全,故张人不可离自心而向外求索大全的。又如李人,

---

① 朱熹:《朱子文集》卷三十六,《答陆子静第五》。
② 杨与立编:《朱子语略》。
③ 熊十力:《新唯识论》,中华书局,1985年,第44页。
④ 同上。

> 亦具有大全,故吾人亦不可离自心而向外求索大全的。各人的宇宙都是大全的整体的直接显现。①

大全是万物实体、本体,而万物之本体又即在我之心,归根结底,因为在我之心即是宇宙的真性。所以,本体、大全不是超离于个体的独立存在,大全也可以内在地存在。

牟宗三是"超越而内在"说最有代表性的现代诠释者,他认为:

> 天道高高在上,有超越的意义。天道贯注于人身之时,又内在于人而为人的性,这时天道又是内在的。因此,我们可以康德喜用的字眼,说天道一方面是超越的(Transcendent),另一方面又是内在的(Immanent 与 Transcendent 是相反字)。天道既超越又内在,此时可谓兼具宗教与道德的意味,宗教重超越义,而道德重内在义。②

由此他对儒家之宗教性进行了说明,以与西方基督宗教全然他在的超越观进行对照:

> 儒家所肯定的人伦虽是定然的,不是一主义或理论,然徒此现实生活中之人伦并不足以成宗教,必其不舍离人伦而即经由人伦以印证并肯定一真善美之"神性之实"或"价值之源",即一普遍的道德实体,而后可以成为宗教。此普遍的道德实体,吾人不说为"出世间法",而只说为超越实体。然亦超越亦内在,并不隔离,亦内在亦外在,亦并不隔离。③

---

① 熊十力:《新唯识论》,第 247 页。
② 牟宗三:《中国哲学的特质》,台北学生书局,1974 年,第 263 页。
③ 牟宗三:《生命的学问》,台北三民书局,1970 年,第 71 页。

现代新儒家认为,儒家传统肯定一普遍的道德实体为价值之源,但此超越实体亦超越亦内在,这构成了儒家宗教性的特色。牟宗三进一步说明了儒家道德的形上学的特质,即根据中国传统,依超越的、道德的无限智心而建立的超越的存有论:

> 此名曰无执的存有论,亦曰道德的形上学,此中"无限智心"不被对象化、个体化而为人格神,只是一超越的、普遍的道德本体(赅括天地万物而言者)而可由人或一切理性存有而体现者。此无限智心之为"超越的",与人格神之为"超越的"不同,后者是只超越而不内在,但前者之为超越是既超越又内在。分解地言之,它有绝对普遍性,越在每一人每一物之上,而又非感性经验所能及,故为超越的。但它又为一切人物之体,故又为内在的。(有人以为既超越而又内在是矛盾、是凿枘不相入,此不足与语。)因此它之创造性又与上帝之创造性不同,此不可以瞎比附而有曲解也。①

无执的存有论是指关于本体的存有论,道德的形上学是指由道德的进路进至宇宙本源的形上学建构。本体是无限心,此无限心既是普遍的超越本体,又可由人而体现。所以牟氏又说:

> 这为定然地真实的性体心体,不只是人的性,不只成就严整而又纯正的道德行为,而且直透至其形上学宇宙论的意义,而为天地之性,而为宇宙万物实体本体。②

这个思想明确认为,人之心体性体亦即是宇宙之本源实体,宇宙本源

---

① 牟宗三:《圆善论》,台北学生书局,1985年,第340页。
② 牟宗三:《心体与性体》第一册,台北正中书局,1968年,第137页。

之实体亦体现为人之心性结构。牟宗三虽未使用月印万川式的譬喻,但很明显,在他看来宇宙本体实体在人心之显现仍是整体的直接体现。

应当指出,儒学传统在漫长的历史发展中产生过不少不同发展特色的学派,因此,并不是所有儒家思想家都仅仅主张"超越而内在",或"内在超越性"。原始及早期儒家明显容纳了宗教位格的"天"的观念。就是宋代以后,对天的了解已相当理性化,但仍然是一个具有本体意义的最高范畴。因而整个地说,儒家思想并不能笼统归之于"内在超越性"。从本体来看,近世儒学的"超越而内在"理论,在承继了早期儒家精神方向的同时,有意无意地吸收或受到了佛教的影响,肯定宇宙本体即全体体现为个人之本心。而此种本体论之归结,又在于引导到功夫论上发明本心以与本体合一的主张。本体论上的"超越而内在",适为功夫论的"内在而超越"之逻辑前提。而超越与内在问题的回答又与儒家的思维方式和人世取向有密切关联。所以,一般所谓儒家的"内在超越"问题是一个涉及本体论、人性论、社会观与功夫论的多层面课题,这是我们在本节的讨论中需要指出的。

儒家思想与现代东亚世界

东亚是人类文明发祥最早的地区之一。东亚的文化发展在16世纪以前不仅自成体系,而且处于世界领先地位,为世界文明作出了积极重大的贡献。近数百年来,以科学和大工业生产力为特征的近代文化率先在西方发展,其文明成果在资本主义冲动驱使之下,通过殖民和霸权扩张,成功地展开了一场世界性的征服运动。东亚世界的传统文化因此受到了前所未有的巨大冲击。

近代以前的东亚文明,就其形成和发展来说,是以东亚大陆为中心,经朝鲜半岛,向日本列岛,由西向东扩展。中国、朝鲜、日本各个地区的人民都对东亚的地区文化作出了自己的贡献,而其文化传播的基本格局,是以大陆为中心,海岛为边缘。从公元7世纪到17世纪,东亚地区已形成了具有很大共通性的相当稳定的文化体系。虽然在从器物到精神的不同层次上,东亚地区文化的同质性依次递减,即东亚地区的传统文化在器物工艺方面有较高的同质性,而在国民性格方面则有较大差异;① 但尽管各个国家的文化性格仍有差别,而在器物、制度、精神文化等方面确实形成了一些共同的文化质素,以

---

① 这种差异可参看金忠烈:《儒家的共存伦理》,载刘述先主编:《中国文化的检讨与前瞻——新亚书院五十周年金禧纪念学术论文集》,八方文化企业公司,2001年5月。

致仍然有理由把东亚看成同一文化的共同体(文化圈)。

19世纪后半叶以来,东亚国家先后竞起,奋力追求近代化。近代化的过程,就地区格局来说,与中古刚好相反,东亚以日本为先导,由东向西。日本在第一次世界大战之前已在相当程度上实现了近代国家的梦想,经历了第二次世界大战的挫折后,仍迅速完成了现代化,一跃而成为东亚现代化的中心。韩国、新加坡和中国的台湾、香港地区在冷战的特殊历史条件之下,经历了70年代的经济起飞,亦已完成现代化的基本建设。在这新的发展格局中处于边缘的古老的中国内地,在战后经历了苏(联)东(欧)模式的初级工业化之后,70年代末发起了市场取向的经济改革,开始循着与东亚其他地区相近的模式寻求现代化;90年代初的发展显示出,中国内地以改革开放为标志的发展方向已不可逆转,经济增长亦步入快行道。越南的改革也已见成效。所以,虽然朝鲜的改革开放还需要一定时间,但大体上说,经历了百余年的发展,东亚地区的现代化局面已基本确定,东亚社会从传统到现代的转型已成定局。冷战结束后,东亚文化的分裂状态也由此走向了一个新的局面,东亚社会经济结构的同质性将日益增高,经济与文化的交往也必然进一步密切。东亚地区和社会开始面临新的课题。处在这样一种情况下,我们也许可以较为从容地思考东亚传统思想特别是儒家思想对于现代的价值,这对21世纪东亚的地区文化和关系,具有重要的意义,也是东亚知识分子责无旁贷的义务。

一 传统和现代性

东亚百年来的近代化进程是在"传统"和"现代"的高度紧张中展开的。20世纪日本的"脱亚入欧",21世纪中国出现的几次激烈反传统的运动,都是近代化未成功的过程中所带有的必然现象。对东亚传统思想的激烈批判既是近代化过程遭遇困难的文化表现,这种对于"传统"的态度又是以该时期知识分子及领导阶层对"现代"(及"现代化")的理解为基础的。

由于东亚地区的近代化或现代化从一开始就是和民族国家的存亡关联在一起的,故民族国家的近代化从一开始便把注意力集中于"富国强兵"的国家功能上。在这个意义上,近代东亚国家无论是国家资本主义的还是社会主义的选择,其出发点是一致的。换言之,东亚国家最早是从"船坚炮利"即以近代科技与工业为基础的军事能力来理解近代性的。虽然民族国家的民族主义意识无可厚非,但仅从这种对近代性的了解出发,在19世纪"列强"的示范下,无法开展出适合地区关系的交往理性,不能建立起合理的地区文化和地区关系,这在第二次世界大战中的东亚地区关系表现得非常充分。事实上,战后迟发展国家也无一不是首先从经济发展来了解现代化的内涵。这种对现代化的了解与西方现代化理论也是一致的。按照韦伯的观点,西方现代性的核心是"理性化",与西方相对照,他认为东亚思想(以中国为代表)文化中缺乏"理性精神"。[①] 我们知道,韦伯这里所说的"理性"都是指"工具理性"而言,其中包括的主要方面,即是科技理性与经济理性。东亚工业化的早期思路亦是发展科学技术与工商资本主义。近代科学在东亚的输入阻力很小,工业化也很早就被看做现代化的本质。

但苏维埃"十月革命"以后,为落后国家提供了又一种工业化的模式。苏联社会主义建设经验导致了对现代化理解的多样化,即人

---

① 韦伯理论及分析请参看苏国勋《理性化及其限制》,上海人民出版社,1988年。

们不再把韦伯所说的理性化资本主义经济组织视为现代化的唯一途径。在社会主义工业化模式中,"价值合理性"被理解为现代化及现代性中的一个要素,但这个价值理性往往以国家计划和国有产权排斥工具合理性,而这一点的严重后果人们当时并无意识。这两种模式本来为人类提供了更多的选择和经验,可是二者又有着以意识形态对立为基础的广泛冲突。第二次世界大战以后,在冷战的全球格局之下,东亚形成了以日本为中心的市场工业化模式和以中国为中心的计划工业化模式,背后则是美苏的全球对抗。冷战无疑既是价值的冲突,也是经济的竞赛。至 80 年代末证明,经济增长与社会发展的竞赛显示出计划模式在工具理性方面的弱势,而最终导致了冷战的结束,工具理性的霸权重新主导了对"现代性"的了解,市场经济体系重新被公认为现代化的唯一路径。冷战的结束和发展模式的趋同无疑代表着人类认识的进步,并在某一方面避免了威胁人类的冲突,但在冷战时被制约和掩盖的问题释放出来,困扰人类的程度不减当年;近代工具理性膨胀的恶果更加蔓延,而人类批判的资源却日益减少。

韦伯早已指出,现代文明的一切成果和问题都是来源于价值合理性与工具合理性的紧张。① 一方面,形式合理性产生了理性形态的科学,合理性的法律、行政体系以及合理性的资本主义劳动组织;另一方面,近代文明生活在本质上是以工具理性为取向,强烈地受功利主义所支配,从而导致现代化发展的通病:形式的合理性与实质的非理性,或工具的合理性与价值的非理性。现代社会的环境污染、人生迷失、道德堕落,无不与工具理性的片面宰制有关。从国家和地区关系来讲,以工具理性为取向的现代化并不能自动消解民族与文化

---

① 参看苏国勋:《理性化及其限制》,上海人民出版社,1988 年,第 89 页。

的冲突,更不能消弭战争,后冷战时代紧张的民族和地区关系要求一种文化理性的重建。

东亚近代思想史的显著特征是,一方面轻视、否定自己的传统;另一方面,即使对传统有所肯定,也是在西方现代性的意义下寻找、肯定传统中值得肯定的要素,如在文化上只注意传统文化中那些类似西方的因素可以有助于资本主义的长成或工具理性的发展。然而,以日本和"四小龙"为典范的东亚经验表明,东亚现代化有着自己的特色,或者自己的现代性,如重视群体和权威、重视教育、看重现世等,这些都与东亚的传统有关。更重要的是,面对未来,东亚应当进一步从传统的精神资源中汲取营养,以帮助解决时代的课题,建设东亚更加谐和的现代世界。

关于东亚传统价值对当今世界的意义,在晚近的讨论中,学者似乎更多的是注意东亚社会经济成功所由以共同分享的价值取向,这些当然也是东亚现代性的一部分,但这仍是在经济功能的坐标中看待价值问题。而我们则需超出工具理性的层次,面对当今世界的问题,注重未来东亚世界的整体需要。正如本杰明·史华慈(Benjamin Schwartz)所指出的,事实上,儒学的价值虽然不必是东亚国家后发现代化的障碍,但东亚现代化过程所得益于儒家伦理的观念取向,并非儒家伦理的核心本质。[①] 而要摆脱韦伯式的对现代化的工具性了解,建立合理(不仅在工具上合理,而且在价值上合理)的现代东亚文化,就必须更加关注真正代表儒学核心的文化实践、社会理想和文化取向的普遍性价值。

---

① *The Confucian World Observed*, ed. by Tu Wei-ming, University of Hawaii Press, 1992. p. 16.

二　以和为用

面对90年代的纷扰世界,我们首先想到儒家关于"和"的观念。"和"是儒学传统的一个重要价值,按其内容,可分为五个不同的层次:第一个层次是天与人,也就是人与自然的和谐;第二个层次是国与国,也就是国家间的和平;第三个层次是人与人,也就是社会关系的和睦;第四个层次是个人的精神、心理,也就是境界的平和;第五个层次是文化或文明,也就是不同文化的协和理解。这几种关系不仅是有史以来的人类基本关系,现代人面临的生存环境和生存质量的主要挑战仍然表现在这几种关系上。

按照儒家的了解,人与自然的和谐关系,是建立在"天人合一"的基础之上的。大自然既是人类的养育者,自然界的一切事物又是人类的伙伴,人与自然是息息相通的一体。因此,人不能把自然看做可以无休止地剥削的对象,而应当与自然建立起和谐的相互关系。而近代以来,带着浮士德精神的早期资本主义以利润追求和资本积累为目的,在本性上忽视生态环境的保护。战后的发展中国家,在已工业化国家的示范和压力下,以国家为主体,与企业所有人一起,不顾一切地追求发展速度,以加入工业国家的行列。其结果是人造物质的废弃物难以进入自然界的物质循环,大规模的资源开发破坏了环境的平衡,科技发展带来了预想不到的生态破坏。半个世纪以来,从局部公害到大气污染、海洋污染、森林减少、土地沙化,全球性环境条件的恶化已经是不争的事实。环境的改善当然不是文化观念所能独立解决的,但其解决最终需要一定的文化观念为基础。古代儒家"和"的观念第一个意义即人与天地之和,主张"大乐与天地同和"、

"和故万物不失"(《礼记·乐记》),认为天地有自然之和、自然之节,人的活动需与天地同其和,"和故万物皆化"(同上)。人类参赞活动都是为了要促进整个宇宙的和谐。

"和"(有时通过"乐"来表达)作为一文化观念,其第二个意义即国家、族群间的和平。儒家主张以"和"为指导,达到"兵革不试,五刑不用,百姓无患"(《乐记》),主张"修文来远"(《论语·季氏》),"讲信修睦"(《礼记·礼运》),崇仁义、贵王道,以"善战者服上刑"(《孟子·离娄上》)。后冷战时代的战乱频仍,凸显出国家间政治文化的失范。塞缪尔·亨廷顿(Samuel P. Huntington)预言未来的国际冲突将由民族国家间的冲突演变为文明间的冲突,其说虽然不无所见,但他把儒家文明看做冲突的根源之一,显然是出于无知。韦伯早就正确地指出过儒教的和平主义性格,梁漱溟更指出周孔开出的理性早熟的儒家文化本质上是和平尚文的。① 儒家的"和"的观念有利于导出和平共处的国家间交往准则,对当今世界新秩序的建立具有积极的意义。

"和"的第三个意义是人际关系的和睦。儒家主张上下"和敬",邻里"和顺",家庭"和亲"。虽然古典儒家处理的人际关系范围要比现代社会来得狭小,但其处理人际关系的原则具有普遍性。现代工业社会与后工业社会,人际疏离、家庭解体、老人失养的现象日趋普遍,东亚社会因传统之故虽然较西方略好,但社会结构与家庭结构的变化,使得社会病态亦有所发展。现代社会组织以法律为依托,得以使内部秩序严整有序,但上下左右的关系未臻和谐。"和"所倡导的

---

① 参见韦伯:《中国的宗教:儒教与道教》,简惠美译,台湾远流出版社,1989 年;梁漱溟:《中国文化要义》,台北里仁出版社,1982 年。

并不是单向的行为,而是个人作为主体的、相互的尊重、理解和关怀,这对现代科层官僚社会的人际关系可以提供矫治的基础。

"和"的第四个意义是个人精神生活的和乐。《礼记》说,"心中斯须不和不乐而鄙诈之心入之矣",故为了使人"心气和平",要"致乐以治心"。因此,"和"既是乐(音月),又是乐(音勒)。在这个意义上,可以说儒家文化就是和的文化,或者说和是儒家文化之基本取向。以"寻孔颜乐处"为核心的宋明儒学的精神性正是围绕着这一课题而开展的。在现代社会个人焦虑、孤独、空虚、烦厌无以消解的境遇下,发扬儒学的乐感精神,应当是有意义的。

"和"的第五种意义,是对于不同文化的宽和兼容的态度。中国古代即已有和同之辨。"和"并不表示要求整齐划一,并不主张一元宰制,不主张强加于人。"和而不同","和"是以不同为前提的;"和实生物,同则不继",是以开阔的胸襟容纳不同的文化元素,是鼓励多元的协和共存,主张不同文化的和平共处与和平竞赛,也是对异己文化的理解和对不同文化观点的尊重。冷战意识从政治文化上看,是不同的意识形态势不两立,而不能在宽容中竞争。90年代的后冷战时期,一方面出现了许多地区文化关系密切的现象,如欧洲一体化、北美自由贸易区;而另一方面则是某些地区文化冲突的加剧,如波黑及中东。亚太地区亟须一种新的地区文化取代冷战的意识形态。在这一点上,东亚传统的文化资源应当得到充分的利用。

三 以仁为体

"和"虽然是儒家文化的基本取向,但从儒家的价值结构来看,"和"还不是儒学的究极原理。"和"是用,而不是体。"和"的后面还有一个基础,这就是"仁"。"仁"是体,"和"是用。"以仁为体,以和为用"的文化实践结构,体现了儒学与西方文化不同的精神特色。

如果没有一个普遍的道德原理作为基础,要建立后冷战时期健全的东亚地区文化,是不可能的。儒家传统的"仁"可以作为当今世界人类共同观念的一个道德基础。"仁"的意义,古来儒者的解释很多,这里仅取两种:一是孔子关于"仁者爱人"(《论语·颜渊》)的解释,后来韩愈以"博爱"释仁,朱子也以"爱之理"说仁;二是梁漱溟以"理性"阐发仁的思想,这种解释在今天更有意义。

"仁"之义,包容统摄甚广,由"仁"出发,可以推出包括"和"在内的许多规范。如宋明儒者讲"仁者以天地万物为一体"、"仁者浑然与物同体",直接肯定了人与自然的和谐一体。"仁"作为博爱的人道原则,可以导出和平共处的国家交往原则,成为制约遏止侵略战争的道义力量。第二次世界大战以来,道义的力量业已成为维护世界和平的不可或缺的积极力量,在冷战后的今天,在国际秩序迷失、地区文化失衡的状况下,更需为地区关系和交往确立一个道德的共同基础。

民族国家内的社会生活同样面临主体性丧失和秩序失调的危机,人的物化已经不是哲学家的预言,而成了现代社会的重症;享乐主义的消费文化使人日益丧失理想。《礼记》说:"夫物之感人无穷,而人之好恶无节,则是物至而人化物也。人化物也者,灭天理而穷人欲者也,于是有悖逆诈伪之心,有淫泆作乱之事,是故强者胁弱,众者暴寡,知者诈愚,勇者苦怯,疾病不养,老幼孤独不得其所,此大乱之道也。"

人类的历史是理性不断成长的历史。从儒家的立场来看,理性不应仅指智力的思考能力,梁漱溟把理性与理智加以区别,认为理性是一种交往的态度,一种相互理解、相互沟通的心态,即是仁。这种了解,在某些方面类似于哈贝马斯所说的交往理性。同时,在现代性中的理性不应再像韦伯那样仅仅狭隘地理解为工具合理性,必须打破那种"传统—现代"的对立思考,在现代性的了解中容纳价值合理性。

"仁"可以说是儒学价值理性的代表和实质性传统(substantive tradition)的集中体现。在20世纪初东亚知识分子的反思中,和平被看做软弱,宽容被看做无能,和谐被看做征服自然的障碍,传统的道德理想和价值被看做束缚近代化步伐的绊脚石;然而,近一个世纪人类目睹的遗憾和悲剧可以说都是由于与这些传统价值相背离所产生的。近几十年来,受西方现代性的影响,东亚社会把工具理性的发展置于首位,学者所重视的是世俗化的儒家伦理在东亚经济发展中的促进功能,重视的是儒家实学思想中的经验倾向,特别排斥东西精神传统中具有普遍性的价值观念,崇尚那些经验形态的观念或具有经验指向的、具体的操作规范,从而错误地认为只有具体的、经验的东西才能与现代化相衔接,认定普遍性的价值与现代性无关,也没有现代转化的能力。[①]这些都是"传统—现代"的对立性思维所误导的。在90年代的今天,我们必须跳出这种旧的思考模式,站在更高的层次上,重新认识现代东亚社会的文化问题。

[①] 日本新一代学者对此也有认识,参看黑住真的《从儒教视角谈文明》,第552页,载《学人》第三辑,江苏文艺出版社,1992年。

儒家伦理与中国现代化

工业东亚在学术文献中是一个晚近出现的词汇,用以指日本、韩国、新加坡和中国港台地区的兴起。[①] 关于儒家伦理与东亚经济现代化的讨论,仅在美国即已有三十多年的历史,到80年代已引起越来越多的人们的关注,成为国际公认的严肃的学术性课题。近年来,国外有关这一讨论的观点零散地传播到国内,一些学者在不了解这一讨论的历史和现状的情况下,把注重儒家伦理与东亚工业发展相联系的论点轻率地与"复兴儒学"牵在一起,认为它是"新儒家一厢情愿的虚构",并加以批判和排斥。为了真正参加到这一国际性的学术讨论中来,我们首先必须以开放的心态了解这一讨论的学术思路和历史由来,在认真分析的基础上,汲取其中对我国现代化进程和文化建设可资借鉴的成分。

一 儒家文化与现代化

60年代,现代化理论在韦伯的继承者帕森思(Talcott Parsons)领导下风行一时。60年代初,美国的一些历史学家、社会学家、政治学

[①] 梁元生:《灰飞化作凤凰舞》,《亚洲文化》,1987年10月。

家开始研究儒家文化与东亚现代化的关系。这一问题的提出与韦伯关于新教伦理与西方资本主义产生的研究,以及他关于中国宗教伦理与中国现代化的研究有着直接的继承关系。当时大多数学者都认为,正如韦伯主张的,儒家伦理与作为理性化(rationalization)的现代化过程基本上是不能协调的。主要论据是:第一,它缺少对个人主义的强调,缺乏一种强烈的改变社会的动机力量,群体性的取向过强(too group-oriented)。第二,过于注重塑造完整人格的教育,缺乏要求主宰世界的进攻性人格形态。第三,强调体验的智慧而非经验的、定量的知识。值得指出的是,十五年之后,仍是这些学者,却反过来又利用这组以前被他们批评的价值去解释东亚的经济起飞,及其对西方的挑战。①

一些美国学者,鉴于日本自19世纪以来的发展,强调中国和朝鲜的儒学对中国和朝鲜的现代化起了阻碍作用,同时又认为,日本的儒学传统却对日本的现代化有所贡献。儒学为什么能够在某种程度上参与日本的近代化?帕森思的高足罗伯特·贝拉(Robert Bellah)在其著名的《德川宗教——现代日本的文化渊源》中指出,促进日本近代化的是王阳明力行哲学和武士道精神合流的人生态度。日本学者丸山真男在《日本政治思想史》中也认为,日本的古学批判继承了朱子哲学,并与神道结合,构成了日本近代化的精神动源,促进了明治维新。②

韦伯的宗教社会学理论对50年代以来的学术界特别是现代化理论方面影响甚大。韦伯认为,资本主义在西方的兴起与基督教中

---

① Tu Wei-ming, *Confucian Ethics Today*, Singapore: Federal Publications, 1984.
② 杜维明:《从世界思潮的几个侧面看儒学研究的新动向》,《九州学刊》,1986年。

新教的宗教伦理有关。在新教中,教徒不知道自己是否能成为上帝的选民而获救赎,因而内心充满极度的紧张,从而一方面禁欲式地节俭,一方面勤劳致富以荣耀上帝,以求在世俗职业上亲证自己为上帝的选民,这为资本主义的发展提供了一种"精神"。韦伯又认为,传统中国所以未能发展出资本主义或近代工业文明,主要是由于中国缺少一种特殊的心态。因为中国社会的主导价值系统为儒家伦理,儒家伦理是一种乐观主义,缺乏新教徒那种为了得到上帝拯救而努力工作的内在焦虑与紧张。儒家伦理与新教伦理虽同属理性主义,但前者是对世界的理性的适应,后者则是对世界理性的主宰,他相信这是中国传统社会不能自发走入近代工业文明的根本原因。不难看出,60年代的儒家文化与现代化的讨论基本上是在韦伯理论的笼罩之下进行的。尽管当时的学者对日本儒学在现代化中的作用有所肯定,但只突出了日本儒学的大和色彩的精神,而否认儒学在东亚具有普遍的意义。

按照韦伯理论,逻辑上指出的结论是:儒家文化与现代化是不相容的。这也是帕森思及其同事们在60年代的一致结论:儒家文化是现代化的阻碍。这个结论如果用于说明古代中国资本主义的不发展,有相当的说服力。但是如果用之解释东亚与西方碰撞后的历史,认为必铲除儒学这个障碍,中国才能现代化,那就不尽然了。特别是,韦伯的儒家伦理观自70年代以来受到了巨大的经验现象的挑战,这就是东亚日、韩、新加坡及中国港台地区在战后的惊人的经济起飞。

事实上,60年代西方学者已注意到日本在战后的经济成功,进入70年代,几乎所有西方学者都为日本奇迹(Japanese miracle)所吸引。但当时仍认为这只是日本执行特殊经济政策的结果,并非整个东亚的共同经验。连傅高义(Ezra Vogel)在他著名的《日本第一》中也没有把儒家文化的因素考虑为日本高度发展的一个原因。直到1985年哈佛大学费正清东亚研究中心的"工业东亚:文化的角色"研讨会上,傅高义承认东亚传统,特别是儒家,确实包含有助于工业化的一些因素,尽管他仍然坚持结构性的因素更重要。傅高义的这种变化和70年代以后工业东亚讨论的发展是一致的。

70年代末,亚洲"四小龙"的经济起飞令全世界刮目相看。过去20年来,日本及亚洲"四小龙"成了世界上发展最快的区域,这是有目共睹的事实。如何解释这个现象成了80年代学术界极为关注的课题。在对"东亚优势"的解释方面有两种代表:"结构的解释"与"文化的解释"。

霍夫汉茨(R. Hofheinz)和凯尔德(K. E. Calder)合著的《东亚优势》以及其他持"结构的解释"的人认为,东亚的发展主要得力于政治环境和经济政策。在政治上是家长式政治领导,官僚精英管理,重视教育;经济上则是美援,技术引进,出口导向,高储蓄率,低劳动力价格。更有一些学者注重东亚的企业管理和劳资关系。他们发现,群体性和谐原则是东亚的重要特点:集体团结、工作纪律、苦学精神、忠诚感以及实用主义、经验主义等,一句话,东亚企业精神渗透着一种非个人主义精神,与韦伯及西方学术界奉为圭臬的个人主义与现代化关系完全不同。

曾经接受过韦伯理论的人自然地想到韦伯的方法:"文化伦理的解释",尽管他们的结论与韦伯当初的结论大相径庭。事实上早在1975年,日本经济学家森岛道雄曾提出儒家思想和日本经济发展的关系,认为儒家伦理对日本经济的现代化的作用与韦伯所说的新教伦理对西方世界是一样的。他提出"儒家资本主义"的概念,认为儒家不鼓励个人主义,是合乎理性的集体主义,日本的发展应部分归功于儒家学说的教育,从而导致了一系列的对韦伯命题的再思考。但是他讲的儒家亦非为东亚地区共有的儒家文化,他区分了日本式以"忠"为中心的儒家文化与中国式以"仁"为中心的儒家文化,认为仅有日本式的儒家能够促进现代化。然而,近十年来的学者并不接受森岛道雄的这一观点,因为对西方形成挑战的已不限于日本,而是整个东亚。霍夫汉茨等也是强调整个工业东亚的观念。

最先提出儒家文化对整个东亚的积极作用的是一位未来学家卡恩(H. Kahn)。1979年,他提出东亚这些社会同属于"后期儒家文化"(post-confucian culture),这个地区组织上的成功主要是由于大多数组织成员受儒家传统的熏陶而具有一些共同的特质。他还提出"新儒家的世纪"(new-Confucian century)的观念。①

1980年,一位政治学家,罗德里克·麦克法科尔(Roderik MacFarquhar),当时他是英国的议员,在英国著名的《经济学家》杂志上发表了题为《后儒家文化的挑战》(The Post-Confucian Challenge)的文章。他认为工业东亚的背景是儒家文化,他也把工业东亚称为后儒家文化地区,认为对于西方来说,在20世纪90年代和21世纪将遇到的最大挑战,既非苏联的军事挑战,也非中东的经济挑战,而是来自东亚的广泛的从经济模式到基本价值的挑战。麦克法科尔现任哈佛大学教授、哈佛大学东亚研究中心主任,他的提法有相当的影响。②

那么,是什么样的儒家价值而由工业东亚共同分享的呢?根据

---

① 参看 H. Kahn, *World Economic Development: 1979 and Beyond* (London: Groom Heim, 1979)。

② 参看 R. MacFarquhar, "The Post-Confucian Challenge" (*Economist*, London, 1980.2)。

卡恩的定义,这些价值是:(1)杰出的教育;(2)成就的需要;(3)家庭责任;(4)献身工作;(5)不强调自我。他指出,一个受适当的儒家文化教育的成员,努力工作,有责任感,重视技能,有进取心和创造力,重视组织中的人际和谐。弗兰克·吉布尼在《日本经济奇迹的奥秘》中指出,被称为"日本企业界的良心和精神导师"的涩泽荣一发展了儒家的劳动道德,他常把《论语》带在身边,强调建立正当的人与人的关系,反对贪欲和钻营。美国前驻日本、韩国大使何克松(J. P. Hodgson)也认为,在太平洋,北美的加尔文教的工作伦理已经与儒家原则相遇、结合,并且互相强化。①

对于这一切,波士顿大学的著名社会学家彼得·柏格(Peter Berger)提出了"庸俗化的儒家伦理"(vulgar Confucianism)说来加以解释。柏格认为,真正影响经济行为的并不是儒家理论中的教义,而是作为实际支配一般人的行为规范的儒家伦理,即儒家思想渗透到普通人日常生活层面所表现出来的一套道德规范。他指出,韦伯讲的阻碍中国现代化的儒家思想是指作为中华帝国意识形态的理论,而不是普通百姓的日常伦理的那种儒家思想。他把儒家思想体现在普通百姓的日常伦理称为"庸俗儒家伦理"(或译"世俗化的儒家伦理"),这里的"庸俗"或"世俗",不是贬义的,是指一种理论渗入到普通人日常生活层面的表现。他认为促进东亚工业发展的是这种"庸俗儒家伦理",如阶层意识、对家庭的无条件承诺、纪律性、节俭等。他认为,韦伯未能预见到从传统帝国的保守力量解放出来的儒家思想成为老百姓的工作伦理,而在现代化过程中发挥积极作用。由此,他认为有两个形态的现代化,一个是以犹太基督教为根源的西

---

① 金耀基:《儒家伦理与经济发展:韦伯学说重探》,《明报月刊》,1983年8月。

方现代化,一个是以儒家伦理为根源之一的东亚现代化。柏格的提法得到了研究东南亚地区经济发展中的华人社会的人类学家、社会学家与历史学家的支持:接受同样文化素养的中国人,在离开了中国政治社会环境到东南亚或其他地方可以在经济方面有出色的表现,这与他们的文化心理和价值观念有关。①

在中文世界,最早对这个问题作出反应的是香港中文大学的社会学家金耀基。1983年他发表了《儒家伦理与经济发展:韦伯学说重探》,根据他在东亚生活的经验,他认为儒家伦理有助经济发展的提法至少可以视为一合理的假设。从大量现象来看,比较基督教伦理来说,儒家伦理与经济发展的关系似乎不一定更弱。此后,在中文世界中出现了一系列专题讨论的文章,成为学术界一个引人注目的现代论题。

需要补充的是,在"文化的解释"方面有积极的解释和消极的解释之分。积极的解释即上述主张儒家伦理对东亚现代化有促进作用的观点,消极的解释则认为儒家伦理既不是东亚现代化的障碍,也不是促进东亚现代化的相关因素。

二 文化的解释与制度的解释

以上历史的回顾,可以使我们较为清楚地了解"儒家伦理与工业东亚"讨论的由来及发展。可以看出,在这个随着东亚历史发展而演变的学术讨论中,并不存在什么"复兴儒学"或"新儒家的一厢

---

① A Forum on "The Role of Culture in Industrial East Asia: The Relationship between Confucian Ethics and Modernization", Singapore, 1988.

情愿"的"虚幻夸张"。持这种说法的人只是表现了他们对这一问题的历史由来一无所知。事实上,在 1979 年至 1985 年连续六年的热烈讨论中,被称为"新儒家"的同情儒家文化的学者们几乎都没有参加到这一讨论中去。最初提出这个问题并倡导讨论的,并不是新儒家,而是西方政治学家。哈佛大学的杜维明教授被认为是当代儒学思想的一位积极提倡者。他曾明确表示:"作为一个儒家哲学思想的研究者,我当然对于儒家可能与现代化精神有密切关联这一点感到鼓舞,但我对儒学的研究和所受的西方社会科学学术训练,使我更希望看到对此课题的坚实的经验的研究。我既不想全盘宣传这种观点,也不会不经检讨即轻率放弃它。"近代以来的反儒学思潮使我们已经变得十分脆弱和过敏,几乎到了谈儒色变的地步。一位海外华人教授来访时正面表达了对于儒学价值同情的看法,立即就招致众多学者的"警惕",把儒学传统的创造性转化当成巨大危险齐力抵制。更有在报章上极尽讽刺与人身攻击的行为,这显然是文化心理极为不成熟的表现。

一些不研究哲学、社会学,不了解国际学术发展的学者把"儒家资本主义"及儒家伦理与工业东亚的问题轻率地斥为"痴人说梦",完全不了解这个问题的理论来源和现实依据。客观上,与我们几十年封闭造成的对韦伯及现代化理论的完全陌生有关。更重要的是,由于各种情绪化的影响,使我们缺少一种虚心了解不同学科各种观点的多元开放的心态。严格地说,韦伯讨论的是儒家伦理不能"产生"资本主义的问题,与 80 年代所讨论的儒家伦理与既有的资本主义相互配合的问题并不完全相同,但是韦伯理论中至少在逻辑上包含着儒家伦理与现代化不能协调的思想,因而近十年来讨论的儒家伦理可以与资本主义配合以至成为一种成功的现代化模式,不能说对韦伯理论没有挑战的意义。如果肯定儒家伦理并不必然地与资本主义或现代化发展相冲突,那么阻碍了中国资本主义发展的主要因素也许并非韦伯当年断定的儒家伦理,而是其他因素(如政治)。不管怎么说,"儒家伦理与工业东亚"的讨论是脱胎于韦伯"新教伦理与资本主义"的论题,它非但不是痴人说梦,而且有着深厚的理论背景。

柏格(Peter Berger)关于"庸俗儒家伦理"的提法,实际上并没有背弃韦伯的原则,反而修正了韦伯方法上的不一致性。韦伯在《新教伦理与资本主义精神》一书中指出:"我们所关注的并不是当时理论或官方在伦理概要方面传授的是什么东西,无论这通过教会戒律、牧师职能和布道产生过多么实际的重要作用。毋宁说我们只对与此大不相同的另一些问题感兴趣,即由宗教信仰和宗教活动所产生的心理约束力的影响,这些影响转而指导日常行为并制约个人行为。"[1]因而韦伯不是专从教义上研究新教与资本主义之间的相关性,而是从清教徒具体表现出来的伦理信念和态度来加以考察。然而韦伯在考察中国宗教时,却是只在教义层次上判断和批评儒家的社会作用。这似乎不如柏格通过把握儒家文化中人的一般行为规范和工作伦理,去断定儒家伦理与经济行为的联系更忠实于韦伯自己在新教伦理上的方法。此外,如果我们看一下《新教伦理与资本主义精神》第一章:"在任何一个宗教成分混杂的国家,只要稍稍看一下其职业情况的统计数字,几乎没有什么例外地可以发现这样一种状况:工商界领导人、资本占有者、近代企业界中的高级技术人员,尤其是受过高等技术培训和商业培训的管理人员,绝大多数都是新教

---

[1] 韦伯:《新教伦理与资本主义精神》,于晓等译,三联书店,1987年,第73页。

徒。"(这个情况据韦伯利用的资料,不限于德国,在匈牙利、巴伐利亚等地皆是)这与今天在东南亚,如马来西亚、泰国、印尼等地所看到的华人的情况十分类似。仅这一点就表明,站在韦伯理论的立场上,提出华人的文化背景(主要是儒家文化,还杂有其他)与其成功的经济行为的关联是允许的、合理的。

对"儒家伦理有助于促进工业东亚现代化"命题加以"驳议"的另一种意见是,认为这种观点只是"虚构",没有经验的材料可以证实。经验材料虽然是重要的,然而,韦伯的《新教伦理与资本主义精神》或《中国的宗教:儒教与道教》也并没有驳议者所要求的这种经验材料,而这并不妨碍相当多的西方学者承认这一理论有其价值。因而用"没有经验材料"来驳议哲学与社会学上类似韦伯命题的观点,是不可以推翻与取消这类论点的意义和价值的。如果我们承认韦伯理论可成一说(虽然我们可以不赞成),我们就不能用无经验材料来指责肯定儒家伦理在工业东亚的作用的论点。几年前,台湾大学心理学家杨国枢主持了一项由"中研院"支持的大型社会心理调查。这个调查的本来目的是想通过社会科学的经验手段,给讨论中的"儒家伦理与工业东亚"问题一个有说服力的了结。调查的对象从大型企业到中小企业,相当广泛。主持这项调查的杨国枢教授本人及"中研院"方面都不赞同儒家伦理有助说,由此可知,问卷的设计决不会对儒家有所偏爱。然而,调查的最终结果竟然与主持人的预想完全相反,调查结果显示儒家伦理与企业的有组织行为有明显联系。我举出这个例子并非认定杨教授的这一调查已足以为这一讨论定案,只是说,这个问题远不像我们有些人轻易斥之为"痴人说梦"那么简单。

其实,在"儒家伦理与工业东亚"的讨论中,文化论和制度论只是有所侧重罢了,绝非绝对的互相排斥。文化论者无疑也承认制度结构因素的作用,制度论者也承认文化因素的作用。我们有些学者往往把这个问题简单化,把文化论者说成根本否认制度因素或把文化因素作为唯一原因,借以申发自己的批评。也有不少学者以为工业东亚的发展不过是实行资本主义经济制度的自然结果而已。应当了解,工业东亚的经济资本主义制度乃是文化论与制度论者共同承认的无可争议的前提,制度论者并不是说资本主义制度自然带来工业东亚的高速起飞,而是提出工业东亚之成功具有哪些与西方资本主义不同的制度因素:如官僚制、政治领导、统一教育等。制度论与文化论所共同面对的,乃是如下问题:在亚洲、非洲、拉丁美洲一百多个实行非社会主义经济制度的发展中国家中,为什么只是工业东亚这几个资源贫乏的地方得到了起飞？这一点与我们常常仅仅站在不完善的社会主义体制之内看问题的角度完全不同,而且更有世界意义。另一值得指出的事实是,无论是文化论者还是制度论者,尽管他们对儒家伦理对东亚经济发展的作用看法不同,但都不认为儒家伦理是一个与现代化进程绝对排斥的文化形态,这大大超越了60年代的现代化理论,与我们反复推进的反儒思想,在理论层面上更有相当大的距离。贝拉近年也修正了他唯基督教才与现代文明有特殊关系的论点,认为宋明儒学也可以是一种有创造转化功能的形态。

对东亚经济发展的"文化的解释"与"制度的解释"并非对立。即使在我自己看来,制度的建立与配套仍然具有最重要的意义。在文化方面,除了儒家伦理之外,西方近代以来的价值在中国与东亚的经济发展中也扮演了重要角色。所以,我们必须在一个复杂的架构中才能完整把握东亚的发展。

在接触"儒家伦理与工业东亚"的论题时,受实用理性影响的人可能会提出:要从中引出什么实践性的结论?是不是主张发展儒学来促进现代化?回答是否定的,因为这是一个并未有结论的学术性思考。就我个人来说,重视这个讨论的动机并不在如何具体促进经济改革,毋宁在文化态度上。因为,即使肯定儒家伦理有助于工业东亚的发展,也不意味着儒家伦理在任何文化时空中都具有这种功能。杜维明指出,不受现实政治干扰的商人能够调动儒家伦理的积极性,但官督商办的儒家企业却在现代化过程中具有消极作用;儒家伦理在自由开放的环境中能发挥积极创造精神,但与某些政治文化的结合时则有消极的作用。工业东亚所提供的新的经验事实和韦伯命题的重新思考的一个直接启示乃是:认为儒家传统与现代化绝对排斥的观念是难以成立的;在中国文化熏陶下成长并通过不同方式接受儒家价值的人,在自由开放的环境中是可以创造出卓越的经济成就的,所谓批判儒学才能实现现代化,推翻传统才能现代化,这些提法虽各有其论据,但在东亚经验面前显然不具有普遍有效性。因此,重要的问题也许不在于对儒家的文化进行批判,而在于深化结构的改革,促进传统精神资源实现创造性的转化,使中国人的能力与智慧充分发挥,以加速中华民族的现代化。

以上讨论,并不表示我无保留地接受韦伯理论和肯定儒家伦理促进了东亚现代化,只是企图说明,如果我们是严肃认真地以学术研究的态度对待韦伯理论,我们就应当以同样的态度来认真研究脱胎于韦伯理论的工业东亚的讨论,特别是韦伯式的文化论观点,使我们的传统与现代化的讨论更深入一步。我更要指出,本章只是在韦伯理论的框架内提出问题,就是说,是在"功能系统"中来讨论的。换言之,仅仅是在传统文化是否对现代化(特别是经济发展)有所贡献这个狭小的范围内讨论的。而儒家伦理,作为一种人文价值,即使它并不促进也不阻碍现代化的经济发展,与现代化不相干,也并不表示儒家伦理没有价值,因为判定人文文化的价值的尺度并不是某种政治经济的功能。

三 产生与同化

如果从历史学家的角度来看,强势化的韦伯式命题"没有西方的影响中国不可能自发地进入资本主义",是一个无法验证的非真命题。因为,我们根本无法确定西方的影响若晚来一千年或者更久,中国自己究竟会不会自然发展出一种今天我们所谓的资本主义。所以严格地说,"中国为何未产生资本主义"只是在一个相对于近代西方发展的确定的时间标尺内才有意义,即相对西方 16 世纪后的发展,我们才可以合理地提出,中国成熟的文明何以未像西方那样迅速发展出资本主义,而迟迟地在前工业社会中变化。当然,"迅速"或"迟缓"可能会被指责为以西方发展为标准而以非西方文化为特例,但在我们以上的限定下,无论以何为标准,即使我们假定中国社会能自发生长出资本主义,它相比于西方为迟缓则是无疑的。

如果进一步,站在当今时代的立场,我们认定自西方资本主义产生以来,由工业革命到信息社会的现代化进程已成为必然的发展方向,那么,类似于韦伯的研究,即分析中国文化特别是宗教伦理在这一过程中可能发生的积极或消极的作用,就仍然是有意义的。

一般对韦伯儒教伦理观的了解是以韦伯的《中国的宗教:儒教与道教》,特别是其最后一章"儒教与清教"为基础的。根据韦伯的说法,就中国历史来看,较之西方,中国拥有的各种外在的有利资本主义发生的条件并不算少,而通常被认为西方存在过的对资本主义发展的制度障碍在中国并不明显。因而,中国资本主义不发生的决定性原因与其说是制度的,不如说是"心态"的。① 与之相对照,在《新教伦理与资本主义精神》中,韦伯力图证明新教伦理为资本主义的产生提供了"心态"的条件。

儒教与新教的"心态"的不同,照韦伯的说法,主要有三个方面。首先,虽然二者同为理性的伦理,又都可归为"功利主义"的,但儒教将与此一世界的紧张降低至最低,其特点是"适应世界";而新教的清教徒对俗世有一种巨大的紧张,要将既有的世界进行理性的转化。② 其次,儒教徒对财富的崇拜心态与清教徒的禁欲主义不同。儒教徒对财富的态度可比拟于文艺复兴时期的现世精神,没有任何国家像他们那样把物质福利作为终极目标而抬得如此之高,但这并不是能够创造出资本主义的经济心态。③ 中国的无与伦比的精打细算与资本主义的有条理的经营观念不是一回事;小商贩式的营利欲与现代资本主义没有关联。光是营利欲、重视财富、冷静俭约,"是远远不能代表会产生从现代经济里志业人员身上所发现的'资本主义精神'"④。最后,现代资本主义是功能性企业,而儒教把人嵌入宗族或家族,从而,在中国一切团体包括企业的"信赖"基础是基于个人、家族和拟家族的关系,即"个人关系原则"占主导地位。与之不同,新教打断氏族纽结,建立信仰共同体,主张一种把信赖建立于非个人的、一种不同于血缘共同体的共同生活伦理。韦伯强调,在中国,所有共同体行为都为个人—亲属的关系所淹没和制约;而清教将一切都理

---

① 韦伯:《中国的宗教:儒教与道教》,简惠美译,台湾远流出版社,1989年,第317页。
② 同上书,第294、308页。
③ 同上书,第304—305页。
④ 同上书,第314—315页。

性化为纯粹的事业关系,并以理性的法律和协定来取代传统。①

中文世界关于韦伯命题的再思考,1983年金耀基首开其端。② 毫无疑问,韦伯研究的重点在资本主义的"产生"问题,这与战后以来发展的关于儒家伦理在东亚现代化过程中的作用的讨论,在重点上有所不同。1986年富永健一提出"内发"与"外学"的分别,前者指自己自然地生长的,后者指向外学习得来的。③ 1988年劳思光也强调要把"创生"与"模拟"区别开来,指出儒家伦理对于资本主义虽然可能没有"创生"的功能,却可能有"模拟"的功能。④ 这些都是在70年代后工业东亚经济奇迹的经验现象面前,在西方"新儒家的挑战"的再思考刺激之下,不断发展出来的。这表明,我们不能把韦伯对"产生"时期的儒家伦理的批评,无条件地转用来针对处于"模拟"过程的儒家伦理;同时也不能据晚近"模拟"过程的经验现象,不加分析地用以批评主要处理"产生"问题的韦伯。

值得注意的是,在中国宗教伦理与资本主义的关系方面,韦伯自己已经区分了"产生"与"同化"。在《中国的宗教:儒教与道教》的结尾,他一方面得出结论说:"较之西方,中国拥有各种外在的有利于资本主义之成立的条件,并不足以产生它出来。"而另一方面,他也指出,如果不就"产生"的问题而言:

> 对于现代文化领域里,在技术上与经济上皆已获得充分发展的资本主义,中国人大概相当有(可能比日本有)加以同化的能力。这显然不是个中国人是否"没有自然禀赋"以适合资本

---

① 韦伯:《中国的宗教:儒教与道教》,简惠美译,第304、309页。
② 金耀基:《金耀基社会文选》,台北幼狮文化事业公司,1985年,第253—275页。
③ 富永健一:《社会学原理》,严立贤等译,社科文献出版社,1992年,第300—301页。
④ 劳思光在新加坡"国际儒学讨论会"上的发言。

主义的问题。①

韦伯的聪明之处,就在于他经常对于重要问题的复杂性能有多面的顾及。照韦伯这里所说,中国文化与中国人同化资本主义的能力是无可怀疑的。至于这里所说的同化"能力"是否包括作为社会变迁精神条件的儒家伦理,韦伯并未清楚说明。

我们知道,80年代对韦伯命题的重新思考,是针对流行的对韦伯的了解(儒家伦理阻碍资本主义发展)及帕森思对韦伯的解释(儒家伦理阻碍现代化)而发,那么,既然韦伯自己已经对"产生"与"同化"进行了区分,对韦伯的批评和对"产生"与"模拟"的分疏是否就成为多余而不相应了呢? 也不完全如此。因为韦伯自己经常在不同的观点中摇摆,许多说法如"清教的世界观有利于一种理性资产阶级经济生活的发展"②,不仅可以被理解为对产生资本主义是如此,而且对同化资本主义也是如此。所以,从韦伯的许多论述中确实可以逻辑地推出,即使对同化、模拟既有的资本主义而言,也只有新教伦理才是与之相适合的精神条件;儒教伦理不仅不能促进资本主义的产生,也不能与同化资本主义的过程相配合。因此,80年代基于工业东亚的经验产生的韦伯命题的再思考,不是没有理由的。

四　世俗儒家伦理与东亚现代化的初级阶段

有了以上的交待,我们在以下就把讨论集中在"同化"或"模拟"的问题上面。

---

① 韦伯:《中国的宗教:儒教与道教》,第315—316页。
② 韦伯:《新教伦理与资本主义精神》,于晓等译,第36页。

虽然,韦伯区分了各种不同的资本主义类型,把追求财富的欲望和贪婪只看做传统资本主义的气质,认定新教的禁欲主义伦理才是创生理性资本主义的规范性条件。然而,站在现代资本主义已产生三百多年、迟发展国家努力谋求同化现代化的今天的立场上,我们所关注到的则是:即使我们同意韦伯所说,产生资本主义的精神条件是禁欲主义的精神,那么,同化、模拟资本主义的精神条件是什么?对此,韦伯并未给予回答,他只是含糊地指出中国虽未能产生资本主义,但却有很大能力同化既有的资本主义。相反,由于他经常在不同的倾向间摇摆,他更多地给人的印象是,把新教伦理看成产生与同化资本主义的唯一精神条件。

战后工业东亚的经济奇迹的挑战意义即是,在同化既有现代文化的过程中,至少在其第一阶段,本土的传统伦理可以成为适应这一过程的规范性因素。如在《新教伦理与资本主义精神》第一章开首便读到的那一段话:"在任何一个宗教成分混杂的国家,只要稍稍看一下其职业情况的统计数字,几乎没有什么例外地可以发现这样一种状况:工商界领导人、资本占有者、近代企业界中的高级技术人员,尤其是受过高等技术培训和商业培训的管理人员,绝大多数都是新教徒。"[①]如果这可以看做韦伯的一种方法,那么,把这一方法转移到今天东南亚地区,只要我们把韦伯话中的"新教徒"改成"华人"就仍然可以成立。这显然与一般所了解的韦伯命题是相冲突的。

因此,如果我们明确把"产生"转换为"同化",并在考察过程中彻底贯彻韦伯的方法,即着眼于现实生活所体现的儒家伦理,我们就

---

① 转引自弗兰克·帕金:《马克斯·韦伯》,刘东译,四川人民出版社,1987年,第55页。

会对儒家伦理在这一东亚工业化成功过程中的作用有相当肯定的评价。这也正是柏格所做的。① 柏格的"世俗儒家伦理"说在考察东方社会方面更忠实于韦伯自己的方法,又符合人类学大小传统的区分,特别是以经验现象为根据,具有相当的说服力。"世俗儒家伦理"的立场使我们从宗教社会学的角度着眼于源于儒家教义而在现实生活中具有实际约束力的生活伦理,可以更直接地对经验现象进行解释,也可以对儒家伦理在中国经济现代化过程中的作用作出合理评价。

就个体的生活伦理来说,作为生活在中国社会的人,我们可以直观地了解到许多由行为所表现出的态度、动机、素质等。体现在经济生活中的主要伦理规范有勤劳、俭约、忍耐,这在中国南方尤为明显。特别是勤劳的态度,虽然不是以宗教禁欲主义为基础,但正是韦伯所说的"把劳动本身作为人生目的"。另一个经验事实是,一个受过良好的儒家教育的人会自然地表现出自我克制、敬业乐群、奉公守法、善于学习的素质。至于东亚社会由节俭而来的高储蓄率更是众所周知的了。

当然,这绝不是说受儒家影响的中国人没有赚钱的欲望,相反,这种欲望相当强烈。事实表明,追求财富的动机是一切市场经济的最低原则,这是亚当·斯密(Adam Smith)自由主义经济学的基本原理,这对资本主义的产生与同化都是如此。韦伯关于中国人有较强同化能力的说法,隐含了赚钱欲望是这种能力的一个因素。如果按照韦伯注重区分伦理与欲望的方法,儒家文化中也并不缺乏把成就动机伦理化的形式。明代儒学已经在理论上用家族主义伦理来包

---

① Peter Berger, *Secularity: West and East, Cultural Identity and Modernization in Asian Countries*, Kokugakuin University, 1983.

容、规范这种对财富和其他成就的追求,甚至个人保护自我、珍爱生命的活动都得到了明确的伦理的合法化。这在泰州学派最为明显。事实上,泰州学派对正统儒学的"偏离"并不是什么平民阶级的政治抗议,而正是发展为儒家伦理的世俗形态。① 由于世俗儒家伦理包含了某种个人主义与功利主义,它在现代化的初级阶段仍有其积极的作用。

世俗儒家伦理中的家族主义,在同化现代文化过程中的作用,不仅在于可为个人从事经济活动提供了合法化的伦理动机,而且可为现代化早期的企业提供一种当下可用的共同体伦理,即共同体内的关系伦理。虽然韦伯强调中国在发展非个人关系方面不力,是有相当理由的,但从中国的具体现实出发,以"私人联系为基础的合作秩序"仍可以是企业自组织的秩序。② 在走向现代化市场经济的初级阶段,企业规模相对较小,社会机会相对较多,法律又不健全,故员工的心理规范不易稳定,在这种情况下,家族性或拟家族的员工结构和家族伦理正好与之相适应。在家族文化的氛围中,业主会适当顾及员工的利益,员工也乐于放弃某些个人利益以服从整体,从而使企业可以最大限度地降低内部交易成本,保证稳定的内部秩序,缓解劳资矛盾和冲突。所以,台湾地区现代化早期家族式企业的兴盛及祖国内地许多乡镇企业的拟家族式的经营,是有其理由的。

此外,共同体间的关系(虽然有时和人与人之间的社会伦理相重合)在这个阶段也当需要借助传统世俗儒家伦理来规范。因为,从社会行为来看,在效率上,无论什么规范,都比无规范状态好。只

---

① 陈来:《宋明理学》,辽宁教育出版社,1991年,第378、398页。
② 汪丁丁:《谈谈"能用数目字管理"的资本主义》,《读书》,1993年6月。

有一定的规范结构才能使人的行为成为有序的行为,才可以使人在社会—经济活动中根据可靠的预期确定地进行选择和决策。毫无疑问,现代化的市场经济需要健全的市场体系和法律体系,但制度的全面理性化建设需要一个相当长的过程。一个工商企业的团体,除了要求劳动者"勤"的工作伦理之外,还需要员工"和"的内部团结,需要外部交往"信"的依赖环境。在中国发展市场经济的初级阶段,这三个方面往往都需要借助传统伦理或以传统伦理为代用品。因此,就共同体内部而言,中国伦理传统的"和"是企业内部团结的重要资源,这对家族和非家族企业都是一样,对业主和员工都有规范意义,运用得当,能减小企业内交易费用。就共同体之间而言,中国传统世俗社会的"诚"、"信",以及带有浓厚江湖色彩的"义",都是发展中的中国人社会中常见的外部交往规范,特别是后者常常是一种具有约束力的文化现实。虽然"义"含有非理性的成分,但在一定阶段或环境,它是最切近而便于利用或者不得不利用的规范资源。更何况它的体现与个人或团体的道德名誉密切相关,会影响到企业商业交往的形象,从而与企业的经营与交易成本相关。

  以上简要的分析,可以解释工业东亚经济发展前期的儒家伦理的作用。又由此可见,在个人工作伦理、共同体内伦理、共同体间伦理这三个层次上,在反传统心态的支配下,轻易地在现代化过程中尤其在其前期,全面地破坏传统伦理,是有害的;而恰当地加以利用和渐进地加以转化,则是有益的(事实上,在中国内地,由于近四十年来众所周知的原因,传统伦理已受到很大破坏,导致投机心态蔓延,已成为目前一个重大的问题)。即使在进一步发展的阶段上,家族式企业已不再适应形势的要求,世俗儒家伦理需要转化为合理性的现代市场经济规范,儒家伦理在企业文化中仍有可为。儒家文化可为现代市场经济注入一种与西方企业文化不同的精神气质,使管理人员比较注重人际关系的调整,使从业人员比较注重群体的利益,形成一种比较有人情味的企业精神。

应当说明,以上所说的"现代化"是顺着帕森思以来的思路,在这个脉络下,"现代化"只是一个偏于经济功能的概念。事实上,文化的价值是不能仅据经济功能来判断的。因此,即使基督教和儒家的伦理与产生或者同化资本主义不相干,也绝不意味着基督教伦理与儒家伦理在"现代"社会中失去了价值。当然,即使儒家伦理有促进经济发展的功能,也并不因此可以排除在其他方面所应接受的批判。另一方面,以上所说的儒家伦理,也多为与韦伯讨论的层次相一致,而落实在世俗儒家伦理上面,无法全面讨论作为中国文化核心的儒家价值系统。所以,"中国文化与现代化"或"中国文化传统与现代化"是一个范围远远超过经济发展问题的课题。而处于"五四"以来不断激进化的反儒思潮影响下,我更要强调的是,站在一个经过反思而更具丰富内涵的"现代化"的文化立场,关注到现代人仍需要终极关怀、价值理想、人生意义、社会交往,儒家文化价值体系的承继与转化,至少对中国文化主导的社会就仍有十分重要的意义。因此,对于人文学者来说,重要的问题不仅是要解释已经发生的现象,更要反省现实,思考未来。市场经济的转向在根本上是向工具理性意义的"理性化"发展,而工具的合理性不仅不必然地导致价值的合理性,反而会引致价值的非理性。面对转型期投机资本主义的充斥与价值理性的全面失落,旁顾发达社会的种种弊病,我们在支持市场转向和推进其理性化程度的同时,还需要从一个更高的角度来思考儒家文化传统与中国化现代化发展的问题。事实上,一切宗教传统都与现代化有冲突,都必然对现代化发展中的物欲横流、价值解体、人性异化、人际疏离、文化商业化等消极因素持批判态度。同时,我们又须承认现代化是一个不可避免的发展,在这样一种情境中,与世俗世界具有过分紧张关系的宗教,就显得不适应;而儒教这种在世俗中求神圣、注重与世界相适应、重视道德与文化的体系,可能会在同化的过程中与市场工具理性形成比较合理的张力。

现代中国文化与儒学的困境

一般认为,20世纪的变革给儒家思想或儒学带来了根本性的变化。虽然现代儒家哲学是对于儒学现代困境的一种哲学的回应,甚至在现代哲学论域中占了相当重要的地位,却仍然不能改变儒学在现代中国的社会—文化层面的尴尬处境。在接近21世纪的时候,我们仍然不能拒绝这一事实,即20世纪是在前现代作为整体的儒家文化经历解体、离散、飘零的历史。应当说明,本文以下所论多就大陆情况而言,并未包括笔者尚不熟悉的台湾和香港。在前现代的社会制度已获改变的20世纪,儒学何以仍然是一个不断被提起的焦点话题? 在现代中国社会,儒学的超越哲学的存在是否可能及其所需条件是什么? 这是本文关注的主要之点。由于篇幅所限,本文提供的仍主要是一个历史的、现象的陈述。

一

儒家思想在前现代社会所居的正统、广泛、绝对的影响是和宋元以来王朝统治的支持推行、教育制度以及家族制度提供的社会基础分不开的。也就是说,历代王朝赋予了儒学以正统意识形态的地位,规定了儒家经典(包括宋明儒学的解释)作为科举考试的内容,这种制度的建构是宋元以来儒学大盛的政治基础和教育基础。而家族宗族制度以及由此形成的乡治秩序是儒学根深叶茂的一个更深的社会历史基体。所有这一切构成了儒家文化或儒教社会的整体。

但自19世纪中叶以降，中国文化主要是儒家文化遭遇了西方近代文化的强烈冲击。殖民主义、帝国主义对中国展示了以近代资本主义为背景的工业文明的先进特长，古老的传统中国文明在帝国主义的坚船利炮面前一败涂地，被迫变革。经过洋务运动到戊戌变法，近代自然科学及工艺制造已开始引进，近代西方合理主义的政治结构也已为先进知识人所介绍，清政府也开始渐进的改革。但甲午战争的挫折使得儒教中国的危机更加深重而未得缓解。19世纪末儒学的状况是，儒家的知识体系和政治制度受到了巨大挑战，但这种实质性的挑战并未在名义上指向儒家，儒学的制度性基础并未根本解体，儒学的危机尚未表现出来。

这种情况到20世纪为之一变。本来在洋务运动后期，维新派在各地已经开始兴办新式学堂，即使在一些旧式学塾中，课程亦开始新旧并存。1899年清廷下诏废八股、诗赋，1901年清政府发布《兴学诏书》，正式要求全国广设学堂，这些已经是对传统科举服务、为制造儒生的旧式教育体系的根本挑战。由于自1899年以来各地书院已渐改为学堂，至1905年传统"儒学"（学校）已无形中取消。更为决定性的是，1905年，清政府正式决定废止科举，规定所有学校除保留经学、修身之外，皆教授自然科学。无论在法律上还是事实上，儒学在传统教育中的地位终于完全倒塌了。

不过，1905年发布的《教育宗旨》仍特立"尊孔"一条，并规定学校在春秋入学及孔诞日应"祀孔"。这些措施及保留经学等，显然旨在谋求在改革中维持精神权威和伦理秩序，特别是孔子的伦理权威。但辛亥革命后,又对清政府的教育宗旨加以革正。1912年任教育总长的蔡元培主持教育法令的讨论,提出在法令中"去尊孔",在学校中"废祀孔",在课程中"删经学",使得从小学到中学不再设置经科,儒家典籍作为整体被排除于教育之外。儒学不仅再不是教育的必要内容,更不是仕宦进身的必要途径,制造儒生的产业基础完全被消解。① 到辛亥革命后短短几年,儒学已整体上退出了政治、教育领域,儒学典籍不再是意识形态和国家制度的基础,不复为知识人必读的经典,中国人的精神生活和政治生活两千年来第一次置身于没有"经典"的时代。

然而,儒家经典从政治、教育领域的退出,还不代表固有的孔子的精神权威的自然失落,还不等于儒家的伦理价值的说服力已彻底丧失。民初梁启超等人一面反对读经,一面仍主尊孔,就是明显的例子,在他们看来,孔子的道德教训乃是中国几千年立国的道德基础和民族的精神、文化的核心。② 因此,儒学虽然从政治和教育的领域中退出,但仍然保守于伦理、精神的领域。

但在梁启超主办的《大中华》上,虽然提出了"孔固当尊,经不必读",却也同时反对以尊孔复辟帝制,甚至出现了"改良家族制度论"的呼唤。几个月后创办的《青年》而后更名的《新青年》则更进一步以"新思想、新文化、新道德"全面批判旧文化旧道德,新文化的锋芒直指孔子的精神权威和儒家伦理的价值,几乎就是一场批孔批儒的运动。陈独秀把儒家伦理归结为"三纲",认为"主张尊孔,势必立君",高倡"伦理革命",③实际是要革孔子与儒家伦理之命。易白沙

---

① 参看陈青之:《中国教育史》下册,第六编,商务印书馆,1938年。
② 参看梁启超:《孔子教义实际裨益于今日国民者何在? 欲昌明之其道何由?》、《复古思潮平议》,分载1915年《大中华》一卷二期、七期。
③ 陈独秀:《复辟与尊孔》,载《新青年》第3卷第6号。

以《孔子评议》为文,指摘孔子学术的弊病。吴虞更与鲁迅呼应,谓"孔二先生的孔教讲到极点就非杀人吃人不可"、"盗丘之祸遗及万年",大呼"儒教不革命,儒学不转轮,吾国遂无新思想、新学说"。①后来人们把新文化运动的口号概括为"打倒孔家店",并不是没有理由的。新文化运动对文化与社会领域的思想解放起了巨大的作用。从近代中国的儒教兴衰史来看,新文化运动正是把辛亥革命前后放逐儒学的运动进一步推展到伦理和精神的领域。从废止科举到新文化运动不过十数年时间,儒学在现代中国文化的格局中遭到全面的放逐,从中心退缩到边缘。

二

经过本世纪初二十余年,儒教文化已全面解体,经历过新文化运动,儒学在青年中更失去权威。但是,国民政府时代儒学的困境并未进一步发展,其原因是中山先生坚持以"四维八德"发展民族精神,赋予了传统儒学德目以新的精神。蒋介石在南京建立政权后,也明确主张以"礼义廉耻"为立国之本。在 1929 年国民政府的《教育宗旨及其实施方针》中明确指明以"忠孝仁爱信义和平"为国民道德的教育内容。1934 年蒋还推行过"新生活运动",要求把礼义廉耻落实到每个人的衣食住行,对于传统道德的重要德目都给予了新的解释,同时又增入许多现代社会的公德。尽管新生活运动未能配合以推广知识教育和技术发展,在政治和农村土地问题未解决的情况下,其成效有限,问题不少,但其社会伦理意义亦应实事求是地加以分析。无

---

① 见其《说孝》等,载《吴虞文录》,亚东图书馆,1929 年。

论如何,国民政府时期的教育实践和社会运动在相当程度上自觉保留了儒家伦理的内容。①

值得注意的是,1937—1945 的八年抗日战争中,政府、知识分子和全民对儒学的态度与民初相比有了一个明显的变化。为了中华民族的独立与解放,抵御外来的横暴侵略,国共两党、国民政府和社会各界广泛动员各种力量来振奋军民的精神、意志,以反抗侵略。儒家伦理砥砺德行、变移风气、鼓舞士气、增益爱国心和树立自信心的功能,使得儒家伦理成为抗日战争时期重要的精神资源和道德力量。尤为重要的是,这也成为这一时期国共两党与知识分子的共识。1939 年国防最高委员会颁行《国民精神总动员纲领及实施办法》,明确提出以"八德"为救国道德,"对国家尽其至忠,对民族行其大孝",共产党立即表示拥护此纲领,号召党员发扬、继承中华民族的传统美德。② 儒家伦理道德学说既是抗战时期大后方各科教育的重要内容之一,也是抗战后国民政府建国方针所肯定的民族精神和根本德行。

早在民国初年,围绕宪法中是否应有尊孔条款及是否定孔教为国教,曾经历多次讨论,由于 1915、1917 年的两次复辟帝制都打出尊孔为旗号,最终使宪法中未能肯定儒教的地位,儒学未能取得政治上和国民教育上的指导地位。国民政府时代特别是抗战时期,在一定程度上以某种形式恢复了儒家伦理在国民精神与国民教育中的指导原则的地位,却无力使儒家原则在社会层面实现。1949 年以后,情况又为之一变,儒家的命运在政治、社会、思想方面遭遇了一次更大的曲折。

---

① 参看宋仲福等著:《儒学在现代中国》,中州古籍出版社,1991 年,第 206 页。
② 中共中央书记处 1939 年 4 月《关于精神总动员的指示》,引同上书。

国民政府时期虽未明确提倡孔子和儒学,但把儒家伦理的道德原则视为中华民族的固有德行,把四维八德作为中国立国的纲维,实际上是把儒家原则作为三民主义的根源。而中华人民共和国成立以后,以彻底的反帝反封建的姿态全面建设社会主义新文化,明确宣布指导思想为马克思主义。儒学在大陆悄然从民国时代占有的舞台退出。70年代发动全国性的批孔运动,全面继承了五四新文化运动批孔的激进主义而更远过之,使孔子的精神权威荡然无存,儒家伦理在社会层面遭到了20世纪最大的破坏。

另一方面,辛亥革命以后,乡村的社会结构发生畸变,传统的官僚—教育制度的瓦解、军阀间的混战、乡村土地关系和阶级关系的紧张、乃至国共之争,使得农村社会传统的自组织功能遭到破坏,代之而起的是土豪劣绅与功能低下的基层村保人员。梁漱溟曾想通过"乡村建设"恢复农村的礼俗机制并导入科学技术,以造成儒学复兴的社会基础,但不可能成功。1949年以后,经过土地改革、合作社到人民公社,整齐地建立了"队为基础、三级所有"的集体所有制的全新的社会组织结构,宗族的力量经土改和阶级斗争彻底分化,党的政策通过公社、大队的行政和党的组织一直贯彻到村庄,社会组织的脉络上下打通,亲族之外,传统主义不复存在。尽管人与土地的技术关系未变,固有的社会组织结构已起了根本的变化,造成了近代化的基础。除家庭之外,传统儒学在社会基层结构上也失去了依托。

三

列文森曾说:"(儒家思想)在产生它并需要它的社会开始解体之后,变成一片阴影,仅仅栖息在少数人的心底,无所作为地被像古玩一样珍爱着。"①然而,儒家思想在近代化的社会是否仍有存在的理由与价值,并不完全依赖于前现代化社会的制度基础,如科举制以前儒学已经经历了千年发展的历史,又如日本有儒学但并没有科举制度。从春秋到六朝,儒家思想的存在并非以王朝的推崇为前提;在传统中国社会,宗族与宗法制也并非在每一时期或每一地区、每一阶层都占支配地位。尽管古代中国的社会组织、生产方式乃至政治制度的安排影响了儒家思想的表达方式和理论结构,但儒家伦理的价值具有超越特定政治制度和社会组织的普遍性。所以,正如杜维明所说:"虽然从发生学上来看,儒家与农业经济、官僚制度、家族社会有密切关联,深深扎根于传统中国的经济、政治和社会,但既不能把儒学简单还原为家族主义、官僚主义、反商主义,而且也不能认为社会根柢被摧毁,儒家思想就因此丧失了它作为人文关怀和伦理宗教的意义,这些关切和意义与现代世界仍然相关。"②

早在洋务运动后期张之洞已提出中体西用,他的解释是"中学为内学,西学为外学;中学治身心,西学应世事"③。可见他所谓中学为体是指治身心的传统伦理不必因在应世事方面学习西方而发生根本改变。与张一时先后的先进之士多是如此。帝制推翻以后社会状况使得这种呼声更多,"中华立国,以孝弟忠信、礼义廉耻为人道之大经,政体虽改,民彝无改",事实上是当时相当一部分人的看法。康有为要求立孔教为国教的主要根据也是"又经大乱,纪纲扫地,法律全废,廉耻弃绝,道德衰蔽"④,以对治转型时期的道德危机为己

---

① 列文森:《儒教中国及其命运》,此处译文用自杜维明《探究真实的存在》。
② 杜维明:《儒家传统的现代转化》,中国广播电视出版社,1993年,第517—518页。
③ 张之洞:《劝学篇》,大连出版社,1990年。
④ 康有为:《中华救国论》,汤志均编《康有为政论选》下册,中华书局,1981年。

任。陈焕章的主张是:"孔教既废,人之道德心尽亡","中国之道德,一言以蔽之,曰孔教而已矣"①。与基督教面对"上帝死了"所发出的惊呼如出一辙。所以梁启超民初起草《大政方针宣言》明白地主张:"一面既尊重人民信教之自由,一面仍当以孔教为风化之本。"②这些都是着眼于风俗教化而肯定儒家思想的积极面。后来在宪法草案的讨论中,孔教方面也仍集中于主张在宪法中明定"国民教育以孔子之道为修身大本"③。

新文化运动的东西文化论争,围绕儒学发生的争论,从所谓"保守主义"的方面来看仍在坚持儒家道德伦理的适用性上。章士钊的所谓新旧调和论继续张之洞以来的主题,要"物质上开新,道德上复旧"④,这并非反对个性独立解放,而是着眼于社会正常伦理秩序的维持。张君劢在"科玄论战"中也反复强调,科学之新学并不能解决人生与道德的问题,内心修养的精神文明"唯在新宋学之复活"⑤。杜亚泉在陈独秀的猛烈抨击下仍然坚持:"确信吾社会中固有之道德观念为最纯粹最中心者。"⑥特别是,他们对西学有相当多了解,政治和社会改造方面的主张决不能说是保守的,但他们对新文化运动的伦理革命、儒教革命始终加以反抗。

不仅如此,一般看来对伦理关切似不显著的文化保守主义者也往往包含着这个方面。梁济1918年自杀时人多谓以殉清之故,但他自己已说明:"其实非以清朝为本位,而以幼年所学为本位。"这里的

---

① 《民国经世文编》卷四十,上海经世文社编。
② 同上书,卷二。
③ 见1913年国会宪法起草委员会宪法草案19条。
④ 章士钊:《新时代之青年》,《东方杂志》16卷11号。
⑤ 张君劢:《再论人生观与科学并答丁在君》,《科学与人生观》,亚东图书馆,1923年。
⑥ 杜亚泉:《战后东西文明之调和》,《东方杂志》14卷4号。

"所学"当即指传统伦理而言。他的自杀乃是要以一死以警醒世风。王国维自沉颐和园,时清华校长称:"盖先生与清室关系甚深也",但吴宓则说:"若夫我辈素主维持中国礼教,对于先生之弃世,只有敬服哀悼而已。"① 稍后陈寅恪所撰挽辞序更说:"吾中国文化之义具于白虎通三纲五常之说,其意义为抽象理想最高之境,犹希腊柏拉图所谓 IDEA 者。"② 饱受西方教育的吴宓与陈寅恪所钟情的"礼教"、"三纲六纪"显然是指普遍性的儒家伦理原则和价值理想。在道德生活的态度上,偏于西化的知识分子亦不例外,傅斯年 1929 年曾承认,虽然在思想方面已完全西洋化,但这并没有妨害他在安身立命方面仍是一个传统的中国人,他所说的安身立命之处显然也是就伦理准则和人生态度而言。③ 而以"新文化,旧道德"著称的胡适又何尝不是如此。

民国时代的主政者与正统派知识分子在兼求道德性与现代性方面是一致的,孙中山赋予"八德"以新的解说,如忠于国、忠于民、始终不渝、博爱守仁等,很注意对传统道德的发扬,故蔡元培认为孙中山是"一方面主张学习外国之所长,另一方面主张恢复固有的道德与智能,是为国粹与欧化的折中"④。孙中山死后的国民政府更明确把四维八德列入《教育宗旨》,主张赋予五伦新的意涵而继续其精神。后来蒋介石《中国之命运》一面认为工业化为中国之急需,另一面在文化上主张保守道德伦理精神,与冯友兰、贺麟的看法相一致。

---

① 见孙敦恒:《清华国学研究院纪事》,《清华汉学研究》第一辑,第 321、322 页。
② 引自《陈寅恪诗集》,清华大学出版社,1993 年,第 10 页。
③ 见中国社会科学院近代史所编:《胡适的日记》,1929 年 4 月 27 日日记,中华书局,1985 年。
④ 蔡元培:《中华民族与中庸之道》,《蔡元培全集》第六卷,中华书局,1985 年。

冯友兰在抗战初所写《新事论》中,一方面主张工业化为中国通向自由之路,另一方面认为传统道德中"不变的道德"仍可用来组织社会和调节精神生活。他说:"组织社会的道德是中国人所本有的,现在所添加者是西洋的知识、技术、工业,则'中体西用'这个话是可说的。"① 贺麟的主张在 40 年代的新儒学中最富文化意味,他不仅着力结合现代生活重新阐释三纲和五伦,对新文化运动对宋儒理欲之辩的抨击给予了哲学家的辨析,他主张吸收西洋哲学、宗教、艺术以发挥儒家的理学、礼教和诗教,谋求儒家思想的新开展,他甚至提出"以儒家文化为体,以西洋文化为用"的口号。② 从民初到抗战结束的这些呼声,决不表示这些思想家企图全盘搬用先秦或宋明儒家的道德来解决近代文化危机中的道德衰落,对传统道德伦理根据时代加以调整、批判、补充对这些饱学中西的学者来说乃是题中应有之义。

中国共产党内的刘少奇在 30 年代末提倡道德精神与修养时,自然地和无可避免地大量援用了儒家文化的资源,这使得他的书 50—60 年代得到青年及大众的高度认同,甚至使其影响在 60 年代前期一度超过毛泽东。80 年代以来,在中国大陆积极致力于肯定和阐扬儒家伦理的现代价值的学者中,多数基于强烈的人文道德关怀而有见于儒家道德资源的现代意义。近年来政府方面致力改革和主管经济、贸易、教育的领导人也开始务实地注意到这一点。所有这些都说明,现代对于儒家思想的有分析的肯定并不是出于对社会改革的排斥,而是出于对社会转型过程中伦理秩序的破坏的关注和对儒家德

---

① 冯友兰:《新事论》,《三松堂全集》第四卷,河南人民出版社,1986 年。
② 贺麟:《文化与人生》,商务印书馆,1988 年,第 6—17 页。

性伦理普遍价值的认知。

正因为儒学的价值世界与现代世界的相关性并没有因传统社会的巨变而消失,也因此,在20世纪中国的社会文化变迁中,儒学仍然是一个不断受到关注的问题。而社会每处于道德危机时对传统价值的呼声愈高。所以辛亥革命以后,不仅有康有为等坚持孔教,即使在新文化运动中也梁漱溟这样的要为孔子作辩护和发挥的人。40年代贺麟对儒家礼教和三纲五伦的诠释和张扬,在五四时代是很难想象的,而冯友兰不仅在40年代不反对"中体西用",在50年代依然坚持主张"抽象继承"的意义。有关儒家价值体系的争议一直是文化论争的中心之一。不仅五四前后是如此,80年代中国大陆文化热的中心课题依然是如此。而理解这一现象,现有的20世纪中国文化研究的模式,无论是"革新与复古"、"启蒙与救亡"、"激进与保守"都尚未能恰当地应用于20世纪的儒学论争,对理解20世纪儒学论争的深刻根源多只具有形式上的意义。"文化认同"或"文化心理结构"的提法注重文化心理而忽略了客观性的社会需求。事实上,如果仔细体察20世纪处于弱势而始终不屈的维护儒学价值的呼声,便可理解,儒家伦理所以在近代社会转型后仍每每处于焦点话题乃是理有必然的,其必然性即根于现代化转型过程中"道德性"与"现代性"的分裂以及对克服此种分裂的要求。

因此,20世纪历程中儒学价值的不断被肯定,本质上并不是所谓后殖民话语在中国的一种表现,更不是什么全球资本主义霸权话语或对于资本主义现代性的意识形态意义的肯定,[①]而是理论上对

---

① 以儒学为全球资本主义话语,见阿里夫·德里克:《似是而非的孔夫子:全球资本主义与儒学重构》,载《中国社会科学季刊》13(1995年11月),第158—183页。

多元文化价值的肯认和实践上对现代化过程的治疗,是对价值理性深切关怀的表达,对理想人生与理想人格锲而不舍地追求的体现,在中国还是对民族文化认同的强烈要求,同时也是对启蒙叙事的道德的人文反思。

四

20世纪中国文化史表明,儒学的危机除了社会转型必然带来的基础之改变外,主要来自于国人在功能坐标中判定儒学不能富国强兵、救亡自强,以及知识分子在启蒙思潮影响下已不再认同儒家伦理的价值。因此,20世纪儒学的危机归根到底是文化的危机、价值信念的危机。从这个观点来看,像马一浮、熊十力、冯友兰等人的现代儒家哲学,虽然在学术和哲学层面可以看做儒家在现代文化中的存在,但马、熊、冯等未真正面对五四以来儒学的文化危机。他们的哲学是在五四以来激进主义反孔运动的遗产未得清理的情况下,在民族危机特殊时代的氛围中产生的。而儒学的文化危机则本质上是"近代化"所带来的,只是抗战使得这一根本主题暂时淡化而已。因此新文化运动对孔教的批判哪些是合理的,哪些是不合理的,儒学及其价值传统在近代社会文化中究竟有无意义,这些问题不解决,儒学就只能存活在少数思想家的头脑之中,不能落实在社会文化的空间与个人的精神人格上,而无法改变反传统主义和反儒思潮带来的社会失序与价值混乱,这也正是我们不仅在80年代经历而且90年代仍然要面对的儒学的困境。而这不仅是儒学的困境,也是中国文化的困境。

因此,"作为哲学的儒学",不同于"作为文化的儒教",前者是学术思想的存在,而后者则是社会化、制度化、世俗化的整合的文化形态。马、熊、冯及近年在大陆研究介绍较多的当代新儒家的哲学贡献相当可观,在这个意义上,"作为哲学的儒学"在20世纪不仅不能说是衰微,反倒可以说是较为活跃的。但是这样一种儒学对社会文化的影响与宋元以来的儒学根本不能相比,这除了制度性的基础已经不同之外,主要原因是缺少"作为文化的儒教"以为基础。而由于知识分子拒绝儒家价值,民众及青年缺乏稳定的道德权威和价值信念,无法形成"刚健有为、厚德载物"的统一的国民精神,文化病症与道德危机在市场经济发展和社会转型时期变得越来越严重。

因此,拔除中国近代因习用富有歧义的"体用"概念造成的讨论上的混乱,就现代化过程中主体应当或是否需要从传统保留什么、从西方吸取什么来看,20世纪造成有关儒学的论争的最强有力的根源,可以说始终围绕在现代社会的公民道德与伦理秩序和人生理想的问题。无论佐久间象山"东洋道德西洋艺",或张之洞"中学治身心,西学应世事"乃至前述冯友兰、贺麟的思想,都绝不是一种文化情感上的对传统的怀恋,而是基于对传统道德性之普遍性格的信念及对现代化经验于道德性侵害之提防。所谓文化保守主义或道德保守主义与文化激进主义的分歧并不在要不要社会改革,要不要吸收西方近代文明。而是,文化激进主义和自由主义要求彻底摈弃传统以拥抱市场工商业、城市文明、个人主义、自由、民主、资本主义竞争性、功利主义等为内容的现代性。而所谓保守主义则始终认为科学、民主、市场经济、民主政治都不能自发产生公民道德或导致共同体的伦理秩序,不能满足人生价值的需要,并认为近代社会抑制不力的个人主义和功利主义适足以危害群体生活和社会道德。现代性是现代社会之所以不同于传统社会的要素,但实存的现代社会并不能仅靠现代性而存在。近代以来主张正面理解儒学价值的呼声一致认为，现代社会中公民道德与伦理秩序的维护和贞定决不能采取反儒批孔的方式，必须守护价值传统和道德权威，从而体现为各个时期各种形式的对儒学普遍性道德价值的肯定和呼唤。这一切是在哲学层面上发展儒家哲学的社会—文化的基础。

在中国大陆，长期以来，妨碍正确理解儒学的历史价值与现代意义的力量，不仅来自于自由主义对儒学的激进否定，"极左"的"假马克思主义"在近几十年的批判儒学的运动中扮演重要角色。这种批判在"批林批孔"时代"四人帮"的提法中表现得最为典型和充分。而"批林批孔"时期的"极左"文化观在"文革"后并没有得到彻底清理，以致其影响在今天仍可常常看到它的表现。如果说80年代的全盘反儒思潮主要来自于以自由主义为背景的文化激进主义，而90年代中期，一个正在兴起的、小规模的批儒运动主要来自教条主义和"假马克思主义"。他们认为孔子学说是一个非常封建的学说，认为马克思主义与孔子的教义，无论如何是两个对立的体系，认为马克思主义和儒学的关系应该是批判性的否定关系，把儒学仅仅看成一种维护封建专制统治的地主阶级的意识形态；为了把马克思主义与中国文化对立起来，用虚幻的手法提出"如果我们天真地以为从'国学'中可以找到立国之本或重建民族精神的支柱，而马克思主义作为外来文化可以置之一边，那么未免太迂腐了"，"不排除有人企图用'国学'这一可疑的概念来达到摈弃社会主义新文化于中国文化之外的目的"。① 教条主义和"假马克思主义"无视中华民族的历史

---

① 参看李洪岩：《近年中国大陆儒学研究动态》，载国际儒学联合会编《国际儒学研究》1(1995年)，人民出版社。

主体性,无视民族利益和民族前途,无视历史转型中的现实困难,假意识形态的威权,把赞成正确理解儒学和要求善用传统资源以对治现实问题的主张扣以"复古主义"的帽子,企图以政治化的话语打击不同的学术意见,这无疑是90年代改革开放潮流中一种倒退的表现。同时,也可看出,在把儒学视作"农业文明"、"专制意识形态"方面,教条主义与文化激进主义是受同一种启蒙话语所支配的。

儒学并未死亡,它在离散之后作为文化心理的传统仍不自觉地以隐性的方式存寓于文化和人的行为之中。但也正是因为它是支离的、隐性的,其表现便不能整全和健康,当前中国世态与文化的病症悉由于此。只有在去除儒学不合时代的内容的同时,理直气壮地正面肯定其对于现代社会生活有价值的精神和原理,使之合法地作用于国民教育和文化建设,才能重建统一的国民道德与稳健的国民精神,走向合理的现代社会。而排除政治化的干扰,克服一元化的思维方式和片面的启蒙心态,辩证地理解道德性与现代性的互动,在文化层面纠正种种对儒学的偏见,是健康发展儒学积极精神的基础与前提。

写于1996年6月

中国早期政治哲学的三个主题

一 引　言

在世界上有过宗族性的血缘组织的民族不乏其例，但像中国早期文明社会中所见的宗族组织与政治权力同构的情形，却属罕见。古代中国文明中，宗庙所在地成为聚落的中心，政治身份的世袭和宗主身份的传递相合，成为商周文明社会国家的突出特点。政治身份与宗法身份的合一，或政治身份依赖于宗法身份，发展出一种治家与治国融为一体的政治形态和传统。在文化上，礼乐文化成为这一时代的总体特征。

在西周春秋时代，各个诸侯国的主要的统治结构即"公—卿—大夫"为主的多级封君体制，其中公、卿、大夫都是权利位置；而这个结构既包括不同权力位置之间的关系，也包括每一权力位置和人民、土地的属从关系。更迭制度则是指统治结构中每个权力位置如何递补、继承的制度安排。在西周春秋时代，统治结构和更迭制度都属于"礼"或"礼制"的范畴，与这些结构制度相适应的道德规范也属于"礼"的范畴。

春秋中期以前，社会体系是相对稳定的"宗法的封建领主制"。

"宗法的"是指公、卿、大夫、士之间一般有宗法亲属关系。公在这里泛指国君(其实际的爵称可能是侯、伯或子),国君这个权力位置是家族世袭的,不管兄终弟及还是长子继承。卿、大夫的权力位置的继任更迭一般采取世官制度,也是族内继任的。卿大夫的权力位置不仅代表着政治和行政的一定权力,而且代表着对邑地与民人的一定占有。所以政治和经济资源的占有都是族内继承的。

宗法封建制本是周礼体制的主导制度之一,宗法本来是亲属制度,封建则是财富—劳动力的占有和政治权利分配的制度。① 这个制度是在周初殖民封建过程中建立起来的。《左传》中说:"天子建国,诸侯立家,卿置侧室,大夫有贰宗,士有隶子弟,庶人工商各有分亲,皆有等衰。是以民服事其上,而下无觊觎。"②这里的"建"、"立"、"置"都是将财富和民人向下的一种再分配。天子建国即周天子封建各诸侯;诸侯立家即诸侯国君立卿大夫,"卿立侧室"是卿大夫立下级的卿或大夫。大夫有贰宗,即大夫立下级大夫。这种建、立、置都不是单纯的命官制度,正如天子封建诸侯,是将一个确定领域的土地、民人封赐给被封建者一样,诸侯立卿亦意味着在赋予管理权力的同时,给予占有一块土地和管理此土地的人民的权力。而卿置侧室、大夫有贰宗,其权力也都是包含着同样性质的财富和民人的分配。由此,形成了一个从上到下的封建封君体系。在西周时代,按宗法制的理想规定,诸侯的宗子继承诸侯的权力位置,其他的儿子立为卿;卿之宗子可以世官传承,而卿之别子则被立为侧室。这些都是同姓。但从西周末春秋初开始,也有建立了军功的异姓被立为大夫,

---

① 这里所使用的"封建"一词与现代史学所习用的意义不同,是在这一汉语语词的本来意义上使用的。
② 杨伯峻编著:《春秋左传注》,(中华书局,1981年),桓公二年,第94页。

而这些异姓大夫的后代也是依照宗法原则进行官位和利益的承续。春秋的社会变动不仅表现在公室与大夫的势力消长和地位升降,也表现在一般宗法关系上。

两周的诸侯国虽然各自为政,但都承认周为封建天下的共主,也都以周文化为共同文化的典范。春秋五霸迭兴,周所代表的超越诸侯国的更大领域的政治的一统性仍须被尊重,尽管春秋末期至战国时代这种一统性已经渐渐流为形式上的一统性,但这种形式上的一统性也仍影响着这个时代以及后世的政治想象,如孔子时代礼崩乐坏,但孔子仍坚持"礼乐征伐自天子出",即应自周天子出;孟子的时代,士的政治视野始终并不限止在诸侯国内,而以王天下为政治目标,"天下"即联结各诸侯国的一统世界。尽管这种统一可能是松散的,但仍具有价值上的意义。因此,秦的统一虽然使得以前的诸侯国成为秦帝国的郡县,但在政治哲学中并未引起根本的改变。这与古希腊独立自主的城邦国家解体后而变为马其顿帝国的行省在政治哲学上引起的变化完全不同。

中国古代从西周到春秋的社会,其基本特点就是宗法性社会。这里所说的"宗法性社会"是一个描述性的概念,乃是指以亲属关系为其结构、以亲属关系的原理和准则调节社会的一种社会类型。宗法社会是这样一种社会,在这个社会中,一切社会关系都家族化了,宗法关系即是政治关系,政治关系即是宗法关系。故政治关系以及其他社会关系,都依照宗法的亲属关系来规范和调节。这样一种社会,在性质上,近于梁漱溟所说的"伦理本位的社会"。伦理关系的特点是在伦理关系中有等差,有秩序,同时有情义,有情分。因此,在这种关系的社会中,主导的原则不是法律而是情义,重义务而不重权利。梁漱溟认为中国伦理本位的社会是脱胎于古宗法社会而来,大体说来是不错的。① 春秋后期以降,政治领域的宗法规范已遭严重破坏,但社会层面的宗法关系依然存在,宗法社会养育的文明气质和文化精神被复制下来。此种背景下发展的政治实践和政治哲学,注重"德"在政治领导上的作用,注重"礼"作为政治规范和统治形式的意义,重视被统治者"民"的需要和利益,成为后代政治哲学发展的基因。

政治问题在一切民族和文明中,都是早期哲学的思考对象,但在不同的文明体系中政治哲学的问题意识和讨论方式并不相同。如古代希腊以城邦为基础的政治思想突出"正义"的观念,把正义作为追求的目标,从荷马时代到柏拉图、亚里士多德,都把正义作为政治领域的中心问题和最高美德。在古希腊人看来,正义是调整人际关系的道德准则,也是一种适当的界限和限度。古希腊也讨论了命运、逻各斯和早期自然法的思想,成为早期政治哲学的重要观念。在中国,西周至春秋时代,并没有出现以"正义"为中心的讨论,而是提出了一些特有的论述,如天和民、天和礼、天和德的关系等。这些虽然还未形成为政治哲学的体系,但无疑已经是具有政治哲学意义的论述和命题;这些论述和命题构成了儒家古典政治哲学的背景和前提,和古希腊前期政治哲学形成了对照。

二 天民合一

从政治哲学的角度来看,《尚书》的天命观是古代政治思考最重要的资源。

---

① 梁漱溟的说法见其《中国文化要义》,台北里仁出版社,1982年,第81页。又,滕尼斯把社会类型分为"团体"与"社会",团体的特征是"情感",而社会的特征是"非情感"(参看埃里亚斯:《文明的进程》,第7页)。

殷商的君主如纣王，笃信天命，声称"我生不有命在天"，认为上天赐予殷的大命永久不变，于是骄奢淫逸，无所不为。周人以小邦战胜了大邦殷商，这使得周人对于天命的看法发生了重大的改变，这就是，天命对一朝君王的眷顾不是永久不变的，天命眷顾的久暂和人的行为的道德属性有关。周人从历史经验得到的这种认识，成了周人自己戒慎警惕的信条。

事实上，周人与殷人的不同，并不在于是否有天命或类似的观念，而在于周人对天命的整个理解与殷人都不同。

《尚书》主要记述了周公的思想。作为古代政治文献的典籍，与卜辞的一个最大区别，就是《尚书》所记述的商以前的天帝信仰，不是突出其作为自然的主宰，而突出的是作为人世历史及命运的主宰。由此，殷商和西周世界观的重要区别，不在乎商人是否以"天"为至上神，因为如果"天"只是有人格的"皇天震怒"的天，那么在信仰实质上，与"帝"的观念并无区别。事实上，在许多文献中二者是等同的，或可以互换的，很难明确分别。商周世界观的根本区别，是商人对"帝"或"天"的信仰中并无伦理的内容在其中，总体上还不能达到伦理宗教的水平。而周人的理解中，"天"与"天命"已经有了确定的道德内涵，这种道德内涵是以"敬德"和"保民"为主要特征的。天的神性渐趋淡化和"人"与"民"相对于"神"的地位的上升，是周代思想发展的方向。用宗教学的语言来说，商人的世界观是"自然宗教"的信仰，周代的天命观则已经具有"伦理宗教"的品格。人们开始从伦理的角度来理解自然和神。所以正如犹太教诞生时所提供的新东西不是宗教性的，而是伦理意义一样，周人所提出的新的东西也并不是一种新的宗教性，而是它所了解的天的道德意义。

尚书的《泰誓》具有很重要的意义。《泰誓》现传三篇，今文唯有其上,古文则并有中下,古文中更多体现了西周的思想。《泰誓》宣布殷王的罪状可归为四个方面:第一不懂得天命无常,"乃曰吾有民有命"。第二"弗敬上天"、"弗事上帝神祇"、"荒怠弗敬",不能敬事上天。第三"遗厥先宗庙弗祀"、"宗庙不享",不崇祀祖先。第四"降灾下民"、"敢行暴虐"、"残害于尔万姓,焚炙忠良,刳剔孕妇"、"作威杀戮"。这四条归结起来,就是"谓己有命,谓敬不足行,谓祭无益,谓暴无伤"(中)。

《泰誓》中最突出的还是"保民"思想,这种保民思想甚至表现为一种哲学意义的宣称:

> 惟天地万物父母,惟人万物之灵,亶聪明,作元后,元后作民父母。(上)

天地是万物的父母,人是万物之灵,聪明者作君主,而君主要承担作百姓父母的责任。这实际是说,由于"人"为万物之灵,所以是天地中最珍贵的,这个"人"在社会关系中的表现就是"民",《泰誓》认为上天是保佑下民的,"天佑下民,作之君,作之师,惟其克相上帝,宠绥四方",上天立君立师都是为了佑护下民,所以君主应当像父母一样承担保护人民的责任,以实现上天的意志。如果君主虐待人民,那就违背天意,就必然引发"皇天震怒",导致"天命诛之"。《泰誓》进一步指出:

> 惟天惠民。(中)
> 天矜于民,民之所欲,天必从之。(上)
> 天视自我民视,天听自我民听。百姓有过,在予一人。(中)
> 古人有言曰:抚我则后,虐我则仇。(下)

这样一种思想的主旨是,天爱护人民,倾听人民的声愿,天以人民的意愿作为自己宰理人世的意志。除了代表人民以外,天没有别的意志。这种"天民合一"的思想在世界文化史上是十分独特的,我们称之为"民意论"的天命观。天意在民,民意即天意,在这样一种类似泛神论结构的民意论中,殷商以前不可捉摸的皇天上帝的意志,被由人间社会投射去的人民意志所型塑,上天的意志不再是喜怒无常的,而被认为有了明确的伦理内涵,成了民意的终极支持者和最高代表。由于民众的意愿具有体现上天意志的强大道德基础和终极神学基础,所以在理论上、在价值上民意比起皇天授命的君主更具有优先性,因为皇天授命君主的目的是代行天意来爱护保护人民。在这样一种思想和信念中,在上天面前,人民与君主不是平等的,人民对君主具有本体论的和价值论的优先性和重要性。人民对君主并没有无条件服从和忍受压迫的义务,反而,以皇天作为终极支持者,人民有权利要求君主实行德政;如果君主不行德政而施暴虐,则人民视君主为寇仇是正当的,作为正义的代表上天就会降罚给君主或改变他对人间君主的任命。

类似的民本思想,在《尚书》其他篇中也有广泛体现:

> 惟命不于常。(《康诰》)
> 无于水监,当于民监。(《酒诰》)
> 天聪明自我民聪明,天明畏自我民明畏。(《皋陶谟》)
> 民惟邦本。(《五子之歌》)

传统天命观在西周的这种"民意论"的转向有不容轻视的重大意义与影响。民意论的思想显示,在西周的政治思想中,天意已经被民意化了,天命在信仰形态上仍具有神学特征,但在内容上则出现了政治民本主义,使得西周政治开始远离神权政治。当然,民意论的天命观在西周是对统治阶级讲的,并不意味着它为民众现实提供了抗拒君主暴政的合法信仰和道德力量,但周人所发明的这种民意论,使得殷商那种自居君权神授的无所规范的君主政治,开始有了一套明确的规范原则,虽然这些规范并非法律上的约束力,但当其成为政治文化的传统时,便可以成为道德上的约束力量。事实上,西周以后,这种民意论确实真正地成为中国古代政治文化的传统,并为后来儒家的政治思想所继承。无论是王者的反思还是民众的反抗,也都与这一传统紧密联系。西周宗教观念和伦理观念的演进正主要是通过政治文化和政治思想的方式得以实现的。

上述列举的文献,有些话在先秦书中被反复征引,如《太誓》"民之所欲,天必从之",不仅两见于《左传》,亦两见于《国语》(周语、郑语),表明民意论的天命观即天民合一论在周代已相当流行。如《孟子·万章上》引:"太誓曰:天视自我民视,天听自我民听。"此语见于今传《泰誓中》。襄公三十一年鲁穆叔曰:"太誓云:民之所欲,天必从之。"昭公元年郑子羽亦引《太誓》此语,此语见于今传《泰誓上》。

天民合一论涉及政治的合法性问题。在古代政治哲学中,围绕统治与服从的问题,为了保持统治,始终注重君—民关系。如果说君—臣的问题是属于怎样统治的问题,那么君—民的问题就不仅是怎样统治的问题,而是关涉政治的终极合法性问题。根据上述观点,任何君主或王朝的统治合法性来自天命,而天命以民意为其实质的内涵。

三 天德合一

周公摄政时蔡叔作乱,蔡叔死后,其子蔡仲贤明敬德,成王封蔡仲为蔡国国君,《蔡仲之命》即册命蔡仲之文,其中说:

> 王若曰:"小子胡,惟尔率德改行,克慎厥猷,肆予命尔侯于东土。往即乃封,敬哉!尔尚盖前人之愆,惟忠惟孝,尔乃迈迹自身,克勤无怠,以垂宪乃后。率乃祖文王之彝训,无若尔考之违王命。
>
> 皇天无亲,惟德是辅。民心无常,惟惠之怀。为善不同,同归于治;为恶不同,同归于乱。尔其戒哉!"

《蔡仲之命》提出的克勤克慎、惟忠惟孝的思想无疑也是儒家思想的源始成分。"皇天无亲,惟德是辅"更把周人的新的天命观概括得清楚明白。

周书的许多思想见于先秦诸子书,《左传·僖公五年》虞宫之奇曰:"故周书曰:皇天无亲,惟德是辅。"此语见于《蔡仲之命》。所谓皇天无亲,惟德是辅,实是指天以德为其意志,天对人世的眷顾和影响完全以"德"为转移。

对于敬德的强调,在《尚书》亦为常见:

> 明德慎罚。(《多方》)
> 勤用明德。(《梓材》)
> 惟不敬德,乃早坠厥命。(《召诰》)
> 崇德象贤。(《微子之命》)

其实,《尚书》中夏商书中许多有关"天—德"关系的论述其实也是西周思想的表现,应是西周史官将古旧文献与当时思想加以糅合而成。如:

> 克明俊德。(《尧典》)
> 天道福善祸淫。(《汤诰》)
> 惟上帝不常,作善降之百祥,作不善降之百殃。(《伊训》)
> 惟天无亲,克敬惟亲。民罔常怀,怀于有仁。(《太甲下》)

《汤诰》《伊训》中的天道福善祸淫思想在今文周书中虽未见,但西周已有天命惟德的思想,天命的转移本来必然以善恶为根据,所以也应是从西周思想发展出来的。在从殷商文化到周代文化的发展中,从思想上看,殷人的自然宗教信仰虽然通过祭祀制度仍容纳于周代文化中,但周人的总体信仰已超越自然宗教阶段,而进入一个新的阶段。这个新的阶段,与宗教学上所说的伦理宗教相当,即把伦理性格赋予"天"而成为"天意"或"天命"的确定内涵。同时,天与帝的不同在于,它既可以是超越的神格,又总是同时代表一种无所不在的自然存在和覆盖万物的宇宙秩序,随着神格信仰的淡化,天的理解就有可能向自然和秩序方面偏移。由于这样一种观念的出现,对于人类的社会生活而言,人不再需要盲目地向上天顶礼膜拜或祭祀谄媚以求好运。既然天是有伦理理性的可知的存在,人所要作的,就是集中在自己的道德行为上,人必须自己为自己负责,自己负责自己行为的后果,也即自己负责自己的命运。而社会的统治者尤其必须了解,天命即体现为民众的欲求。

"皇天无亲,惟德是辅","民之所欲,天必从之",可以说是西周政治文化向儒家思想衍展的基源性母题。虽然,后来在孔子和孟子的思想中,前者注重敬德,后者注重保民,而与周公突出保民思想为核心的形态有所不同,但是,这是由于周公是一个大政治家,他的思想都是以政治思想的形式提出来的,这也决定了早期中国文化价值理性建立的特殊方式,即价值理性是通过政治思想来建立的。

孔子后来说"为政以德",把西周以来中国古代政治传统以更为明确的形式表达了出来,道德和德性成为政治的基点,在前孔子的时代,这种把道德置于政治中心的立场是借助"天"的权威加以实现的,而天的权威又是被"德"所规定了的。

四　天礼合一

如果以古代希腊对"正义"的关注为对照,我们可以说春秋时代的政治思考以突出"礼"为特色,以"礼也"和"非礼也"作为判断政治的原则,合于礼成了政治追求的目标,知礼是首要的政治美德。这里所说的春秋时代,是指春秋末期孔子思想形成之前。

为了说明这一点,我们举出春秋时郑国子大叔的"礼论":

> 子大叔见赵简子,简子问揖让周旋之礼焉。
>
> 对曰:"是仪也,非礼也。"
>
> 简子问:"敢问何谓礼?"
>
> 对曰:"吉也闻诸先大夫子产曰:'夫礼,天之经也,地之义也,民之行也。'天地之经,而民实则之。则天之明,因地之性,生其六气,用其五行。气为五味,发为五色,章为五声。淫则昏乱,民失其性。是故为礼以奉之:为六畜、五牲、三牺,以奉五味。为九文、六采、五章,以奉五色。为九歌、八风、七音、六律,以奉五声。为君臣、上下,以则地义。为夫妇、外内,以经二物。为父子、兄弟、姑姊、甥舅、昏媾、姻亚,以象天明。为政事、庸力、行务,以从四时。为刑罚威狱,使民畏忌,以类其震曜杀戮。为温慈惠和,以效天之生殖长育。
>
> 民有好恶、喜怒、哀乐,生于六气,是故审则宜类,以制六志。哀有哭泣,乐有歌舞,喜有施舍,怒有战斗。喜生于好,怒生于恶。是故审行信令,祸福赏罚,以制死生。生,好物也;死,恶物也。好物,乐也;恶物,哀也。哀乐不失,乃能协于天地之性,是

以长久。"①

简子曰:"甚哉!礼之大也!"

对曰:"礼,上下之纪,天地之经纬也,民之所以生也,是以先王尚之。故人之能自曲直以赴礼者,谓之成人。大,不亦宜乎!"

简子曰:"鞅也,请终身守此言也。"②

子大叔论礼的这番讲话,具有非常重要的意义。他的立论相当整齐:第一,就统一性而言,"礼"是天、地、人的普遍法则,所谓天之经、地之义、民之行。这是广义的礼。第二,就分别性而言,"天经"和"地义"代表宇宙自然的法则,作为"民行"的"礼"则是人世社会仿效自然的法则而建构的社会规范,所谓"天地之经,民实则之",这是狭义的礼。第三,"礼"的这种"则天因地"的仿效特质表现为,"礼"的诸种规定都是与自然存在的类型和节度相对应的,如天地有六气、五行、五味、五声等,礼便设有种种规则"以奉五味"、"以奉五色"、"以则地义"、"以象天明"。第四,礼的要义是上下之纪、人伦之则,而不是仪节度数。一言以蔽之,礼是法天则地的产物,礼是天经地义的体现,礼是政治和伦理关系的法则。这篇讲话,其实就是一篇出色的政治哲学论文,在哲学史上应当占有一特殊的地位。

子大叔这个讲话是在昭公二十五年,时孔子34岁,刚刚"三十而立"。可见,在春秋后期,"礼"与"仪"的分辨越来越重要。礼与仪的分别,用传统的语言来说,就是"礼义"与"礼仪"的分别。礼仪是礼制的章节度数车旗仪典,而礼义则是指上下之纪、伦常之则,是君臣上下、夫妇内外、父子兄弟、甥舅姻亲之道所构成的伦理关系原则。

---

① 按此处所引子产语,我以为结于"民之行也",而其下则为子大叔的申论。
② 杨伯峻编著:《春秋左传注》昭公二十五年,第1457—1459页。

上述礼仪之辩是在礼政的基点上展开的,"礼政"是礼制系统中包括政治、行政、刑罚等统治手段的政治原则。礼与仪的分别,在后来的《礼记》中则表达为"礼之本"和"礼之文"的区别。"本"表示根本性的原则,"文"是指原则藉以表现的具体形式。而子大叔所讲的礼特别强调其政治秩序和规范的意义。

子大叔此篇礼论中的"天",与《尚书》中具有宗教意义的主宰之天不同,是与"地"相对的自然之天,这是春秋时代天的宗教意义逐渐减弱、人文思想不断兴起的一种表现。从政治哲学的角度来看,子大叔的这一套礼论,包含了自然法思想的意义,按照这种看法,人世社会的秩序与原则的"礼"来自更广大的自然(天地),合乎自然界的本性和秩序,其所以如此,是因为人所制定的"礼"是模仿、依照天地及五行六气的结构属性而形成的。这一事实显然意味着,人的社会世界是广大自然世界的一部分,是受到天地阴阳五行六气的普遍法则所支配或制约的,人应当自觉仿照自然世界的本性和节律制定制度和原则来生活。天地四时五行所代表的自然的法则是更高的、更普遍的,支配一切的,这种古希腊后期开始称为自然法的普遍法则,中国古代称为"天地之经",亦称"天道",而人世间的政治规范、伦理原则和行为必须与之相一致,符合天之经、地之义。而人世之礼以及人的行为能自觉符合天经地义,人的行为就会对整个天地自然构成一种"协和"的作用。当然,中国古代的这种政治思想,并非基于"法"的观念,后世更多发展为天道、天理的论述,但其中包含了与古希腊自然法思想类似的思想,则不可否认。①

---

① 中国古代特别是儒家的自然法思想主要接近于古希腊后期斯多亚学派的自然法思想,欧洲近代自然法思想则有不同的讲法和不同的发展。

值得注意的是,这种"天礼合一"的思想,一方面,是思想家对于人世之礼的一种诉诸天经地义的论证和支持,就中国古代而言,这种思想的实际效果主要不是把天和人、自然和人为对立起来,以自然批判人为,而是以自然支持人为,故自然和人为之间没有紧张;而在理念上,人为应当符合自然并协和自然,在轴心时代以后,这成为主导政治思考的哲学基调。①

---

① 本文系参加2006年首都师范大学举办的"2006北京政治哲学国际论坛"的论文,实由作者著作《古代宗教与伦理》、《古代西周文化的世界》中相关内容修改而来,读者若有进一步兴趣,可参看这两部书。

论道德的政治

——儒家政治哲学的特质

孙中山先生早说过:"政就是众人的事,治就是管理,管理众人的事,便是政治。"中国古代早在《左传》中也提出"政以治民"①,故中山先生的理解与中国传统是有一致处的,也可以说是对古代讲法的一种新的诠释和发展。不过,古代的"治民"往往被理解为管理民人,而不是管理人民的事;不是把人民的事治好,而是把人民治服(民服)。所以,虽然《尚书》中的天民合一、天德合一的思想成为后来儒家政治思想的基础,但商周以来的实际政治运作和施行也逐渐地形成了自己的传统,此即"政以治民"。如何治民即是如何为政,它不仅指涉政治运作施行的方法,也包含着对政治本质的理解。简而言之,政治是对一国之事务的管理,而政治哲学是用哲学的方法论述政治价值及其基础、根源。政治哲学研究何种政治价值值得追求②,并以此为标准推动现实政治、进行政治评价,以及以此探寻理想政治生活。政治哲学的观念不仅可以独立地阐述出来,也往往通过政治讨论表现出来。

---

① "政以治民,刑以正邪",《左传·隐公十一年》。
② 可参看燕继荣:《政治学十五讲》,北京大学出版社,2004年,第11页。

在《论语》中涉及政治的地方不少,尤其是孔子答人"问政"的例子很多。一般来说,"问政"是涉及政治实践和行政举措的提问。自然,问政于孔子,在多数情形之下,是执政者(如季康子或准备从政者子路)对于"如何为政"向孔子提出的发问,而为政即是施政,即从事治理国家人群的事务。在春秋时代"政"是多层级的,有天子治天下之政,有诸侯国一国之政,有卿大夫一家之政等,随封君等级之不同而异。而为政者可以是封君本人,也可以是协助封君从事于治理民人的卿大夫士。对于这类问政,根据对象的不同,孔子的回答是多样的,即根据问者的特点而给以为政方法的指点。从孔子的这些答"问政"的言辞,可以看出他对政治实践之重点的认知,也从中可以看出他对政治问题的基本思考,以及这些思考背后的根本预设。

政治哲学即对政治及其活动的本质进行道德的、价值的反省和界定。儒家政治哲学是中国古代哲学的政治思考的主要部分。儒家政治哲学的这种地位,不仅是因为其作品的数量占了多数,更是因为儒家政治哲学直接影响了、关联着两千年来的中国古代的政治实践,并由此成为中国政治思想主要的规范性传统。

关于被儒家奉为经典的六经的政治思考主题,我们曾将之归结为"天民合一"、"天德合一"、"天礼合一"①,孔子则是在肯定六经的思想权威的基础上,不再把注意力放在政治与天的关系上,而进一步发展了对政治的直接思考,以求更直接地影响实际的政治传统。

在六经而外,早期儒家的政治思考对后世影响最大的当属孔子和孟子,宋代以后《大学》和《中庸》的影响也较普遍,本文则以孔子思想为主来讨论。

---

① 陈来:《中国古代政治哲学的三个主题》,《天津社会科学》2007年第2期。

一

早期儒家思想中以下几个论点最具代表性：

第一，"为政以德"：

> 为政以德，譬如北辰居其所而众星拱之。（《论语·为政》）

为政即从事政治的治理与领导，"以德"在字面上可能有两种意义，即道德教化和道德表率。而从整个句子来看，为政以德并不是泛指以道德治理国家，而是特指为政者以自己的道德作为民人的表率，故后句说"譬如北辰居其所而众星拱之"，即为政者能作道德表率，人民自然都会归向为政者，如众星环绕北极星一样。这一句是讲政治德行的意义。

第二，"道之以德"：

> 道之以德，齐之以礼，有耻且格。（《论语·为政》）

道即引导、领导，政治的基本功能就是实现领导，而领导社会和人民的方式是"德"，规范人民的方法是诉诸"礼"。就"道之以德"来说，其宗旨也就是后人所说的"以德治国"。以德治国，主张以道德实现政治领导，在当时有其针对性，这就是反对以刑治国。以政治命令和刑法来治国，势必对人民实行横征暴敛、严刑酷罚，因此以德治国不仅表达了儒家对治国方略的深刻睿见，其背后包含着儒家对人民的关切和爱护，预设了政治要以保障人民的生活温饱、社会的安定平和为目标。有耻且格，则表明孔子对政治的理解中，政治的目标不仅是追求一个有秩序的社会，更重要的是实现一个善的、有道德心的社会。道之以德，应当指推行道德教化，提升人民的道德意识水平，以引导人民的良善行为。这一句是讲道德教化的意义。

第三，以政为正：

> 季康子问政于孔子，孔子对曰："政者，正也。子帅以正，孰敢不正？"（《论语·颜渊》）

首先，"正"是对行为的规范，"政者正也"是说政治的本质就是规范、管理社会的行为；其次，社会行为的规范，要从君身做起，君帅以正，则民无不正。因此，如果说，"政者正也"可能是春秋时卿大夫对政治的一般认识，那么孔子则是在此基础上强调君帅以正，进行了创造性的转化。所以，对于"政者正也"，孔子的理解与以往执政者不同，强调的重点在执政者的正身，于是孔子的"正身"观念在其政治思想显出其突出的重要性。正身是对政治领导者而言，对政治领导者而言，"正其身"比"正其民"更为重要。这一句是强调修身为本的重要。

政者正也，这可以说是以定义形式表达的孔子对"政治"的理解和主张，在孔子思想的表述中并不多见。用"正"来界说"政"，不是定义"政治"的辞典意义，而是一方面体现了他对政治活动本质的认识，另一方面是指点政治实践的关键；一方面是他对西周以来主流政治观念的总结和概括，一方面是对西周春秋政治理解的发展和转进。《左传》已经有"政以正民"①的提法，代表了当时主流的政治观点，这个说法点出政治是执政者的活动，重视政治与正民的关联，但对如何正民，并未说明。一般认为，此"正"亦即是规范、纠正之意，因此，"政以正民"很容易混同于后来法家的命题，法家主张用刑法来管理

---

① "礼以体政，政以正民"，《左传·桓公二年》。

社会、规范人民,在法家的正民思想里,道德没有任何的地位。早期法家如《管子》便认为:"以正治国",甚至也说"政者正也"。① 而孔子认为,"正"是指领导者身之正,领导者德行之正,在孔子看来,政治的要点,是执政者发挥其道德表率的作用,以实现和促进整个社会的"正"。所以在孔子这里,"正"从单纯的政治规范意义,转为道德德行的意义,既代表社会正当的秩序(包括政治秩序),又代表从天子到士大夫的端正德行。孔子把"正"的重点,从"民"转移到执政者之身,这是古代政治思想的重要转变,其中在思想上、观念上预设了孔子对道德领率作用的根本信任,也建立起了政治与道德的根本关联。

如众所周知,孔子明确表示反对"道之以政,齐之以刑"的治道,而春秋时代普遍流行的"政以正民"的思想接近于"道之以政"的思想,"政以治民"之"治"也近于这样的意思。把"道之以政",转变而为"道之以德",这种转变,一方面要求从政治的政令主导转为政治的教化主导,另一方面则要求领导者德行作为表率。故孔子在另一个地方说"其身正,不令而行","苟正其身矣,于从政乎何有?不能正其身,如正人何?"(《论语·子路》),通过正身来正民,通过正己来实现正人的目的,正是体现出孔子对"政者正也"的独特理解和具体说明。因此,这种对政的理解,不是仅仅追求"何为则民服"②,即人民对执政者的简单服从,它实际所追求、所欲实现的,是道德美德对于整个社会的引导作用。"身"在这里是指行为,所以古代也强调"修身",正是在这个意义上,儒家认为政治应"以修身为本"。"尧舜

---

① 《管子·法法》。
② 《论语·为政》篇十九章:"哀公问曰:'何为则民服?'孔子对曰:'举直错诸枉,则民服;举枉错诸直,则民不服。'"

帅天下以仁,而民从之"、"君子之德风,小人之德草"。政治的实践,最后要归结到政治领导的美德。

第四,"为民父母":

> 乐只君子,民之父母。民之所好好之,民之所恶恶之,此之谓民之父母。(《大学》)

这一句是表达政治的责任伦理。《大学》这一思想来源古远,《尚书·洪范》已经提出"天子作民父母",孟子继承了《尚书》的政治思想,故多次提到"为民父母"的责任伦理,始终确定执政者对人民所担负的重大责任。这种民之父母的观念,与古代家国一体的政治思想应有关联,如果家庭的基本关系是父母—子女,则民之父母的观念显示出儒家认为家庭外部的社会关系和政治关系可以比拟于家庭内部父母—子女的关系,换言之,君—民的关系如同父母—子女的关系,因而父母—子女关系中各方的义务、责任、美德也适用于社会关系和政治关系的各方。政治本来是外在于家庭生活的、对多数人陌生的领域,但在家国一体的观念下,政治操作的根本变得容易把握。在古代封建制度下,家是比国次一级的土地民人体系,是整个从天子、诸侯、到卿大夫封君体系的较低一级,此种家与国在结构上的同质性,使得"家国一体"的观念得以产生。而在伦理观念上,即使是士庶人之家,在孝悌的道德要求上,与卿大夫、诸侯之家也有高度的一致性,故儒家的观念是"君子不出家而成教于国"。家内生活推重的美德,与家外生活需要的德行有连贯性,从而出色践行家族美德的人,被认为也是能够出色践行家族外政治生活美德的人。值得注意的是,儒家在政治上最重视的是执政者"为民父母"的责任伦理,而不是把人民对政府的义务置于首位。

二

由前面所说可见,儒家不强调政治权力的分配和实现,不强调政治制度安排的创新。儒家理想的政治是以美德为基础的政治,强调政治事务不能脱离美德。从西周以来不断强调的政治领导必须务德、宽民的思想,到春秋末期已经渐渐成为政治传统的重要一支,而由儒家自觉地加以发扬。观察孔子在论语中对政治问题的意见与评论,可以看出他的政治理解的根本预设,其中重要的核心之点即是"政不离德"。

在孔子看来,对务德的强调,不仅是行政的方法,而且关系到对政治的根本理解,虽然孔子对政治的理解有些是在明言层面上表达出来的,也有一些未在明言层面上表达出来。从政治与道德的关系来看,孔子认为政治是不能脱离道德的,故在这里不存在政治的中立:政治必须以伦理原则为其自身的基础,脱离了伦理,脱离了道德概念,政治将不复为政治,政治必须放在价值的善恶中予以掌握。

早期儒家如孔子,并没有遇到制度改革的问题,春秋以来以"礼"为代表的制度安排确定了整个政治关系、社会关系、亲属关系的规范和制度,这导致孔子并不面临建立制度的问题,孔子面临的是既有制度的破坏和恢复,而没有面对新的制度创新或新的制度构想。因此孔子一方面要求复礼即恢复制度的规范作用,一方面突出执政者的德行的要求,以保障制度的运行。当然,离开政治,君子德行也有独立的道德意义,但孔子在谈政治问题时是把政治美德放在第一位,对于政治美德,我的定义是"执政者的德行",或"执政者在政治领域的德行"。对政治美德的重视导致了儒家贤人政治的理想。因此,"以德治国"包含两个方面:一个是道之以德,反对刑杀治国,主张道德教化和引导;一个是为政以德,突出政治领导者的德行,政治领导者的德行是孔子最为重视的。

早期儒家之所以强调政治与道德的不可离,有以下的根据。

首先,《尚书》以来的周代政治思想中,已经认定"皇天无亲,惟德是辅",因此天命、天道都不是价值中立的,而是以善为根本原理的。"惟天为大,惟尧则之",以天命为根源的现实政治是受此天命、天道所支配的,以之为法则的对象,是不能脱离道德善恶的。政治不仅不能脱离道德的善恶,政治的使命就是崇善去恶,崇德象贤,实现天命、天道。政治不能与道德分离的这种关系表明,政治本身就是具有价值目标的实践,如"明明德、新民、止于至善",既是教育的目的,也是政治的目的,国家的责任是引导整个社会、人民达到"至善"。从整个宇宙来看,人间的政治秩序就是天道秩序的一部分,天道不是善恶中立的,人的政治当然也不能是独立于善恶的。

其次,政治不仅不能独立于善恶,而且政治是最可能造就大恶的活动。古代中国政治思想以历史经验为基础,特别注重对历史上暴政、虐政的批判,从而政治的善恶成为最重要的善恶,其标准端在于政府给人民带来什么。国家给人民带来的是痛苦饥寒,则为恶;国家带给人民的是温饱有教,则为善。相对的,君主、政府之骄奢淫逸为恶,克勤克俭为善,此外,还涉及政府能否维护传统和信仰。古代中国特别是儒家的观念中,"政"的概念与欧洲古代"政治是有关国家的事务"相比,更强调政治是与"民"相关的事务。政治是围绕人民生活安排进行的。因此,与马基雅维利"非道德的政治观"相反,在古代儒家则持"道德的政治观",始终认为政治是有善恶属性的,必须以善恶作为评价的准则,以不断改进政治。政治不能超越道德价值,独立于善恶之外的政治是不存在的,政治社会必须以社会主流的道德信念为依据、为基础、为保证。如前所说,这种对政治的理解里面有深刻的天道自然法的背景。

再次,古代儒家已经认识到"群"是人作为政治动物的基本特性,与亚里士多德不仅认为人是政治动物不同,古代儒家并不定义其他动物为"群",而特指人能"群",人能群则是个人具有组成群体生活的素质和品性。很明显,古代儒者早已认识到,任何好的制度和社会规范,离开了人的德行,是无法独立实践的,只有具备政治美德的人去运行制度,才能达到政治的良序有效。"故有良法而乱者有之矣,有君子而乱者,自古及今,未尝闻也。"(《荀子·王制》)

三

前面说过,政治哲学是用哲学的方法论述政治价值及其基础、根源。政治哲学研究何种政治价值值得追求,并以此标准推动现实政治,进行政治评价,以及以此探寻理想的政治生活。那么,什么是古代儒家最重视的政治价值?政治价值是多元的,如自由主义强调自由、民主,社会主义强调公正、平等。儒家政治哲学内部虽然也有分别,但大体上可以说古代儒家重视"正"所代表的秩序、稳定,重视"善"所代表的美德、文明,重视"公"所代表的正义、大同,而以"仁"、"道"作为政治运行的基本原理。仁既是人生价值,也是政治价值,故孔子说:"能行五者于天下为仁,请问之,曰恭宽信敏惠。"这五项美德都是联系政治行为而言,可知"仁"也是政治追求的价值;"如有五者,必世而后仁",说明"仁"是具有此五项美德的政治家努力实现的目标。而天下为公,也就是"仁"的政治的实现。孟子后来更把仁发展为仁政的思想,把仁的政治维度从根本上打开。"道"在孔子思想中,既是个人成德的目的,如"士志于道","人能弘道","朝闻道夕死可矣",同时也是政治的目的,如"道之将行也,命也",这是说明道是推行于政治世界的,道之行于天下必得通过政治而实现,故"道不行,乘桴浮于海"。这种政治意义上的行道体现为"有道",有道是政治概念,孔子经常提到"邦有道"、"邦无道",无道则是孔子对政治状态最严厉的批评。"天下有道,则礼乐征伐自天子出",有道是理想的政治秩序,也是政治伦理的合理实现,因此"有道"不仅是好的政治状态,也是理想的政治文明,所以"齐一变至于鲁,鲁一变至于道"。

近代以来的政治思想学者,批评儒家的人治思想,认为儒家不关心制度的建立与改革,不关心法律的地位和作用。从价值上来说,的确,儒家的政治哲学观里,人比制度更有价值,道德比法律更有价值。

这种以人为本的政治主张使得儒家的政治观有其明显的偏重和倾向,如"人亡政息",认为政治的施行必须依靠人即执政者的行政努力和道德素质。"徒善不足以为政,徒法不足以自行",指出仅仅依靠道德的善并不能构成政治,而仅仅依靠法律也无法推行,道德通过法令才能构成政治实践,法律只有通过人的作用才能实际推行。荀子说:"有乱君无乱国,有治人无治法。羿之法非亡也,而羿不世中。禹之法犹存,而夏不世王。故法不能独立,类不能自行,得其人则存,失其人则亡。法者治之端也,君子者法之原也。"(《荀子·君道》)

用黑格尔法哲学的话来说,政治普遍物可分为主观方面和客观方面,主观的方面就是君子的良心,客观的方面就是国家制度和法律。事实上,黑格尔也提及了政治作为自在自为普遍物的主观方面,他认为国家官员的职务要求他不能任性地追求主观目的,必须要牺牲个人的利益,"为了使大公无私、奉公守法及温和敦厚成为一种习惯,就需要进行直接的道德和理智的教育"①。黑格尔还谈到"有教养的"官僚等。其实,亚里士多德也说过:"学习政治事务的人应当从他们已知道的东西开始,从自己的习性和品格的良好训练开始,从伦理的东西开始。"无疑,儒家的政治观注重政治的主观方面,这并不是说儒家本质上是不关心政治制度等客观的方面,主要的原因是,历史上,特别是孔子的时代,儒家生活在既定的制度体系中,没有遭遇大的制度变革,没有面对新的制度构想的挑战。在这种情形之下,政治的客观方面自然不突出,而是在给定的不变的制度框架内,如何实现其正常的功能,于是所突出的就是政治的主观方面。就现代儒学而言,更不是认为现代社会政治法律制度不重要,而是本于其儒家立场,认为在制度建设的同时,要始终不忘执政者与官员政治美德的建设,不忘政治德行对政治实践的意义。

现代政治哲学主张,政治独立于道德,即政治主张、制度、原则可以脱离社会的道德文化,政府不应当主张任何一种道德伦理原则。②其实这是虚伪的,政治的去道德化,在现实上是很危险的,它会把政治只变成一人一票的选举游戏,使政治对社会、秩序、伦理、道德都无所承诺,导致社会政治生活的道德缺席,若再没有传统道德力量作为砥柱,政治便可能把社会引向道德混乱。一个政府也许不必同特定的某一学派、流派、教派捆绑在一起,但对社会生活基本规范和做人美德,对传统的基本价值必须明确加以认同和发扬,离开了这些,不

---

① 参见马克思:《黑格尔法哲学批判》,《马克思恩格斯全集》第一卷,人民出版社,1965年10月,第290页。黑格尔:《法哲学原理》,第307、314页。
② 参看万俊人:《政治哲学的视野》,郑州大学出版社,2008年,第152—153页。

仅谈不上政治的正当,就连政治本身都会成为问题。美国人文主义大师白璧德在《民主与领袖》一书中特别以孔子与亚里士多德并举。他认为孔子之教能够提供民主领袖所最需要的品质,儒家"以身作则"精神可以塑造"公正的人"(just man),而不仅仅是"抽象的公正原则"(justice in the abstract),这是儒家可以贡献于现代民主之所在。①

总结起来,"道之以德"和"为政以德"是孔子对古代"政以治民"和"政以正民"的重大改造。古代儒家强调政治德行对于政治过程的重要性,认为政治的本质就是道德教化,坚持以美德为政治的基础,以善为政治的目的,以仁贯通于政治的实践,这些在现代社会的政治制度条件下,仍然有其不可忽略的意义。

---

① 余英时:《儒家思想与日常人生》,收入其《现代儒学论》,上海人民出版社,1998年,第249页。

论儒家的教育思想

中国的教育思想可谓源远流长,2500年前的孔子,他在生时和死后,一直被认为是伟大的教育家,而孔子的思想在广义上就是一套关于人的教育的思想。孔子的人文主义的教育理念和实践对中国的传统教育发挥了最重要的影响。本文将围绕"学"的观念,以孔子为主来说明儒家的教育理想,在论述中先说明孔子对教育和知识学习的重视,然后指出孔子的教育不仅重视知识的"学文",更强调德性的"学道";指出"圣人可学"的观念对解释儒家教育思想特色的意义,特别指出儒家强调自我学习的观念的重要性;最后论述儒家的教育理念和目标。

一 好 学

在西方,古代希腊以"爱智"(the love of wisdom)为哲学(philosophy)的精神特色,对后来的西方文化起到了相当大的塑造作用。古代中国哲学当然不强调以爱智为特色,故曾有许多学者以"明德"为中国哲学的特色,以与"爱智"成为对比,这对儒家哲学思想而言,也言之成理。

爱如果是爱好、喜爱,智如果与教育或学习有关,则与希腊"爱智"的取向相比,儒家思想特别是孔子本人的思想中另有一个观念更值得注意,这就是"好学",英文可译为 the love of learning。"好学"决不是孔子思想中的一个普通概念,我们可以肯定地说,"好学"是孔子思想中一个具有核心意义的基础性观念,不仅在他的教育思想,也在他的整个思想中占有特别重要的地位。这一点在以往似未受到应有的重视。

比如孔子说过:

> 十室之邑,必有忠信如丘者,不如丘之好学也。①

这就是说有"忠信之德"者并不罕见,但"好学"之人则非常罕见。"忠信"是春秋时代最基本的德性,而从这句话可以看出,孔子是把"好学"看得比"忠信"更为难能可贵的一种品质,虽然我不能说在孔子的全部德性系谱中"好学"的级位一定比仁和忠更高,但对孔子来说"好学"的品质显然是朝向于一个与道德不同的实践的面向,即教育的活动。

另一个例子是,鲁哀公与孔子谈话,问及弟子孰为好学,孔子说:

> 有颜回者好学,不迁怒,不贰过,不幸短命死矣。今也则亡,未闻好学者也。②

孔门贤人七十,弟子众多,可是孔子却唯独赞许颜回为"好学",颜回以外,则"未闻好学者也",这再次证明,孔子确实把"好学"看成非常重要而且难得的品质。

另一则《论语》的记述:

---

① 《论语·公冶长》5:28,以下引《论语》只注篇名与篇章号,篇章号据杨伯峻《论语译注》。
② 《雍也》6:3。

> 季康子问弟子孰为好学,孔子对曰:有颜回者好学,不幸短命死矣,今也则亡。①

此段与上例相同,表示孔子对好学的重视和对颜回好学的赞许是一贯的。

仔细体会和回味《论语》中的上述三段话,我们应可知,整部论语把"学而时习之,不亦乐乎"置于全书之首,并非偶然。因为,孔子对"学"、"好学"的重视,确实非同一般。

这样,我们也就知道,孔子讲"吾十有五而志于学,三十而立……"这一段话中的"志于学"的意义亦非普通。"志于学"的志亦即"好学"之志,所以"学"与"好学"既是孔子思想的发生学的起点,也是他的思想生命的逻辑起点,是孔子思想的重要基石。

现在要问,"好学"是否为一种德性或美德呢?表面上看,好学与一般孔子所说的德性如仁、智、勇不同,似乎不属于德性,不过,这如何解释孔子既称颜回为唯一的"好学"者,又把颜回归在弟子中的"德行"一类?② 如果好学属于德性,那么它与仁智勇的德性有何区别?亚里士多德在《尼各马科伦理学》中认为:

> 德性分为两类,一类是理智的,一类是伦理的。理智德性大多数由教导而生成培养起来的,所以需要经验和时间。伦理德性则是由风俗习惯熏陶出来的。……我们的伦理德性没有一种是自然生成的,因为没有一种自然存在的东西能够被习惯改变。③

---

① 《先进》11:7。
② 《论语》载:"德行:颜渊,闵子骞,冉牛,仲弓;言语:宰我,子贡;政事:冉有,季路;文学:子游,子夏。"(《先进》)
③ 《尼各马科伦理学》,苗力田译,中国社会科学出版社,1992年,第25页。

理智德性的养成和教育有关,而好学也应当是属于教育的范畴,这样看来,从与教育的关联来说,好学与理智德性是有一致处的。当然,理智理性是恰当运用理性的德性,与好学作为一种优秀的能力有所不同,同时孔子也不认为伦理德性与教育无关。但无论如何,孔子是把"好学"看成与"伦理德性"有别的重要品质和活动。

"好学"在孔子思想中的这种重要性,在他关于"六言六蔽"的论述中最突出地表达出来:

> 子曰:"由也,汝闻六言六蔽矣乎?"对曰:"未也。""居,吾语女。好仁不好学,其蔽也愚;好知不好学,其蔽也荡;好信不好学,其蔽也贼;好直不好学,其蔽也绞;好勇不好学,其蔽也乱;好刚不好学,其蔽也狂。"①

这一段话很重要,从德性论来说,它表示每一个别德性对人的意义,不是独立的,而是与其他德性相辅相成地发挥其作用的,诸德性的相辅相成才能造就君子或圣人的中和不偏的人格,而在德性的相辅相成的结构里,"好学"无疑占有其突出的地位。仁、智、信、直、勇、刚这六种德性都是伦理德性,但是孔子强调,对伦理德性的追求不能离开好学,所有的伦理德性若要中和地发挥其积极的作用,不能离开好学的德性,不能离开好学的实践,否则这些伦理德性发生的作用就会偏而不正。这种思想认为,各种德性需要互相配合、互相制约、互相补充,因为每一单独的德性在实践中都可能有弊病。同时,还可看出,好学不仅是一种优秀的能力和特长,也是一种心智的取向,而这种能力和取向明显是指向于知识的学习与教育过程。② 这样就把伦

---

① 《阳货》17:8。
② 古希腊语中今天被翻译成德性的 arete,其原意即指特长和能力。

理德性和理智德性结合起来了,把伦理德性与教育(学习)活动结合起来了。

不管孔子这里所说是否有其特定的针对性,对照前述孔子一生对"好学"的高度重视,就可以看出"六言六蔽"之说并不是孔子的偶发之见,而是表达了孔子对伦理与理智,德性与学习的整体的、平衡的了解。有仁有智有勇有刚,但不好学,则德性仍不圆满而易产生偏差。因此,每一伦理德性都必须与好学的理智德性联系起来,相互补充,并且要用学习的实践成果去补益它,否则这一德性在实践中就会导致偏差,从这里可见孔子对教育及知识学习的重视。

自然,"好学"在这个结构中也并非独立自足的,但是,如果没有"好学",而只有好仁好信,孔子就不成其为孔子,不成其为教育家的孔子,不成其为"学而不厌"的孔子。在孔子留给后世的形象中,"好学"始终是一个重要的侧面,这在唐以前的儒学中是不曾有过疑问的。

二 学 道

好学是孔子思想中一个重要的价值,也是一种德性,好学体现于人的一生的无休止的过程,这也表示学习的实践是终生的,体现了孔子关于终身学习的理想。

如果说孔子提倡"好学",那么,孔门所学的内容是什么呢?宋代儒家就曾提出过孔门"所好何学"的问题。程颐说:

> 圣人之门,其徒三千,独称颜子为好学。夫诗书六艺,三千子非不习而通也,然则颜子所独好者,何学也?①

---

① 程颐语见其《颜子所好何学论》,《二程集》,中华书局,1980 年,第 577 页。

史书说孔子以六艺教人,以六艺为"礼乐射御书数";孔子曾致力整理六经,六经即"诗书易礼乐春秋"。根据《周礼》和《礼记》可知,诗书六艺在孔子以前的春秋后期已经是贵族教育的基本内容。①《史记》说孔门"弟子盖三千焉,身通六艺者七十二人",这里所说的通六艺即是礼乐射御书数。汉代以后的儒者则把六艺解释为六经。在孔子的时代,他把以前贵族教育的诗书六艺扩大为有教无类的一切人的教育,使得诗书六艺成为孔门教育的一般内容,极大地推动了知识的解放。不过,作为技术的六艺和作为经典的六经有所不同,后者完全是经典教育,前者则是实践性的技艺,孔子在二者之间更重视经典的教育。"好学"的对象当然包含这些内容,这说明孔子把经典为核心的人文教养与文化传承视为教育的基本内容。

但六艺、六经只是孔子教学的知识教育的范围,并非是孔子教育的全部内涵,甚至于《论语》中的孔子教诲几乎都是诗书六艺以外的内容。据《论语》,孔门以四教"文、行、忠、信"②,后人还把《先进》篇的"德行、言语、政事、文学"称为四科③。看来,技术的六艺是基础课程,经典的六艺是专业课程,而德行是通识教育的核心,因此四教和四科的说法,比六艺之说也许更全面地反映了孔子教育的理念与实践。更重要的是,孔子之为孔子,孔子的教育与周礼六艺的贵族子弟教育的不同之处,不仅在于他把六艺教育扩大为全民教育,而且在于他的教育理念已超出周礼的六艺,甚至超出周代的经典教育,而是以

---

① 《周礼》地官之大司徒有云:"三曰六艺:礼乐射御书数。"(《周礼正义》,中华书局,1987年,第756页)《礼记》王制则云:"乐正崇四术、立四教,顺先王诗书礼乐以造士,春秋教以礼乐,冬夏教以诗书。"(《礼记集解》,中华书局,1989年,第364页)
② 《述而》7:25。
③ 《先进》11:3。

人文知识为基础发展成为一种全面的自由人格教育。在《论语》中,"成为什么样人格的人"变成了教育最重要的核心意识,这在孔子以前的春秋时代是没有过的。也正是在此基础上,孔子提出了"君子"理念为核心的"学道"教育。

教育或受教育对于孔子意味着什么?可以说,这个问题在孔子更多地是以"学"的形式提出来。就是说,在孔子思想中,"学"不仅是学习,"学"这个概念在孔子本身还意味着"教育"的意义。换言之,"学"在孔子和儒家思想中有狭义和广义之分。狭义的"学"是学习,与"思"相对,所以,"子曰:吾尝终日不食,终日不寝,以思,无益,不如学也"①。亦可与"修德"相对:"德之不修,学之不讲,闻义不能徙,不善不能改,是吾忧也。"②广义的"学"则可以说就是对人的整体教育。狭义的"学"孔子又称为"学文",即知识的学习,所以孔子教人从孝悌信仁的践行开始,主张"行有余力而学文"③。广义的学则不仅是知识的学习,而以德行之学为基础,因此,正如子夏所说:"贤贤易色,事父母能竭其力,事君能致其身,与朋友交而有信,虽曰未学,吾必谓之学矣。"④这可以说也反映了孔子的思想。这里的"未学"的学当指学文;而把能行孝悌忠信"谓之学",这个"学"就不是学文的学,而是道德教育、人格教育,这便体现了孔子的整体意义的"学"的概念。所以,孔子说:"君子食无求饱,居无求安,敏于事而慎于言,就有道而正之,可谓好学也已。"⑤一个不追求物质享受,而追

---

① 《卫灵公》15:31。
② 《述而》7:3。
③ 《学而》1:6。
④ 《学而》1:7。
⑤ 《学而》1:14。

求精神完满和人格完美,能勤敏谨慎,向掌握了真理的人学习,这就是好学了。这里的好学都不是狭义的学文的学,而是"君子"之学,即成为一个有人格追求的人、有精神理想的人的"学"。从教育的角度说,这里的"学"都具有一般人文教育的意义,不限于学文。相对于学的广狭二义,"好学"应当也有两重意义。

就学文而言,学是指知识的学习,尤其是礼乐知识和经典知识。孔门中所谓"文学"是指此,"读书"之学是指此,①"多学而识"的学也是指此。所谓"博学于文"是指此种学文之学,②学而不厌的学,也应主要指学文之学,与"德之不修"相对的"学之不讲"的学也应指学文之学。经典的学习,在《论语》中提到的有学易、学诗、学礼。孔子对于经典的学习与传承甚为重视,"文"是学和好学的标志性内涵。这不仅成为后来儒学的主要特点,也深刻影响了中国的教育实践。

但是,如前所说,孔子主张的学不仅指此,经典和知识学习而外,还要"约礼"、"修德",在德行上、政事上要实践有成,这些也都包含在学之内。所以孔子在回答哀公问时也说:"有颜回者好学,不迁怒,不贰过"③,好学在此意义上即指学道、学德,这样的"学"是品质德性的获得和提升,所以这样的学亦可称为"学道",君子、小人都要学道。相比于技术的学习,孔子强调:"百工居肆以成其事,君子学以致其道。"④所以,君子之学的要点在于学道,《礼记》称之为"修德学道"⑤。这样的学当然不注重特殊的技能(如稼圃),故"君子不

---

① 《先进》11:25。
② 《雍也》6:27。
③ 《雍也》6:3。
④ 《子张》19:7。
⑤ 《礼记·燕义》。

器"①,君子所代表的是一完整的人格,不是某一专门技术或技艺。这样的学实际上更多的是指领导者之学,学作领导者。这种学作领导者的学,并不是把领导作为一门技术,而是通过学"好礼好义好信"来得到领导者的素质和能力。②

从整个孔子思想体系来看,最重要的是,"学"的目标是学为君子,这是全部《论语》的宗旨。后来唐代的儒学家和教育家韩愈(768—824),明确提出教育者的第一位任务是"传道",其次才是知识的"授业"和"解惑",所以从教的方面说,"传道"是第一位的,从学的方面说,"学道"是第一位的。

孔子主张君子要"学道",普通人也要学道,学道与学文相对。从政治上说,君子学道为了成为好的领导者,普通人学道是为了成为好的公民。③ 所谓学文是学道的余事,人能行孝悌忠信,"行有余力,则以学文"④,这可能更多的是对普通人而言。但无论如何,道是最重要的,所以"朝闻道,夕死可矣"⑤,而好学的意义之一是"守死善道"⑥,维护道的正义。所以学的首要任务是"志于道",最后才是"游于艺"⑦。"君子学以致其道"⑧,道的追求始终是君子之学的目标。

《礼记·学记》也说:"玉不琢,不成器;人不学,不知道。是故古之王者建国君民,教学为先。"这也突出了学的目的是"知道",学是

---

① 《为政》2:12。
② 《子路》13:4。
③ 《阳货》17:4。
④ 《学而》1:6。
⑤ 《里仁》4:8。
⑥ 《泰伯》8:13。
⑦ 《述而》7:6。
⑧ 《子张》19:7。

使人成为君子,而君子的榜样可以化民成俗,具有社会政治的功用。在这个意义上,儒家的教育理念往往与社会政治联系在一起,接近于实用主义的立场。

三 圣人可学

关于事实的知识是可以教授的,但关于德性、人格的知识则有所不同。柏拉图在《米诺篇》中,以苏格拉底与米诺的对话,提出"美德能教授吗"的问题。① 这个问题当然包括两方面,一是老师能不能把美德教给别人？二是学生能不能从老师的所教中学得美德？照柏拉图所说,苏格拉底开始时强调不知道美德为何的人是不能教给别人美德的,而最后他明确主张美德不可教,他的论点主要是从老师即教育者的角度着眼的。

如果我们用这个问题来问孔子和儒家,我们会得到什么答案？这个问题不宜做简单回答。但是,虽然我们不能简单作出"美德可教"的回答,我们却可以得到"美德可学"的明确回答。这在宋代的周敦颐(1017—1073)的《通书》中被明确表达出来:"圣可学乎？曰:可。"(Can one become a sage through learning?)程颐(1033—1107)也说:"圣人可学而至欤？曰:然。"②所谓圣人可学,即是说圣人之德可学;不仅圣人之德可学,而且人可以通过学圣人之德而成为圣人。所以,对于苏格拉底与柏拉图的"德可教乎"的问题,中国古代儒家更倾向于用"圣可学乎"的方式来表达儒家的问题意识。因此我们可

---

① 《柏拉图全集》卷一,王晓朝译,左岸文化事业有限公司,第474页。
② 周敦颐语见其《通书》圣学第二十,《周敦颐集》,中华书局,1990年,第29页。程颐语见其《颜子所好何学论》,《二程集》,中华书局,1980年,第577页。

以说,儒家通过"圣人可学"的观念,肯定了"德可学"。自然,教与学不同,但它们都属于"教育"的范畴。因此,如果把苏格拉底、柏拉图的问题,转化为"美德可以通过教育获得吗",那么,儒家对于德可学、圣可学的肯定,应当说即是肯定了德性与教育的联系。在柏拉图之后亚里士多德对这个问题的回答是,理智德性可通过教育获得,伦理德性则不是从教育获得。儒家则主张伦理德性也可以通过"学"而获得。

圣人可学的观念其实早在先秦已经成熟,荀子(前298—前238)说:

> 学恶乎始?恶乎终?曰:其数则始乎诵经,终乎读礼;其义则始乎为士,终乎为圣人。①

"数"指课程的阶段,"义"是教育的目标。荀子认为,"学"以成为圣人那样的人作为目标,肯定圣人是可学而至的。如果说数学的计算是可以由老师教会的,显然,从孔子到荀子,都不会认为德性是仅仅靠老师的教授获得的,事实上数学计算的能力也需要学生的实践,任何一种数学知识的获得都不仅需要教,也需要学和习(学而时习之)。在这个意义上,美德并不是仅靠老师教会的。但另一方面,孔子与此后的儒家以讲学为天职,无非是昭教学生去学习士君子的人格和德性,儒家在教学活动中也反复讨论许多对于德性的疑问。在这个意义上,德性的获得与"教"有关,当然,完整的德性的获得不是仅靠"教",而是"教—学"的连续过程。

圣可学的观念从教育的角度看是通过学习获得德性的发展,而

---

① 《荀子·劝学》。

君子是孔子特别用来作为理想人格的概念。从整个孔子思想体系来看,最重要的是,"学"的目标是学为君子,以君子的人格态度来从事"学",这是全部《论语》的宗旨。在孔子以前"君子"一词是指统治阶级,在孔子则将之改变为理想人格的名称,这是孔子对古代人文主义教育的根本性贡献。

圣可学的教育理念和儒家主流的人性论相关。孟子的人性善观念到宋代以后成为最有影响的人性论,这种人性论认为,人的本性不论其社会等级、职业差别、教育程度,都是本善的。善表示人与动物的根本不同,也是人能自我教育和自我发展的内在根据。一个人为不善,并不是他的本性所决定的,而是社会环境和习惯造成的。人性光辉的信念使得儒家教育思想对于人不是抱着不信任的态度,而是最大限度地相信人的自我教育和发展的能力,因此,引导人的行为向善,不是依靠严刑酷法,而是依靠人的本性的自觉,去冲破社会污染的迷失。这是最根本地肯定人的尊严的思想。

四 为己之学

就"圣可学"的观念来说,显然不是对于教育者而言,而是对学习者而言,其重点不是教育者怎样去教,重点是学习者怎样去学,学习者自己怎样学得德性、学为圣贤。这也可见儒家的教育思想更关注的不是教,而是学。这是儒家教育思想的特点。

从《论语》的文本来看,"学"一词使用的频率极高,而"教"的使用甚少。这一对比显示出,孔子把"学"看成教育过程的首要因素。从而,美德主要是从"学"获得而来的。孔子所理解的教育不仅是教,更强调学,教育从根本上说是人的自我追求的过程。孔子主张

"古之学者为己,今之学者为人"①,为人即给别人看,为己是为了自己的人格与精神的成长和完满。从这个观点看,教育的主体性体现为由己之学,是人为了自己而主动地学习,教育的精神就是使受教育者主动地学习。"为仁由己,而由乎人哉?"②

学习成为圣人的观念不仅在教育目标上界定了教育的人文性质,也使得"教育"的重点不在教,而在学,虽然"学"可能包括向老师学,即包括一些教的内容,但学更多的是强调学习者自己努力地去学习、实践,特别是这种学也是学习者自觉的为学,终身的追求,终身的教育。这种自觉自然要靠教育者的启发、引导和榜样的召唤,但更要靠学习者自己。而孔子所说的"学"也包含了实践,君子人格是可以通过学习和培养、通过德性的不断的自我训练来达到的。

由于教育中学习者的地位最重要,所以学是教育过程的首要因素。因为教育的过程主要是学习者自我学习、不断学习的过程,教虽然占有一个重要位置,但相比之下,学习者自己的学习更为重要。就德性的教育而言,教育者的最基本的责任是对于受教育者,特别是正在形成世界观的青少年启示一种理想的人格德性,唤起学习者的仰慕心,发愿成为这样的人,使理想人的德性成为自己的德性、品质和一生的选择。但成圣成贤,严格地说,不是老师所"教会"的,德性的知识虽然可以是 knowing what,但学会德性的知识,要自己去在实践中做出来,是自我完成的。教育者的责任是告诉学习者什么是君子,君子处于何种境遇会展现何种德性,使学习者在教育过程中得以

---

① 《宪问》14:24。
② 《颜渊》12:1。

"兴起",产生一种对高尚人格的景仰、仰慕,从而希望在自己的生活中也模仿去作,把人格的追求看成生命中的重要任务。但老师所教的只能使你"知及之",如果没有自己的努力实践,"虽得之,必失之"①。老师教的是知,自己去学的是行。

可以说,儒家更多的是把"学"理解为学习者自主的、终生的、实践的活动,如果说到德性的话,它决不像一种方程的知识可以在课堂里教会,而是在对正确与错误、高尚与低俗的不断教育中唤起人的道德感和生活选择的能力,并促使人在日常生活中体现它。所以儒家中重要的问题不是仁、德的定义和辨析,它认为这种辨析对德性的养成没有实际作用。儒家教育中关切的问题是怎样去作才是仁的德行,仁表示何种的实践,什么样的人可以称作仁的人,君子即高尚的人应当具有什么德行,他们的实践原则是什么,要成为君子需要具备什么德行,什么行为原则,具有这样德行和原则的人能达到何种精神的境界(仁者不忧,知者不惑,勇者不惧),君子选择什么,摒弃什么。论语中最常出现的是"君子……而不……"或"君子……,小人……",叙述君子的生活状态、态度。

正是由于教育是学习者自主的学习,所以孔子和早期儒家强调"古之学者为己,今之学者为人"、"君子求诸己,小人求诸人",学是学为君子,为己就是为了使自己在精神人格上的充实发展而学习,儒家和中国哲学的意识是,理想的人格是什么,人性是如何,实现人性的修身方法是什么。这样的问题意识也支配了儒家教育理念和实践。

---

① 《卫灵公》15:33。

五 成人之道

那么,从儒家的角度看,"教"的作用何在?除了知识的传授外,老师的教诲是指出道德的榜样,并通过对人事的道德评价鼓励和引导学生德性的进步;教育者的任务是告诉学习者什么是伟大的精神,什么是高尚的人格,引导学习者把自己培养成为高尚的人。这是古典教育的共通宗旨,与古代贵族教育有密切关联。儒家的教育者并不企图告诉学习者为什么要学习成为高尚的人格,更不会去证明成为高尚的人有何实际的好处,因为这对他们是不言自明的预设。古典儒家的师道只是力图说明什么样的人是高尚的人,高尚的人具有什么具体的德性,人应当如何修养自己以获得这些德性(或发挥这些德性),以达到圣人的境界。所以,孔子教人的重点不是具体的礼制知识,甚至也不是经典知识。对于礼,孔子是把它作为规范的总原则,来评价人的行为,礼在这里成为道德行为的原则,参与到德性和行为的评价。至于经典,孔子所关注的是如何利用经典话语的权威资源,把经典作为规范性的教训,引申其价值的意义,发挥其伦理教训的功能。儒家对经典的传承当然也重视其文献的知识意义,但比起其价值意义来,则居其次。在这个意义上,如果说孔子所说的"教",其注重传授的知识是道德知识,亦无不可。对于儒家,从理论上、从形象上,肯定和树立人格的理想是"教"的一个重要的方面,所以论士君子的德性的内容在《论语》中所占的数量最多,以此通过赞扬和贬评,培养人的道德正义感和公共服务的精神。

不论是士还是君子,儒家的"学"就是学为一种高尚的人格、完整的人格、具有多方面优秀品质的人格。培养一种追求高尚人格的人,以德性教育为中心的整全人格的塑造,是儒家的教育目标和理想,也是两千多年来儒家教育的历史实践。中国古代的教育理念是"做人",学做君子,学至圣人,体现了"作什么样人格的人"是儒家教育观的根本问题。孔子和孔子以后的儒家都把教育的最高理想界定为使学习者成为圣贤。古代教育与学习,最重要的是设立道德的榜样,而这在人文主义文化中只能通过圣人的形象来达到。在中国它虽然可以是有具体人格的,如古代圣王的系谱,但更多的是儒家文化中对"君子人格"、"君子品质"的崇尚和表达,以此造成对受教育者的一种道德的感召,使得受教育者努力学习成为这样的人格。

在君子人格和德性中孔子最重视仁,仁是孔子道德教育的中心观念。照后来儒家对《论语》的解释,仁是人之全德,就是说,仁不是某一个方面的德性,仁代表整体的品质德性;狭义的仁与义礼智信相分别,广义的仁则包含义礼智信。由于这样的仁是人的全德,所以这表示孔子和儒家的教育理念是注重培养全德的人。古礼中的"成人"是指成年人,而孔子则将"成人"的观念转变为完备人格的概念:具有知、不欲、勇、礼乐、艺等多方面德性的人是"成人","见义思利,见危授命"的人是"成人"。① 《管子》中说"既仁且智,是谓成人"②,也明白地说明了这一点。后来荀子也说有德操的人是成人,德性完美的人是"成人",而君子就要成为具有完备人格的人,"君子贵其全也"③。宋代新儒家邵雍(1011—1077)则把全德之人称为"全人"④。这样的教育,其基点是服务于一个人的全体的精神成长,服务于他的

---

① 《宪问》14:12。
② 《管子·枢言》。
③ 《荀子·劝学》。
④ 《宋元学案·百源学案》。

全部的德行生活,它不是一个专一的技能所能体现的,当然也不是为了把一个人教育为专业的人士。从这个意义上说,孔子以前如果有"儒",这种儒也没有确立起这样的全人教育的理念,只有到了孔子,及孔子以后的儒家才确立起全人教育的理念。而"君子不器"可以说也是这一理念的表现。

在教育上,"道"代表以德性为中心的整全人格的塑造,是教育的目标和理想,这是孔子开创的儒家教育的实践所始终强调的。中国古代的教育,始终强调学习"做人"。要培养出把品格的操守看得最重要的人,追求人格高尚而鄙薄低俗、不屑功利的人,培养这样的人,是儒家教育的根本的目标。

以圣人奠定整体性的生活目标,用箴言和榜样进行感召的教育,这种教育在哲学中被称为德性中心的教育或品质特性的教育。儒家以美德品质为教育的核心,要人自愿地忠于其品德责任,快乐地寻求学习做圣人,因此哲学最重要的并非存在论的"是",而是伦理学的"德",重要的不仅是"知",还要重视"行"。哲学的性善论则是致力说明人性可以成为生长所有品质德性的自我的根源,以代表道德理想的圣人为学习的目标和动力。

总结起来,儒家的教育理念,重视经典的人文教养,以君子的榜样为学习的模范,以德行优于知识,以圣人人格为教育的培养目标,强调成人或全人的教育理念,突出"学"和自我的主动性在教育过程中的意义,着眼在把人变成全面发展的高尚的人。儒家的教育思想不仅仅是对狭义的教育的认知,而且蕴涵着整个古典时代对"人"的理解。

现代新儒家的"哲学"观念
——以熊十力为中心

本文所说的"现代新儒家"是指"五四"以后出现的第一代新儒家,而与所谓"当代新儒家"相区别。本文将以熊十力为主,对比熊十力、梁漱溟、马一浮有关"儒学"与"哲学"的观念,以检讨20世纪中国哲学建构的若干基本问题。

一

在20世纪中国文化中,中国古典哲学的继承、发展的重要途径之一是有关哲学重构的努力,即通过对比和吸收西方哲学的理论、观念、方法,重新建构中国哲学的哲学系统,使之成为既具有近代性的哲学体系,又可彰显出中国哲学传统的本体论和宇宙论特色,并使之在世界哲学中占有一席地位。在这个方面,比起有志发扬其他古代思想流派的学者,现代新儒家的成绩可谓卓然有成。当然,每一位现代新儒家对何为儒家思想(儒学)的核心认识不同,由之决定了他们所入手的方向不同,故他们所建构的体系也各不同,而熊十力的哲学体用论,就其继承发展中国哲学而言,是他的同时代人公认最有特色且最为成功的一个体系。

熊十力哲学最突出之处,是他的体大思精的本体—宇宙论①。但熊十力的这种"哲学"活动并非没有遭遇批评,特别是,对他的最严厉的批评来自与他关系最深的另一位现代新儒家的代表梁漱溟,而梁漱溟的批评又特别集中在"哲学"的方面。从这里,我们可以看到在现代新儒家内部在有关"哲学"问题上的观念差异。

1950年熊十力与梁漱溟有书云:

> 哲学之义非是爱智,后来还有许多家。而且学术的定义都是你所非衷愿。哲学固不遗理智思辨,要不当限于理智思辨之域。此如要讨论,殊麻烦。中国的学问虽久绝,而儒道诸家傥存者,不可谓其非哲学,以其非宗教、非艺术故,以其不遗理智思辨故。但其造诣却不限于理智思辨,此当为哲学正宗。兄如将中国哲学也勾销,中国当有何物事,无乃自毁大甚乎?自弃大甚乎?②

西方哲学认为哲学只是爱智之学,梁漱溟也以哲学只是爱智,熊十力则认为,其实哲学有许多形式,并非仅仅是爱智之学。爱智体现了哲学的理智思辨的方面,但哲学并不限于理智思辨的方面。可见,从一开始,熊十力就不是仅仅站在西方哲学传统上来理解"哲学",而是从世界多元的哲学思想传统来看哲学的"定义"。在熊十力看来,中国哲学的儒家道家等,其特点是既有理智思辨,更有超出理智思辨的方面。这里熊十力并没有说明超出理智思辨者何指,看起来是指内

---

① 郭齐勇指出:"熊先生的宇宙论不是一般的宇宙论,而是'本体—宇宙论'。"参看氏著《熊十力思想研究》,天津人民出版社,1993年,第52页。
② 《与梁漱溟书》,1950,《十力书简》油印本,景海峰编选,深圳大学国学研究所,1985年11月,第17页。

在体证之学。他认为,这种既有理智思辨而又不限于理智思辨的哲学,才应当被视为哲学的正宗,只有理智思辨,或只有内在体验,都不是完满的哲学形式。熊十力的这种看法,即哲学不应当仅仅理解为古希腊爱智意义上的理论活动,而且应当包含理智思辨以外的其他思想活动,说明他没有盲目接受欧洲中心的哲学观,而且是以非欧洲中心的一种普遍主义的立场来看待哲学。

1951年他与梁漱溟又一书论此:

> 中国学术,兄又谓其非哲学,或不妨说为主义与思想及艺术,吾亦未敢苟同。夫哲学者,即指其有根据及有体系的思想而言,非空想,非幻想,故曰有根据;实事求是,分析以穷之,由一问题复引出种种问题,千条万绪,杂而不越,会之有元,故云体系;思想之宏博精密如是,故称哲学。……主义者,综其思想之全体系,而或标其宗主之义,以昭示于人,故言主义。孰有不成学术而可言主义乎?艺术毕竟是情趣之境,非由能诠深达所诠(能诠谓智,所诠谓理)。①

固然,中国学术非哲学与中国学术中无哲学是两个不同的命题,观梁漱溟之意,他似认为中国的儒家道家皆非哲学。熊十力则与之不同,他认为中国的儒家道家是哲学,不仅出于文化民族主义的需要,也和他对哲学的理解有关。在这里,熊十力给出了一个哲学的定义,即哲学是有根据有体系的思想,其特征是宏博精密,能由智而深达乎理。所以,根据这一看法,他对梁漱溟反对用哲学方法研究中国学术的态度明确表示异议。

---

① 《与梁漱溟》,1951.5.24,《十力书简》油印本,第25页。

事实上,这种讨论并非凭空而发,它正是熊十力对自己理论活动的一种辩护。数年后,他再与梁漱溟书论谈及于此:

> 我喜用西洋旧哲学宇宙论、本体论等论调来说东方古人身心性命切实受用之学,你声明不赞成,这不止你不赞成,欧阳师、一浮向来也不赞成。我所以独喜用者,你们都不了解我的深心。
>
> 在古哲现有的书中,确没有宇宙论的理论。……我的作书,确是要以哲学的方式建立一套宇宙论。这个建立起来,然后好谈身心性命切实功夫。我这个意思,我想你一定认为不必,一浮从前也认为不必要,但他不反对我之作为。你有好多主观太重之病,不察一切事情。我一向感觉中国学校的占势力者,都不承认国学的学问,身心性命这些名词他都讨厌,再无可引他作此功夫。我确是病心在此,所以专心闭户,想建立一套理论。①

熊十力直承其喜欢讲本体论、宇宙论。但照这里的说法,他在思想重点上,与梁漱溟、马一浮一样,是以身心性命为中心,宇宙论并非其思想的终极关怀所在。对他来说,一方面,宇宙论是他用以说明身心性命受用之学的一种方式;另一方面,宇宙论只是理论上、逻辑上作为身心性命之学的前提。就动机而言,他之所以构造一套宇宙论,消极地说,是以此得到中国学校的哲学界的承认;积极地说,是为了引导中国学校的哲学家来向身心性命作功夫。其实,虽然熊十力及梁漱溟等近代大学体制外的中国哲学家(尽管熊梁都在早期的北京大学教过书)与在大学里受过西方哲学训练的哲学教授之间具有某种紧张,但他的新唯识论哲学并不可能主要以大学哲学教授为辩论对象

---

① 《与梁漱溟》,1957.6.25,《十力书简》油印本,第36页。

而写作。因此,在这一方面,与其说为了引导大学的哲学教授,不如说熊十力对西方哲学本体论欣赏的同时,心存回应,要为儒家思想建立一种西方哲学亦可认可的、又不脱儒家根底的本体论哲学。① 因此,其哲学并非对学院哲学家的诱导,而是对西方哲学的回应。这样一种"接着讲"的现代重构,既可以使儒家思想的本体论维度得以显示出来,也可以使儒家作为哲学被受欧洲中心论影响的哲学家所承认。

在同一封信里他还指出:

> 结果我在宇宙论上发挥体用不二,自信可以俟百世而不惑,惜不能运用科学的材料,体用论后面已说过,希望来贤有继此业者。这个成立了,方可讲身心性命。……义理有分际,本体论、宇宙论,这些名词我认为分得好。但西人的讲法,往往把宇宙人生划分了,那就不对。然如柏格森讲的生命,并未划分,可惜他未获得真的生命。《大易》乾坤之义,确是宇宙人生融成一体而谈,我是拿这些来讲宇宙论。②

熊十力认为,只有先立起本体论、宇宙论,才能讲身心性命。但何以必须先讲宇宙论,才能讲人生论,他未加说明。虽然,中国古代哲学中也有由本以推末的讲法,但考虑到熊十力思想的心学特征,在这里,他似乎受到了西方哲学思维的影响,认定宇宙论是人生论的论述前提。在他看来,哲学作为思想体系,其中包含着不同的部分,如何划分这些部分,不必固守中国古代的分类,他认为西方哲学关于本体

---

① 熊十力答唐君毅,言新论"又其针对西洋哲学思想以立言,而完成东方哲学的骨髓与形貌"。(《十力语要》,中华书局,1996年,第125页)
② 同上书,第37页。

论、宇宙论的区分甚好,应当吸收和采取。同时,他也指出,西方突出地把本体论和宇宙论区别于哲学的其他部分,加以阐述,大力发展,是其可取之处;但西方哲学倾向把宇宙论和人生论割裂开来,把万物的存在和人的存在割裂开来,这是不可取处。他的哲学在宇宙论上讲翕辟互发,阳主乎阴,在人生论上讲心主宰物,心主乎物,正是力图以宇宙论和人生论的一体一贯来打通二者,用宇宙论说明人生论,"以宇宙、人生融成一体而谈,此不同于西学者也"①。因此,他认为,讲宇宙论本身并无错,错在把宇宙论和人生论割裂起来,互无关系。

他在同一天答林宰平书中也说:"东方古学除了心,实无根。如科学的哲学自主唯物心之原即是物,古学断其根矣,智慧与道德之原、修养之功,一切一切无往不动摇。……吾现稿只在存心二字上用心。"②现稿指《明心篇》。存心之说,在同日答梁漱溟书中亦言"习斋四存,吾注重一存,曰存此心,这个不存,古学全崩矣"③。可见,在努力建立本体论宇宙论的同时,熊十力也强调存心之学是东方学术的根柢和基础。

二

这种看法,在承认哲学的积极意义同时,在哲学内部,熊十力的看法似可以传统的方式表达为:论先后,宇宙论为先;论轻重,人生论为重;论天人,则宇宙人生通体一贯。这个看法在熊十力是一贯的。

按熊十力的思想,所谓人生论的重要,不只是指在哲学的理论体

---

① 《与梁漱溟》,1957.6.25,《十力语要》,第38页。
② 《与林宰平》,1957.6.25,同上书,第34—35页。
③ 《与梁漱溟》,同上书,第37页。

系中,关于身心性命的部分作为理论比宇宙论更为重要,还指身心性命的实践是进入真理的根本途径。①《十力语要》第一首与张季同书即言:"东方学术归本躬行,孟子'践形尽性'之言,斯为极则。"②又一书云:"此土先哲深穷宇宙人生真际,其入处要在反之身心践履之间,却不屑衍为理论。虽未始遗弃知识,要其归极,在体真理而与之为一。"③这是说,中国哲学的目的是体认真理,而且在精神和生命上与之为一。所以人生论的重要,不仅是目的的,也是方法的。

在熊十力看来,反身践履为深究宇宙人生真际之要,正是因为宇宙的本体亦即是人生的本体。所以他说:"哲学上之宇宙论、人生论、知识论在西洋虽如此区分,而在中国哲学似不合斠划太死。吾心之本体即是天地万物之本体,宇宙、人生宁可析为二片以求之耶?致知之极,以反求默识为归,期与西洋知识论又不可同年而语矣。"④他一方面指出西洋知识论长于发展科学,一方面又强调中国哲学致知论利于贯通宇宙人生,利于亲证本体。可见熊十力的哲学观中预制了他自己的哲学主张,即宇宙本体即吾心本体,反己体认即能证会本体。

熊十力就中西哲学文化问题曾与张东荪多次讨论,他说:"(吾)此信以东方之学为哲学,自时贤观之或不必然。但弟素主哲学只有本体论为其本分内事,除此多属理论科学,如今盛行之解析派只是一种逻辑的学问,此固为学者所必资,然要不是哲学底正宗。时贤鄙弃

---

① 关于"真理"的意义,熊十力提出玄学的真理义有三,其主要意义为实体;科学的真理义有六,其要义为客观的法则。见其《答唐君毅书》,《十力语要》,第135—137页。
② 《与张季同》,《十力语要》,中华书局,1996年,第2页。
③ 《与张君》,同上书,第3页。
④ 《答谢石麟》,同上书,第61页。

本体论,弟终以为穷极万化之原,乃学问之归墟。……见体则莫切于东方之学。"①这表明,熊十力了解20世纪初世界哲学的反形上学、反本体论思潮,而他坚持主张哲学要以本体论为主,穷究宇宙万化的根源,并认定东方中国哲学最得见体(识见本体根源)之方,所以东方之学不仅是哲学无疑,而且是哲学的正宗,即代表了哲学的正确方向。他又说:

> 昨宰平过此,谓西人"哲学"一词本为知识的,而弟以中国学问为哲学,却主张知识与修养一致,此恐为治西洋哲学者所不许,盍若不用哲学之名词为得云云。……弟坚决主张划分科哲领域,科学假定外界独存,故理在外物,而穷理必用纯客观的方法,故是知识的学问。哲学通宇宙、生命、真理、知能而为一,本无内外,故道在反躬,非实践无由证见,故是修养的学问。如此说来,则不必于哲学外另立一种非哲学非宗教的名目。……弟以为哲学之领域既经划定,即以本体论为其领域,而中西人对本体底参究,其方法与功夫各因境习而有不同。因之其成就亦各有不同,此足徵夫一致而百虑,终无碍于殊途同归。②

据林宰平的看法,西洋的哲学包括其形上学,都是知识形态的,无关乎人的身心修养;中国的学问强调修养,主张知识与修养一致,这与西洋单纯强调知识的哲学传统不同;从西洋哲学的角度来看,不易承认中国的学问为哲学,故不必以"哲学"来称指中国或东方思想。张东荪则主张,在宗教和哲学之外,有一种非哲学非宗教的学术,而兼有哲学和宗教的性质,中国学术似有当于此。熊十力的看法

---

① 《与张东荪》,《十力语要》,第71页。
② 《与张东荪》,同上书,第72页。

则不同,在他看来,学术只有科学和哲学两种,不必在哲学以外另立一种非哲学非宗教的分类。在认识论转向的西方哲学思潮面前,熊十力仍坚持哲学应以本体论为其领域,并指出,西洋以知识求本体,中国以修养见本体,这正是一致而百虑,同归而殊途,故西洋中国的学术皆可通称为哲学。显然,熊十力并不是以西洋哲学的传统为"哲学"的唯一理解,而把西洋和中国看成殊途百虑,把"哲学"作为西方重知识型和东方重修养型思想体系的"通称"。

熊十力又有答意大利人马格里尼的长柬,其中说:

> 真理非他,既是吾人所以生之理,亦即是宇宙所以形成之理。故就真理而言,吾人生命与大自然即宇宙,是互相融入而不能分开,同为此真理之显现故。……盖以为哲学者,所以穷万化而究其原,通众理而会其极,然必实体之身心践履之间,密验之幽独隐微之地。……须知,哲学研究者为真理,而真理必须躬行实践而始显,非可以真理为心外之物,而恃吾人之知解以知之也。质言之,吾人必须有内心的修养,直至明觉澄然,即是真理呈显。如此,方见得明觉于真理非二,中国哲学之所昭示者唯此。①

所以,熊十力强调:"哲学所研究者,则为一切事物之根本原理,易言之,即吾人所以生之理与宇宙所以形成之理。夫吾人所以生之理与宇宙所以形成之理本非有二,故此理非客观的,非外在的。如欲穷究此理之实际,自非有内心的涵养工夫不可,唯内心的涵养工夫深纯之候,方得此理透露,而自达于自明自了自证之境地。前所谓体认者即此。故哲学不是知识的学问而是自明自觉的一种学问。"②这些论述

---

① 《答马格里尼》,《十力语要》,第142、144页。
② 同上书,第145页。

都表明,熊十力把修养作为哲学,并非出于强调精神发展的全面性,其根本原因是认为只有修养才可以亲证本体,在这个意义上,修养不是与本体论无关的道德修为,而成为本体论的重要方面。

当然,这里所涉及的不止是熊十力有关哲学观念的理解,也涉及他自己的哲学倾向。他虽然认为东西方都有哲学,东西方的哲学各有不同特点,但又认为东方的哲学是正宗。从知识和修养并重的立场,他认为:"吾谓西洋学者探究本体之精神固可佩,但其本体论大概是戏论。"①又言:"西洋近世罕言本体,其昔之谈本体者,皆以思构而成戏论,良由始终向外推寻,故如盲人摸象耳。新论鉴观西洋,无蹈其失,始乎辨析,而终于反己。"②总之,他在建立宇宙论、本体论的同时,也处处强调个人的生命即是宇宙生命,人只有通过内心涵养才能在内心中使真理开显,哲学不是单纯的知识学问,而是涵养澄明的学问。

三

在"哲学"的问题上,梁漱溟与熊十力看法不同。《梁漱溟全集》中有一"致某先生书",中云:

> 哲学为西洋产物,对于宇宙根本问题揣测卜度,全出自第六识之所为,圣佛徒末流诸大论师,亦难免落于此途。然在古佛则亲证离言,故转识成智之事,视第六意识之所为,只不过戏论而

---

① 《答唐君毅》,《十力语要》,第140页。
② 《答胡生》,同上书,第278页。

已,天壤悬殊,岂得相比?尊札云云乃加比较,窃以为根本错误。①

照此看法,哲学只是戏论,只是"识见",不是"智慧",真正的智慧是"亲证离言",即诉诸个人的体验而离弃名言的论说。把东方的智慧之学与哲学相比拟,他以为是根本错误。

梁漱溟《勉仁斋读书录》的《读熊著各书后》之第五,在评论熊十力著述的得失时,更明确指出不能把儒学等同于哲学,中云:

> 至如儒家身心性命之学,不可等同于今人之所谓"哲学",在熊先生何尝不晓得,却竟随俗漫然亦以哲学称之。这便有意无意地模糊了儒家的特征,没有尽到原儒任务。他不从根本处把学术内涵分类清理一番,彻底纠正近代以来西洋学术风气之浅陋阙失,确当指出东方古人之学在学术上应有的位置,而只不过有时强调说"哲学应该如何如何",这是非常不够的。……既已漫然随俗以儒学归之于西人所谓哲学,完全失掉了自家的立场,却又硬要治哲学者舍其一般通行的研究来从着我作自修的功夫,岂有是处?②

在梁漱溟看来,儒学的基本特征是身心性命之学,儒学不可以叫做哲学或归于一种哲学,如果把儒学叫做哲学,就模糊了儒学的特征。他认为熊十力非不明了此理,但熊十力的策略是,把西方的哲学和东方的学术都称为哲学,把它们看做哲学的不同的具体表现,并由此提出哲学应当以东方哲学为正宗,把知识和修养并重。梁漱溟认为这样

---

① 《梁漱溟全集》第八卷,第315页。
② 《深漱溟全集》第七卷,第755页。

的做法是非常不够的。他认为这样的作法一方面会使人把儒学当做一般哲学来看,无法了解儒学作为身心性命之学的根本特征;另一方面,用身心修养之学来扩大哲学的内涵,以此要求一般以哲学为理智思辩的人转向身心之学,也是不现实、不恰当的。梁漱溟把熊十力的策略概括为"先混进去,再拖过来",即先把儒学混入哲学,再把一般治哲学者拉向身心之学方面来。可以看出,梁漱溟对"哲学"的理解,完全限止于西方的知识传统,他自己持这样一种胶着的理解,却要求熊十力把学术分类加以清理,来改变西方学术风气之失,这似乎是矛盾的。

从这里,梁漱溟对熊十力的学问提出了严厉的批评,他特别批评熊十力"癖好哲学这把戏",他说:

> 熊先生固自强调其有超知识不尚理论之一面,力斥知见卜度、臆想构画、一切向外寻求之非,——这代表东方理论。但同时又肯定其有恃乎思辩,而且据说是极贵玄想,这意在吸收西方哲学之长,以建立起本体论、宇宙论等等,口口声声以"内证离言""体神化不测于人伦日用之间"为哲学旨归,而实则自己不事修证实践,而癖好着思想把戏。
>
> ……哲学——爱智之学——原倡自古希腊人,而后来西洋人发达了它。东方古人的趣尚却不同,它没有单自成功一门学问来讲求。假如说他们亦有哲学的话,那在印度只是其宗教生活中无意而有的一种副产物;在中国则只是其道德生活中无意而有的一种副产物。如此而已。[①]

---

① 《梁漱溟全集》第八卷,第757页。

这表明,梁漱溟对熊十力肯定东方身心之学的同时,肯定思辨玄想,吸收西方哲学之长,建立本体论、宇宙论,大为不满,并大加否定。在他看来,对儒学而言,思辨玄想只是其道德生活的副产物。与熊十力知识与修养并重、努力吸收西方哲学的立场相比,梁明显偏向保守,并带有一定的反智倾向。

所以,在此文的第七,梁题为"严重的失败是其本体论、宇宙论",其中指责熊十力:"熊先生菲薄宗教而酷好哲学,其所谓哲学尤在乎本体论,此皆其书中屡屡明白言之者。然而他不晓得本体论早绝了路,除非他结合着宗教。"①且不说在宗教问题上熊梁的不同,梁漱溟对熊十力的本体论、宇宙论可以说持完全否定的态度,在他看来,熊十力的本体论、宇宙论的建构不仅是不必要的,而且是一种"严重的失败"。何以熊十力的本体论是严重的失败,推梁漱溟之意,似亦此种理论的阐发背离了"亲证离言"的古学宗旨。事实上梁漱溟自己在其晚年的《人心与人生》中,不仅大量论述科学的心理史,而且阐发个体生命即是宇宙生命的本体宇宙论,他自己也并不能固持"亲证离言"的宗旨。

梁漱溟又指出:"本体论盖盛于从来知识欲强的西洋人。这是对一事一物切与求知的更进一步,冒昧以求知万物内在相通的本体而作的种种设想,却不悟向外求知既已陷于所能对待之间,早与本体无涉。"②与林宰平、张东荪、欧阳竟无等的看法相近③,梁漱溟认为本

---

① 《梁漱溟全集》第八卷,第759页。
② 同上书,第762页。
③ 欧阳竟无之说尚未及见,然吕澂与熊十力书云:"玄哲学、本体论、宇宙论等云云,不过西欧学人,据其所有者分判,逾此范围,宁即无学可以自存。而必推孔、佛之言入其陷阱,此法钊即错也。"(转引自郭齐勇《熊十力思想研究》,第36页)

体论发于知识欲,西洋人求知欲强,要求在具体事物的知识之上更求万物相通的本体,从而产生本体论的设想。他认为,这种从知识的角度出发所作的对本体的寻求是不对的,因为本体不是与吾心对待的外在客体。这显然是认为,本体是有的,只是不能用知识论的方法去求;本体与吾人心体不是能与所的对待,本体与本心是一非二。其实,这些讲法与熊十力是一致的,照这里的讲法,合乎逻辑的结论应当是,改变西洋追求本体的知识论方式,建立一种可以切近本体的方式,而不是取消本体论。

梁漱溟认为孔门之学"只是践形尽性而已",东方古学"反躬于自身生命,其所务在深澈心体"①,认为孔子和儒学非知识之学,非哲学玄想,是"人生实践之学"②。他的这种说法对于儒家之学显然是不周延的,"身心性命之学"的讲法虽不无所见,但在这种说法里,不仅儒学的政治、社会、伦理、知识、超越的层面都被遮蔽,儒学的本体论、宇宙论的发展也被阻断,儒学与佛学、仙学的分别也无法辨别,而唯独突出的只是"身心性命"之学。这种把儒学偏重了解为一种心性宗教的说法,与梁漱溟自己注重社会改造的新的儒学乡治实践,也不能融通。

四

如熊十力所提及的,马一浮也不赞成他的建立本体论宇宙论的努力方向。

---

① 《重读马一浮先生濠上杂著》,《梁漱溟全集》第七卷,第849页。
② 《东方学术概观》,《梁漱溟全集》第七卷,第332页。

在马一浮的著作中,论"学"是其最主要的特色。其《答杨硕井》说:"夫学以成德,德之不成,学于何有?兄乃仍以见闻知解为学,谓其不关践履邪?"① 又说:"近讲洪范未毕,诸子似亦只作一种解义看,无甚深益,其实未能切己用力,岂在多言?"② 他反对把"学"只理解为知解、解义,主张为学的目的全在于成德。马一浮指出,古今文人为学,只是"以文为事",而无关义理,"如晚近号称古文家者,专以文为事,虽亦标举义理,意在修饰文辞,冀有文集传世而已也"③。他极力批评那种把学术与切己践履分离的倾向。

他在复兴书院学规中开宗明义指出,书院倡学"所以示学者立心之本,用力之要,言下便可依循,终身以为轨范","乃所以弼成其德,使迁善改过而不自知"。④ 他在答人书中说:"近书院所讲,以求己为先,多闻为后","专重知解,不足为学,后此能留意持养,进德可期。讲习只能作助缘,用力全在自己也"。⑤ 这些都是反对专重知解,强调儒学的反己持养,把知解和修养对立起来,与梁漱溟的说法有一致之处。

马一浮对"以近人治哲学之方法及批评态度"研究儒学,颇表不满,认为"中土先哲本其体验所得以为说,初无宇宙论与心论之名目也","好以义理之言比傅西洋哲学,似未免贤智之过"。⑥ 这些虽非针对熊十力而发,但表明他与梁漱溟等一样,也不赞成用宇宙论等西方哲学的范畴研究中国古代先哲的思想。他明确提出书院所学与哲

---

① 《答杨硕井三》,《尔雅台答问》卷一,《马一浮集》第一册,第498页。
② 《答杨硕井四》,《尔雅台答问》卷一,同上书,第499页。
③ 《答杨霞峰》,《尔雅台答问》卷一,同上书,第499页。
④ 《复性书院学规》,《复性书院讲录》卷一,同上书,第105页。
⑤ 《答程德溥一、二》,《尔雅台答问》卷一,同上书,第503—504页。
⑥ 同上书,第503页。

学不同:"书院所讲者,要在本原经术,发明自性本具之义理,与今之治哲学者未可同日而语。贤者之好尚在治哲学,若以今日治哲学者之一般所持客观态度,视此为过去时代之一种哲学思想而研究之,恐未必有深益。""奉劝贤者将此等哲学思想暂时屏却,专读中土圣贤经籍及濂洛关闽诸儒遗书","着实下一番涵养工夫,识得自己心性义理端的"。① 在他看来,哲学是外求的、客观的,儒学则是内省的、涵养的。

书院所学的性质是"圣学",他明确提出:"学者所以学为圣人也。穷理尽性即学者分上事","舍穷理尽性而别有学,将所学为何事邪?"②"此须切己体会,久之乃可豁然贯通。徒事涉猎,乃是泛泛读过,于身心无干涉也。"③他更指出:

> 今时科学、哲学之方法,大致由于经验推想观察事相而加以分析,虽其浅深广狭,所就各有短长,其同为比量而知则一。或因营思力索如鼹鼠之食郊牛,或则影响揣摹如猿狙之求水月。其较胜者,理论组织饶有思致可观,然力假安排,不由自得,以视中土圣人始条理终条理之事,虽霄壤未足以为喻。盖类族辨物必资于玄悟,穷神知化乃根于圣证,非可以袭而取之也。足下于时人之书,信能多闻而博采矣,独恨于儒家本源之学未尝致力,未有以得之于己。④

梁漱溟以哲学为第六识之学,马一浮也把哲学看作比量之学,比量即

---

① 《答许君》,《尔雅台答问》卷一,《马一浮集》第一册,第527页。
② 《答吴君》,《尔雅台答问》卷一,同上书,第510页。
③ 《答池军》,《尔雅台答问》卷一,同上书,第511页。
④ 《答张君》,《尔雅台答问》卷一,同上书,第519页。

是求知识之学。在马一浮看来,儒家之学是"自得"之学,自得即在心性上的体验。因此儒家的圣学是玄悟和体证之学,而不是由乎知识闻见所能达到的。这里所说的玄悟并不是对本体的玄想,而是内在的体悟。

马一浮的上述观点是与其六艺思想相联系的,他认为"一切学术皆统于六艺",认为西洋的学术也统于六艺,全部人类生活都不外于六艺。他特别提出:"故今欲弘六艺之道,并不是狭义的保存国粹,单独的发挥自己民族精神,而是要使此种文化普遍的及于全人类。"①

比较熊十力与现代新儒家对哲学的看法,梁漱溟对儒学似乎持一种原教主义(fundamentalism),固守儒学的门户,而把哲学仅仅看做西方文化的特殊传统。另一方面,梁漱溟的看法似乎带有某种特殊主义,而非普遍主义,即他认为东方圣学是一种身心之学,西方哲学是一种知识之学,各自不同,各适应于自己的文化传统,在它们各自学问之上没有也不需要有一种统一的形态。如何在现代学术领域将此两种学问合理安置,他完全没有涉及。这看起来无背于多元文化主义,但容易引向相对主义。单元简易的心态,不能想象儒学在现代可以有多种存在和发展的方式,如在现代学术—教育建制中,发展儒学的哲学向度,可以和儒学的其他传学方式并存,如和书院传统的讲学修养并存。与梁相比,马一浮的六艺说则是一种中国本位的普遍主义的说法,他以六艺统一切学术,认为六艺是放之四海而皆准的普遍范畴,一切近代西方发展起来的学术都应归入六艺,这无异于说,中国古代的六艺系统比近代以来西方发展起来的学术体系更具

---

① 《泰和宜山会语》,同上书,第23页。

有普遍性。

就其实际所指而言,梁马两人的看法都是比较保守的,不能适应世界文化的发展潮流。与他们相比,熊十力的主张无疑更为合理,熊十力吸收了西方哲学的长处以补中国哲学之短,又把哲学理解为超乎西方传统爱智的意义,在哲学的观念中加入了东方和中国传统的学术意义,力图拓展哲学的世界性。虽然他对中国哲学的理解更多带有其心学主张的色彩,但这种主张符合多元文化的价值,而且在肯定分殊的同时也仍肯定理一。更何况熊十力实际地建立起了他的本体论—宇宙论体系,为20世纪的中国哲学和世界哲学作出了重大贡献。

在西方近代哲学的发展中,认识论的转向标志着本体论不再是哲学的中心,康德、黑格尔之后,本体论渐渐式微,马克思对形而上学的颠覆促成了哲学的变革,反形而上学成为潮流。到上世纪初,乃出现所谓"哲学革命",语言学的转向着意消解传统的本体论意义,世纪末则更出现"哲学的终结"的提法。在这样的发展中来看,古代所重视的本体论、宇宙论在现代重建的意义似乎难以成立。但事实上,随着20世纪对西方哲学传统的反思,本体论的复兴也时有出现。从思维的逻辑来看,不论对人的存在还是人的认识,根源性的思考终归是精神的内在要求,世界的统一基础,事物存在变化的根据,在思考的序列上毕竟先于具体的哲学考察。现代科学发展造就着新的宇宙观,物质的基本要素、时间中有广延的微粒,这些观念渐被否定,代之出现的是作为过程之流的变动不居的宇宙场景,宇宙越来越被经验为能动的整体。① 在这样的视野中来看,熊十力哲学的本体论、宇宙

---

① 参看张汝伦《海德格尔与现代哲学》,复旦大学出版社,1995年,第96页。

论确有其重要的意义。

20世纪,不仅中国哲学遭遇强大的颠覆力量,西方哲学传统也受到了根本挑战。在这种情形下,如何在肯定对古代或过去哲学的突破和超越的同时,通过阐释和发展,重新塑造东西方的哲学传统,就成为很重要的课题。近代哲学发展的大势,熊十力亦有了解。他了解本体论是西洋旧哲学所喜谈,而为晚近所忽略;但他坚持本体论对哲学的基础意义,努力发展出一种体现中国哲学精神的近代化的本体—宇宙论。在他的哲学建构中,在总结中国哲学的基础上,吸收了西方唯物、唯心等哲学的思考,致力回应西方哲学对东方哲学的挑战,成功地建立了他富有特色的哲学体系。这一体系的深刻性、独特性、宏大性,使得他的哲学已经无可争辩地成了近代中国哲学走向世界的典范。

"互以对方为重"
——梁漱溟的儒家伦理观

我在讨论梁漱溟晚年著作《人心与人生》(1975)的论文的结尾处曾说:"他的这种'以事实证理想'的信念贯穿其一生,虽支持他终于在晚年完成了他的心理学之作,但实际上,其心理学部分的价值并不甚高,他的更重要的贡献可能仍是在其伦理学的一部分。"[①]本文即以其论伦理的思想加以叙述和讨论,以观察儒家传统对于现代性伦理的反应,最后则就其"他者"优先的伦理思想略加讨论。

一

在《人心与人生》的人心论部分之后,梁漱溟开始进入其所谓人生论的部分。在人生论中,梁漱溟仍然坚持其早年提出的人类自古以来面对的"人生三大问题"说,即,(一)人对物的问题,(二)人对人的问题,(三)人对自己生命的问题,他声明:"此人类三大问题之说,愚发之五十多年前,为旧著《东西文化及其哲学》全书理论上一根本观念。从今天看来,此书多有错误之处,其可存者甚少,然此根

[①] 见陈来:《现代中国哲学的追寻》,人民出版社,2001年,第275页。

本观念却是不易之论。所以后来旧著《中国民族自救运动之最后觉悟》更有所申说,其文视初著较妥切明白。"①梁漱溟在这里已经将其对人生三大问题的思想发展线索点出,只是未加详述。

然后,梁漱溟就人生的道德实践指出:"人类生命既有其个体的一面,又有其群体的一面,人生的实践亦须分别言之。上章主要就个体一面说道德之真在自觉向上,以身从心。此章将申说人类群体(社会)生活中的道德则在务尽伦理情谊(情义),可以'尽伦'一词括之。"②梁漱溟的这个思想是意味着,"道德"是就人心的自觉和向上而言,而"伦理"是就人在人伦关系中尽其义务而言。换言之,这种看法是把道德看成是主观的内心状态,而把伦理看成客观的人伦关系,这种看法及其理解,与黑格尔对道德和伦理的看法相接近。③

关于"伦理",梁漱溟在《人心与人生》第十八章说:

> 人类由于理智发达乃特富于感情(这非动物所及),感情主要是在人对人相互感召之间(人于天地万物亦皆有情,顾无可言相互感召);伦理情谊之云,即指此。伦者,伦偶,即谓在生活中彼此相关系之两方,不论其为长时相处抑为一时相遭遇者。在此相关系生活中,人对人的情谊是谓伦理。其理如何?即彼此互相照顾是已。更申明之,及理应彼此互以对方为重,莫为自己方而忽视了对方。④

---

① 《梁漱溟全集》第三卷,山东人民出版社,1990年,第716—717页。
② 同上书,第726页。
③ 参看查尔斯·泰勒:《黑格尔与现代社会》,联经出版公司,1990年,第132—133页。
④ 《梁漱溟全集》第三卷,第726页。

梁漱溟从"感情"方面介入"伦理"的讨论,这很值得注意。这里的"感情"不是指喜怒哀乐之情或男欢女爱之欲,而是指人与人之间类似家庭成员间的亲切关爱的感情。梁漱溟认为,所谓伦理,伦即人际关系的双方,理即人际双方相互感召的情理。可见他所说的"伦"是合于孟子的"人伦"观念的,而他所说的"理"则是不离情的,不是被迫服从的外在律则,他把人与人之间积极的道德感情作为伦理关系的基础和原则。这种情谊或伦理若表达为观念,就是"以对方为重"。应当指出,所谓"互以对方为重"是梁对中国文化的社会学观察,也是超越一切相对的社会伦理关系而作的原则要求。但这绝不是说,一个人以对方为重,必须要求对方也以我为重。所以就理想社会而言,期待各个伦理相对关系(父子、夫妇等)中"互以对方为重";就个人而言,伦理原则就是"以对方为重"。

从身心之分出发,梁漱溟认为,以对方为重,是人从"心"出发的结果;如果从"身"出发,人就会为其自己。只有"存心"的人才能超越一身的局限,在"心中存有对方"。如果更进一步说,存心的人不仅是在心中存有对方而已,在相当程度上甚至为了对方而忘了自己,他说:"例如母亲对于幼子不是往往如此吗?举凡这轻重不等种种顾及对方的心情,统称之曰伦理情谊。情谊亦云情义,义是义务,人在社会中能尽其各种伦理上的义务,斯于社会贡献莫大焉,斯即谓道德。"[①]这种身心说,可以说是孟子思想的继承,而他的"心"的说法无疑指超越了感性小我的道德心,他把伦理说为一种心情,这些都和传统心学的说法相一致。

---

① 《梁漱溟全集》第三卷,第727页。

二

现在,我们来根据梁漱溟给出的线索,追溯他的这一伦理观的发展和演进。

早在1920年代初,在《东西文化及其哲学》中梁漱溟已经表现出他对道德感情的重视,他说:

> 孝悌实在是孔教唯一重要的提倡,他这也没有别的意思,不过他要让人作他那种富情感的生活,自然要人从情感发端的地方下手罢了。……①

又说:

> 西洋人是有我的,中国人是不要我的,在母亲之于儿子,则其情若有儿子而无自己,在儿子之于母亲,则其情若有母亲而无自己。兄之于弟,弟之于兄,朋友之相与,都是为人可以不计自己的,屈己以从人的。他是不分什么人我界限,不讲什么权利义务,所谓孝悌礼让之训,处处尚情而无我。②

在他看来,中国人处理人与人关系的态度倾向是以家庭关系互相对待,如母子、兄弟之间的关系一样,这种态度就是"屈己而让人"、"尚情而无我"。他后来正是把他所理解的中国文化的这种处理人际关系的态度和倾向作为"伦理"的内涵。

关于人生三大问题的提法,事实上,在《东西文化及其哲学》中

---

① 《梁漱溟全集》第一卷,第467页。
② 同上书,第479页。

并没有明确强调为像后来在《人心与人生》里面所说的"人对物"、"人对人"、"人对自己"的提法。他在正面论述人生三大问题的第三章是把三大问题强调为面对"可满足的"物质世界、"不定满足的"他心世界、"绝不能满足的"因果世界①,或"向前要求"、"持中调和"、"向后要求"三种路向②。但在此书的后部,他的确在一处论及于此:

> 人类头一步问题是求生存,……所有衣食住,种种物质的需要都是要从自然界取得的。所以这时态度应当是向前要求的。……盖人类将从人对物质的问题之时代而转入人对人的问题的时代——前所列第二种他心问题之时代,而征服自然那种态度不能用在人与人之间。……③

这里的确提到"人对物质的问题"、"人对人的问题",只是没有把第三问题概括为人对自己的问题。

所以,正像梁漱溟自己所说的,在《中国民族自救运动之最后觉悟》一书中他才把三大问题表述得更加妥当明白。1933 年出版的《中国民族自救运动之最后觉悟》一书收入了梁漱溟 1930—1932 年的文章,又称《村治论文集》,其中最重要的是与此书同名的文章。梁漱溟后来在他的著作中多次提到此书的重要性,的确,40 年代末的《中国文化要义》的许多重要论点在此书中已经形成,如注重社会制度结构,如说中国的两大特点是"历久不变的社会"、"几乎没有宗教的人生"等等。

他在这篇文章中说:

---

① 《梁漱溟全集》第一卷,第 439 页。
② 同上书,第 382 页。
③ 同上书,第 494 页。

> 人类生活中,所遇到的问题有三不同,人类生活的人所秉持的态度有三不同,因而人类文化有三期次第不同:第一问题是人对于"物"的问题,第二问题是人对于"人"的问题,第三问题是人对于"自己"的问题。①

这篇1930年发表的文章把《东西文化及其哲学》的三大问题明确表述为人对物、人对人、人对己的问题。事实上,梁漱溟的三大问题及三种路向说隐含一种矛盾,这即是:如果三种解决问题的路向、方法、态度a、b、c是分别对应于三种不同的问题A、B、C的解决之道,而不是对于同一问题的三种不同态度,那么,就不能抽象地说何种态度拿出来的"早"或"晚"。我们只能说由于某一文化面对的主要问题为某,故其文化的主导倾向为某;或者只能说某一文化中对于某一问题(如A)错用了对应此问题的态度(如b),即错以态度b去解决问题A。这里并没有所谓早晚的问题。

三

回到"伦理"的问题,梁漱溟在这篇文章中提出,伦理即人生中人与人的关系(来按:其实还应是对于人与人关系的态度),因此伦理问题不属于人生第一问题,而属于第二问题。也因此,解决伦理问题需要第二种人生态度,不能一往向前,不能强硬征服,伦理关系以且当以家庭的天伦以为基础。他又说:"……第二态度是两眼常转回来看自家这里,反求诸己,尽其在我,调和融洽我与对方之间。"②

---

① 《梁漱溟全集》第五卷,第74页。
② 同上。

"我们此时实只有'反求诸己''尽其在我'而已","伦理关系之弄好,本在双方各尽其道,然此各尽其道只许第三人言之,当事之双方却只许先问自己尽其道否——此先为永远无尽之先,故由此大家公认只许责己不许责人。"①可见他坚持以"家庭天伦"作为伦理的原型,以人在天伦中的态度为伦理之道的基础。而就其属于第二路向来说,他显然认为人解决伦理问题的态度应当是"反求诸己"、"尽其在我",即要求自己,而不要求别人。

最后他指出:

> 伦理关系本始于家庭,乃更推广于社会生活、国家生活:君与臣、官与民,比于父母儿女之关系;东家伙计、师傅徒弟、社会上一切朋友同侪,比于兄弟或父子关系。伦理上任何一方皆有其应尽之义,伦理关系即表示一种义务关系,一个人似不为其自己存在,乃仿佛只为他人而存在者。②

事实上,梁漱溟所说的伦理关系很大程度上就是指家庭化的人际关系。在这里,"以对方为重"提法已经呼之欲出了。这些说法在其稍后的另一篇文章《我们政治上的第一个不通的路》中再次加以申明。

1932年后至1936年的重要论文被梁漱溟收入其第三部著作《乡村建设理论》,他在1933年所写的《乡村建设提纲》中说:

> 欲明乡村建设所以重建组织构造,开出新治道之理,且先言中国旧社会之组织构造及其所谓治道者:(甲)在昔西洋以个人直接教会,近以个人直接国家,尤以近世来个人主义盛行,遂形

---

① 《梁漱溟全集》第五卷,第88—89页。
② 同上书,第94页。

成一个人本位的社会;既不胜其弊,乃翻转来企图改造成一社会本位的社会。旧日中国社会于此二者皆无所似,乃若以伦理为本位者。人生必有其相关系之人,此即天伦;人生将始终在人与人相关系中,此即伦理。亲切相关之情,发乎天伦骨肉;乃至一切相关之人莫不自然有其情,情谊所在,义务生焉。父义当慈,子义当孝,兄之义友,弟之义恭,夫妇朋友至一切相关之人莫不自然互有应尽之义。伦理关系即表示一种义务,一个人似不为其自己而存在,乃仿佛互为他人而存在者。近世之西洋人反是,处处形见其自己本位主义,一切从权利观念出发。①

在梁漱溟,"个人本位"是指以个人主义为解决伦理问题的根本态度,其体现即近代以来欧美资本主义社会;"社会本位"是指以集体主义为解决伦理问题的根本态度,其体现即苏联所代表的社会主义社会;而"伦理本位"即传统中国社会文化处理伦理问题的态度,此种态度是基于从天伦关系发展而来的"互为他人而存在"的情谊义务。他特别指出,个人本位是以"权利"观念为其表达,伦理本位则与此完全不同,是以"义务"为其根本观念。

这种"互为他人存在"的伦理态度,梁漱溟在其华北乡治(村治)实践中,渐渐体会到并加用"尊重"的概念来做表达。这显然是因为,在社会实践中他了解到,家庭伦理的亲情态度并不能全然照搬到家庭以外的社区,社区伦理必须把亲情发展为更有普遍意义的"尊重"。这也显示出他对于传统伦理所作的某种现代转化。他在1934年的《村学乡学释义》一文中说明,乡学村学即是乡村组织,这种组织一方面完全容纳了西洋近代进步团体生活的精神,另一方面则完

---

① 《梁漱溟全集》第五卷,第370页。

全容纳了中国文化的"伦理主义"和"人生向上"两大特点。这两大特点,正如他后来在《人心与人生》中所说的,伦理主义指伦理精神,人生向上指道德精神。他说:

> 伦理主义的要点就是尊重对方,仿佛没有自己,与个人本位从自己出发的恰好相反。西洋人对于个人本位、社会本位的争论,在中国人的伦理本位里可以完全得到解决。个人本位、社会本位,这两句话都不通,应当是甲尊重乙,乙尊重甲,不能说你应尊重我,我不尊重你。团体应当尊重个人,个人也应当尊重团体。我们这个安排,与西洋的那个牵制均衡的原则恰好相反,这个安排是从伦理主义来的。①

于是,梁漱溟把前面所说过的中国式伦理态度概括为"伦理主义",而把此种伦理主义的要点归之为"尊重对方,仿佛没有自己"。他认为,西方有关个人本位还是社会本位的争论,在中国的伦理主义看来都是片面的,都没有注意到对对方的尊重。照梁漱溟伦理主义的说法,每方都尊重对方而仿佛没有自己,便可实现双方互相尊重。梁漱溟此时认识到,伦理关系不仅是传统五伦的人际关系,也不仅是现代社会超越家庭的个人与个人的关系,同时包含着个人与团体关系。伦理主义的立场和要点就是在一切伦理关系中尊重对方。这个说法中已经包含了对家庭伦理的创造转化。

对此,1934年他在另一篇文章中也指出:

> 中国伦理是情谊出发,故不以自己为中心,而以对方为重。如以自己为中心,就不合伦理的意思。伦理以对方为重,则人与

---

① 《梁漱溟全集》第五卷,第440页。

> 人的关系可以作到连锁密切融合无间的地步,……中国从前有五伦之说,我们现在可以再加一伦,就是团体对个人、个人对团体,彼此互为尊重、互有义务是也。①

可见,从1930—1934年,把中国伦理精神概括为"以对方为重",并将此种伦理精神作为"伦理"的本质,这一思想在梁漱溟已经逐步形成。

四

这一中国伦理思想的根源,在梁漱溟而言,即是孔子所倡导之伦理。因此,他所说的"中国伦理"、"伦理",实即是儒家伦理;只是,他对儒家伦理的把握,与一般儒学研究者不同,也与一般宗教研究者不同,即不是通过对经典中的论述加以总结,而是根据其自己在中国社会文化的生活体验与村治实践的观察而得出的现代表述,接近于社会学、人类学者,这在取径、方法上值得注意。这也是他在后来得以写出《中国文化要义》这样可与韦伯的中国宗教说相匹敌的社会科学著作的原因。② 梁漱溟这种对儒家伦理文化的精神气质的把握,和注重掌握儒家伦理精神与西方近代伦理精神的区别的取径,在当代道德哲学或伦理学中很少涉及,更多地联系着文化哲学和比较文化的论域。这显然和梁漱溟早期对东西文化及其哲学的关注有一致性。

---

① 《我的一段心事》,《梁漱溟全集》第五卷,第537页。
② 当然,古代儒家经典亦并非没有此一方面的论述,尤其是礼书,如"夫礼者自卑而尊人"(《礼记·曲礼》),"君子贵人而贱己"(《礼记·坊记》),以及君子敬让、尊让等。事实上,梁漱溟的提法也可以说是对"恕道"的一种现代表述。

在《中国民族自救运动之最后觉悟》一文中他即指出:

> 中国之有"伦理",孔子似极有力,此伦理又为数千年礼俗制度之中心骨干,无大变化。……中国人如果像罗素所说那样安乐幸福,亦唯此伦理之赐。①

> 中国因为走入人生第二态度故不需要宗教了!既没有一个大宗教,则其一大社会之人生所由安慰而勉,所由维持而进行,又靠什么?我的回答是,他所靠的是代表人生第二态度所谓孔子一派的思想学问礼俗制度。②

> 中国人所为深入于人生第二态度,南北东西一道同风,数千年而不变,聪明才智之士悉向此途中之学问或事业用去,有如印度人之深入第三态度、聪明才智悉用于宗教者,以孔子大启其门,深示之路,后之人采之不尽,用之不竭,遂一入而不能出也。③

> 于国与社会皆家庭化之,情义益以重,凡中国所谓理或礼,皆指此情义而言。中国以偌大地域,各方风土人情之异,语音之多隔,交通之不便,而能维持树立其文化的统一者,盖有其一民族社会所共信共喻共涵育生息之一精神中心在,……此精神中心,若在他方社会将必为一大宗教,而我则只此孔子所倡导之伦理是已。④

可见,梁漱溟认为,所谓中国伦理的人生态度,就是由孔子所开创和

---

① 《梁漱溟全集》第五卷,第86页。
② 同上书,第75页。
③ 同上书,第85页。
④ 同上书,第587页。

启发,孔子的思想在这里起了决定性的作用。解决人生第二问题的正确态度便是中国的伦理态度,人生第二态度的代表即是孔子一派的思想文化,亦即儒家思想文化。而孔子思想的特点亦即是前述解决伦理问题的态度:"孔子的教训总是致指点人回头看自己,在自家本身上用力,唤起人的自省和自求,……中国人自经孔子的教训,就在社会上蔚呈一大异彩,以道德易宗教。"①

所以,梁漱溟以上的伦理论,在叙述上虽然都是一般地讲"伦理"如何如何,其实他所讲的伦理(或伦理态度)都是儒家伦理,是儒家对人与人关系的态度;换言之,他所说的伦理关系、伦理主义、伦理本位其实都是儒家伦理。所以,"以对方为重"应当是梁氏对儒家伦理的独到把握、发展、诠释和表述。

这样一种对于儒家伦理的表达,在性质上更多地属于对儒家伦理文化的"精神气质"的体会和表达,或中西道德之异同的取向比较,并不是对于儒家伦理的德性、原则、理想、规范的具体研究,但这绝不影响其认识的深刻性。这种论述固然是发生于东西文化比较的框架之中,但这种对儒家伦理的把握和发展确有其不可忽视的意义。

五

正如梁漱溟在《东西文化及其哲学》中谈到中国人处理传统五伦关系的态度是"屈己让人"一样,儒家伦理精神,30年代的梁漱溟也仍然常常利用类似说法,如:

> 伦理关系罩住了中国人,大有"无所逃于天地之间"之概。

---

① 《梁漱溟全集》第五卷,第79页。

> 如何将此各种关系处得好,实其人生第一问题。……由是"责己"遂为中国人一致承认不可否认之理;"让人"遂为其常行惯践之事。……在伦理中,一个人似不为其自己存在,乃仿佛为他人而存在着,此固不能取人所恒有之"自己本位主义"而代之。①

自然,在实际的社会行为上看,中国人并非皆"责己""让人",但在这一点上我们无须向梁漱溟提出质疑。事实上,梁漱溟这一说法的意义在于,不管中国人在行为上做得到或做不到,但一般中国人都以"责己让人"为当然之则,而绝不会在理念上、在价值上认为"张扬自我"是正确的。正是在这一点上中国传统伦理与西方近代的"自己中心主义"区别开来。

自然,在梁漱溟看来,在实际行为上,相比于西洋人,中国人往往更多是体现为让人的。1936年的《中国社会构造问题》是着重讲中国社会结构特点,其中也特别论及中西的对比,他说:

> 伦理的意思就是指一个情谊义务的关系,就是要彼此尊重,互相照顾,互相负有义务。极而言之,伦理的意思就是牺牲自己去为对方。……彼此都要有牺牲自己,为对方着想的精神,都要互以对方为重。——中国人就是处处以对方为重,西洋人就是处处以个人为本,以自己为中心。……在尊重对方,以对方为重的里面,含着一种"让"的精神,而西洋的个人本位,以自己为中心,则是一种"争"的精神。……在中国,从家庭生活的重要而产生了伦理,伦理本来是指家庭骨肉关系说的,可是中国的伦理关系则不限于家庭,他是把社会上一切关系都伦理化。②

---

① 《在中国从前有无乡村自治?》,《梁漱溟全集》第五卷,第588页。
② 同上书,第854—855页。

所以,梁漱溟认为,中西方在处理人际关系的态度上是完全相反的,西洋人是"以自己为主",突出"争"的精神;中国人是"以对方为重",强调"让"的精神。这种东西文化的对比固然在新文化运动以来便持续不断,但梁漱溟并未停止于归约性的对比,他从"伦理"的方向上所发展的讨论比其旧著时期确有深入之处。

前面指出,在把中国文化的伦理精神概括为"以对方为重"这一点上,30年代初期到中期,梁漱溟的思想也逐步形成。此外如以"理性"为道德情感,主张中国民族精神就是"人类的理性",这些在后来《中国文化要义》着力强调的观念,在1930年代初期至中期也都已成型确定,惟未成体系而已。

如1935年在《中国文化的特征在哪里》一文中,梁漱溟已将后来在《中国文化要义》提出的"要义"拈出,即"中国文化的特征在人类理性的开发早"①,而所说的理性的表现有二:第一是"伦理本位",他说:"中国旧日社会非个人本位,亦非社会本位,而是伦理本位,……中国人的社会关系是一种伦理关系,人与人都在相关系中有其情谊义务,而互以对方为重。"②第二是"人生向上",他认为中国人与印度、西洋皆不同,既不厌世禁欲、以人生为罪;又非以欲望为人生基础,追求物质幸福。中国人肯定人生,而努力追求人生的"对",追求人生的合理,发挥人生向上的精神③。虽然梁漱溟在这里并未清楚说明何为"人生向上",但其指对道德生活的追求,应无可疑。所以,可以说,30年代初期至中期,梁漱溟在乡村建设的实践中引发了他对中国社会结构与伦理的一系列重要认识,而这些认识在40年代

---

① 《在中国从前有无乡村自治?》,《梁漱溟全集》第五卷,第697页。
② 同上书,第706页。
③ 同上书,第707页。

末提炼为《中国文化要义》。他自己也说过,《中国文化要义》是衔接《乡村建设理论》而作,前者是后者中论古代中国社会特征的"放大或加详"①。事实上,梁漱溟的这种理论工作也同时具有一种对于中国文化的"建构"的性质。

梁漱溟在30年代初所形成的伦理思想,亦即他对儒家伦理精神的现代理解,简言之,即一种非个人主义、非自我中心、非权利本位的伦理观念。梁氏为这种伦理态度赋予了"以对方为重"的概括,这是很明白的。现在要问,这样一种每每被梁自己强调为"从家庭生活的重要而产生了伦理"的态度,为什么梁漱溟不用当时比较流行的"家族本位",而用"伦理本位"呢?

关于这一点,梁漱溟后来在《中国文化要义》中有明白的回答。在该书中,他首先强调家庭在中国社会组织的实际生活特见重要,承认中国人特重家庭伦理,指出歆重家庭生活是中国与西洋不同之处。同时他说:

> 然则中国社会是否就一贯地是家庭本位呢?否,不然。……"家族本位"这话不恰当,且不足以说明之。只有宗法社会可说是家族社会,此见甄克斯《社会通诠》。中国却早蜕出宗法社会。……此时必须用"伦理本位"这话,乃显示出中国社会的关系而解答了重点问题。若说"家族本位",既嫌狭隘,且嫌偏在一边。②

梁漱溟认为,中国文化中自古相传的是"天下一家"、"四海之内皆兄弟",这种思想远超过宗法社会、家族社会,"如只是家族本位,宗法

---

① 《梁漱溟全集》第三卷,第4页。
② 同上书,第81页。

制度,怎配把中国民族在空间上恢拓这样大,在时间上绵延这样久?"①既然中国文化中充满这样超旷的意识,所以不能说中国的伦理是家庭本位。中国文化的特点是,"中国人就家庭关系推广发展,以伦理组织社会"②,也就是说,中国人是用从家庭关系中汲取的伦理来组织整个社会,所以,"伦理首重家庭","伦理始于家庭,而不止于家庭","事实上,梁漱溟所说的'伦理关系'显然是指家族与拟家族的关系,他所说的'伦理社会'亦是指把一切社会关系家族化的社会"③。即把一切人际关系当做家族性关系来处理和对待。

梁漱溟对儒家伦理和中国文化的把握是甚有见地的,然而,在现代社会,这种梁漱溟所谓"始于家庭"的传统伦理及其现代表达,能否仍然适用于以工商为本的现代社会之一般人际关系,并非没有疑问。梁漱溟当年的文化信心来自他对社会主义前景的乐观和对资本主义矛盾的悲观。固然,冷战结束以来的世界形势虽然使得旧有的对于计划社会主义的乐观无法立足,但并不因此就使对资本主义的伦理批判变得没有价值。然而,冷战结束以后,理性化的市场经济已经被明确公认为现代性的基本要素和框架条件,而与市场经济相伴而来的现代性道德,即是"西洋的个人本位,以自己为中心,是一种争的精神"④。因此,当我们今天面对两岸三地的现代市场经济趋同发展的现实时,我们可能会想,如果梁漱溟仍然在世,如果梁漱溟所归纳的儒家伦理精神是正确的,那么,他和他所归纳的这种伦理精神

---

① 《梁漱溟全集》第三卷,第82页。
② 同上。
③ 陈来:《现代中国哲学的追寻》,第49页。
④ 万俊人指出,借用桑德尔的话说,现代性道德就是基于权利的道德,从权利的本质是个人主体对社会的要求出发,可推出个人自我中心或个人主义的道德价值观。参看氏著:《现代性的伦理话语》,黑龙江人民出版社,第135页。

将如何认识自己同"现代性"的分歧,如何面对"现代性"的挑战?是否仍然需要塑造一种不同的现代性?或者如何建立一种更广泛的合理性以约束现代性?

六

现代性道德是所谓基于权利的道德,我们来看梁漱溟对于权利和义务的论析。

在《中国民族自救运动之最后觉悟》中,在讨论了中国伦理之"反求诸己"、"尽其在我"的特点之后,梁漱溟提出:

> 谁都知道,德谟克拉西是由西洋人对于在上者之压迫起而抗争以得之者。所谓平等与自由,实由出于各自争求个人本性、权利而不肯放松,以成之均势及互为不侵犯之承认。然而从数千年伦理生活所训练出的人生态度,所陶养的国民性,你怎能想象他亦会有这么一天开出这些玩艺呢?①

这就是说,求个人本性、争个人权利是西洋人最基本的生活态度,其他价值的追求如平等自由等,都是以求个人本性、争个人权利为之基础的。而西洋的求个人本性权利乃是由于西洋中古团体对个人压迫过甚,所导致的抗争。所以,梁漱溟认为,中国和西洋最大的分别,是在对于个人本位的不同态度,而这种不同与双方的历史文化有关:

> 总之,我们处处可以见出在西洋仿佛是个人本位,自己为主;而在中国则仿佛有种伦理的观念,即"尊重对方"。所谓尊

---

① 《梁漱溟全集》第五卷,第89页。

> 重对方,就是说于相互的关系中,那方面以这方面为主,……很显明的,从个人本位出发则权利的观念多,从尊重对方的意思出发则义务的观念多。大概这两方面都各有来历。①

由此,他在此后不久的另一文中说:"造成西洋先乎法律制度而存在的事实者,是其个人主义、权利观念,但中国最大的事实则为伦理,一切事都在伦理关系中,其意义恰主于非个人的、义务的。"②"由伦理,而在中国人与人之间,乃无由萌生相对抗衡的权利平等观念,由伦理关系的推演,而在中国政府与人民之间,乃无由形成相对抗衡的形势。"③他认为西洋以"自己本位主义"为主,从而产生压迫对方、剥削对方的事实和制度;中国人际关系重在屈己让人,制度注重调和,"故让字遂成为中国人的一大精神,与西洋人由第一态度而来的争的精神,正相映对"④。

梁漱溟同时指出,在个人主义和权利观念两者中,权利观念也是以个人主义为基础的,所以,个人主义才是西洋人生态度的根本(梁漱溟所说的西洋指近代西洋,并非统指古今,惟时常常方便说之)。他又说:

> 西洋是个人本位出发,中国是从伦理本位出发。如西洋人请客,自己坐主位,客人坐两边,他是以自己为主体。而中国人则无论在什么场合都以对方为重。西洋权利观念即是从个人本位而来。他是主张自己的一份,讲地方自治则每一公民就有自

---

① 《梁漱溟全集》第五卷,第902页。
② 同上书,第160页。
③ 同上。
④ 同上书,第94页。

己应得的一份。中国是伦理本位社会,是从义务观念出发,义务观念就把人与人串连到一起,在中国如从权利观念出发,那就只有更加散漫,纷争百出,而无合到一块之理。①

梁漱溟的这些说法,并不是仅仅对中西文化差别作一现象的历史陈述,事实上,隐含着他从中国儒家的价值立场对个人主义和权利优先的不满。此外,身处在1930年代,他认为引入西方的个人主义和在此基础上的权利观念,将使中国人更加陷入纷争,无法形成有机的团结,不利于民族国家的稳定整合。

梁漱溟认为,一切伦理学都以一种心理学为其基础,故一种伦理取向必基于某种心理的优先。因此,与心理学连接来看,个人本位关联着欲望中心的视角,在欲望中人只看见自己,看不到对方。伦理本位关联着人情中心的视角,在感情中人观照对方,而忘了自己。他说:

> 欲望和感情虽然同是人所常有的,可是两个是冲突的,不相容的。从家庭骨肉间的恩情产生了义务观念——这个义务观念不是和权利观念相对待的。在西洋,权利同义务正为对待,比如你欠我钱,你就有还债的义务,我就有讨债的权利。像这一种的义务观念是硬性的,非怎样不可,从对方课于我者。中国的所谓义务,是自己认识的,不是对方硬向我要的。②

可见,梁漱溟所用的"义务"有其特殊的意义,他所说的"义务"是伦理关系中的态度,不是与权利相为对待的一般所说的义务,而近于一

---

① 《梁漱溟全集》第五卷,第536页。
② 同上书,第903页。

种奉献性的责任。梁漱溟所说的"感情"、"伦理"、"义务"都有其特定的意义,这是我们在阅读和理解他的时候需要注意的。同时也可见,梁漱溟虽然没有深入于伦理学的讨论,但他在中西对比的框架中对权利—义务的两种伦理取向的区别,确实作了明确的论述,也表达了一种非权利取向的伦理主张。

所以,他在后来对这一点作了更明白的宣示:

> 权利一词,是近五十年之舶来品,译自英文 rights,论其字之本义,为"正当合理",与吾人之所尚初无不合。但有根本相异者,即它不出于对方之认许,或第三方面之一般公认,而是由自己说出。例如,子女享受父母之教养供给,谁说不是应当的?但如子女要对父母说"这是我的权利","你应该养活我,你要给我相当教育费"——便大大不合中国味道。假如父母对子女说"我应当养活你们长大","我应给你们教育费"——这便合味道了。就是父母对子女而主张自己的权利,亦一样不合。……要之,各人尽自己义务为先,权利则待对方赋予,莫自己主张,这是中国伦理社会所准据之理念。而就在彼此各尽其义务时,彼此权利自在其中,并没有漏掉,亦没有延迟;事实不改,而精神却变了。①

事实上,梁漱溟很重视政治权利,他从未一般地反对权利观念。因此,梁漱溟主张的合理之处应在于,从中国文化的角度,权利的诉求不能作为一切人类社会关系的原则,权利的诉求只适合于个人面对国家的关系,而不适合于一般人际伦理关系。换言之,权利应当是一

---

① 《中国文化要义》,《梁漱溟全集》第三卷,第93页。

个政治学的范畴,而不应当成为伦理学的根本概念。因此,就"儒家如何对待权利"的问题而言,梁漱溟赞成政治社会权利、经济财产权利的要求;而就人际一般关系而言,可以说,梁漱溟反对以个人主义和权利观念作为人生根本态度。这在本质上也可以说是反对以个人主义和自由主义作为人生的根本态度和根本的伦理原则,他所主张的是一种儒家的态度,可视为现代儒家对于权利伦理的一种态度。

梁漱溟把儒家伦理概括为非个人本位、非权利本位的"以对方为重"的态度,这在有关世界伦理的讨论方面亦有其可资借鉴的意义。这就是,对各个宗教或文化传统的伦理原则的综合,不一定从古老的经典本文中去撷取,而也可以通过各个传统中的现代哲学家的总结、把握来达到。

在有关人权的问题上,梁漱溟也有所论及,他很注意一次世界大战后欧洲各国在宪法中强调的人民权利和义务:

> 个人对于国家,当初只希望它不干涉者,此时转而希望它能积极负责,于是许多国家的新宪法(1919年德宪为其代表),于人民消极性权利之外,多规定些积极权利,类如生存权、要工作权、受教育权等等。又一种转变是,社会本位思想抬头了,国家要采干涉态度,加重人民的义务,于是新宪法又添上,如何运用财产亦是人民的义务,如何受教育亦是人民的义务,如何工作亦是人民的义务,乃至选举投票亦是人民的义务,国家得从而强制之。这两种转变,虽然都是出于一个趋势,就是国家这一团体愈来愈见重要。①

---

① 《梁漱溟全集》第三卷,第89页。

可见，梁漱溟一方面对宪法规定的人民政治社会权利外增加人民的生存权工作权表示赞成，同时，他把这种宪法的变化理解为人民从不希望国家干涉的消极国家观念，转变为希望国家积极负责的积极国家观念；而由于要求国家相对的义务增多，从而相应地国家也增加了人民应负义务的要求。从这些地方似可见，梁漱溟对这种权利—义务关系的新变化持赞赏态度。换言之，他对人民生存权的关注，和他对国家权力的认可，都和他的儒家社会主义观念似相关联，而与古典自由主义的权利观颇有距离。梁漱溟的以上观念在当代的中国政治文化中可以看到种种类似的表现，显示出儒家价值观的广泛影响。

余　论

从西方近代以来，现代性在其建构过程之中始终面对着质疑、批判。两次世界大战以后，这种质疑和批判更加深入。对技术理性宰制、人性异化、价值理性萎缩的反省成了对现代性批判的焦点。固然，后现代是对现代的加深和延续，但后现代更是对以往关于现代性的理解的质疑和批判。自从列维那斯以来，后现代的哲学发展越来越重视"他者"的问题。他者（The Other）的提出是针对近代"主体"意识而提出的，有学者甚至认为"他者"的发展是后现代最主要的正面贡献：

> 近代"主体"概念奠基于法国哲学家笛卡尔，而后现代的"他者"概念也是由法国哲学家列维那斯（E. Levinas）、德勒兹（G. Deleuze）、德里达（J. Derrida）等人所奠立的。列维那斯认为，唯有承认他者，才有伦理可言，也唯有诉诸绝对他者，才使伦理有了最后依据。伦理学才是第一哲学。德勒兹指出，"他者"

包含了其他的可能世界,他人的面容,以及他人的言语。晚期的德里达承接了列维那斯,也认为伦理的本质,在于对他者的慷慨的、不求回报的"赠与"。……以无私、不求还报的慷慨相待,这点大不同于"互为主体"的尊重与交换。①

由这种观点来看,梁漱溟"以对方为重"的伦理观,或者说由梁漱溟所阐释的儒家伦理,确实具有与突出主体意识不同,也与"交互主体性"观念不同的意义,是一种以"他者"优先为特征的伦理。在这种伦理中,不仅突出了对他者的承认,也强调了对他者的情谊、义务和尊重,这种尊重不是交换意义上的,而是"不计自己"、"牺牲自己"、"仿佛没有自己"地"以对方为重"。在"他者"概念所关注的意义上,梁漱溟的伦理思想确有其重要的意义。

---

① 沈清松:《对比、外推与交谈》,五南文化事业公司,2002年,第11—12页。

"文化热"运动的儒学护法
——张岱年先生的儒学观

今年是张岱年先生九十五岁的诞辰,为了纪念张先生,我想把张先生的儒学观作一简要介绍,这一点在以前似乎没有受到充分的注意。

张岱年先生是20世纪后期到本世纪初最有权威的中国哲学研究的大师。1980年代初期以来,他提出中国文化的精神是《易传》所提出的"自强不息"与"厚德载物",并在80年代以来的文化热中,发表了大量的阐述中国文化与中国哲学的文章。在这些论述中,有很大的一部分与儒学有关。其中的论点对全面了解当代的儒学讨论有相当重要的意义,对研究张先生的学术思想也有重要价值。由于张先生关于儒学的论述极为广泛,内容十分丰富,本文只能就其若干主要方面加以抉发叙述,这是要先说明的。

一 孔子的评价

1980年张岱年先生写了《孔子哲学解析》,提出关于孔子哲学思想的十个要点,即:(1)述古而非复古,(2)尊君而不主独裁,(3)信天而怀疑鬼神,(4)言命而超脱生死,(5)举仁智而统礼乐,(6)道中庸而疾必固,(7)悬生知而重闻见,(8)宣正名以不苟言,(9)重德教而轻刑罚,(10)整旧典而开新风。这些要点的标题显示出,张先生认为孔子对许多问题的见解都包含了两个方面,需要加以辩证的理解①。1983年张先生又写了《论孔子的哲学思想》。80年代初张先生的基本观点是,孔子的思想有积极性,也有消极性。孔子决非复古主义者,孔子反对君主独裁,继承并整理了古代文化,在提炼公共生活规则的基础上提出了具有普遍意义的仁的学说,对中国文化作出了卓越的贡献。后来张先生又写了《谈孔子评价问题》、《关于孔子哲学的批判继承》等文,张先生反复强调,尊孔、批孔的时代已经过去了,现在的任务是研孔和评孔。② 所谓研孔或评孔,正如张先生对古代文化的整体态度为"析古"一样,反对单纯的否定和单纯的肯定,也不赞成纯粹的解释,而是主张对其内容进行辩证的分析。而80年代后期以后,张先生更重视阐发孔子思想中的积极性内容。张先生晚年所强调孔子的主要贡献是:积极乐观的有为精神,对道德价值的高度重视,开创了重视历史经验的传统,奠定了汉民族共同的文化心理的基础。③ 从而肯定了在孔子思想中的积极方面是主要的。

二 宋明理学的评价

张先生自1981年以后,发表了《论宋明理学的基本性质》、《先秦儒学与宋明理学》等多篇论文,在这些论文中张先生提出了一些重要的观点,即:第一,在整体上宋明理学是与当时的生产关系相适

---

① 《张岱年全集》第5卷,河北人民出版社,1996年,第335—350页。
② 同上书,第472、482页。
③ 《张岱年全集》第6卷,第114页。

应的,起了维护当时封建社会秩序的作用,当时还没有产生新的生产关系,所以不能说宋明理学是反动的。在宋明时代理学曾起了维护民族团结的作用。① 第二,理学家虽然受了佛道的一些影响,但基本上是反对佛道的,是依据孔孟的基本观点回应了佛道所提出的问题,理学是对孔孟之学的复归和发展,说理学是"阳儒阴释"是不正确的。② 第三,理学不讲上帝,不谈死后世界,所以不是宗教。唐宋以来所谓"三教"的教是教化之意,不是现代所谓宗教。③ 第四,一般哲学思想史把宋明理学分为程朱和陆王两大派,张先生早在《中国哲学大纲》中就首次提出,在程朱和陆王之外,还有张载、王廷相、王夫之代表的气学派。不仅如此,张先生提供了对这三个哲学家唯气论思想的最早的系统研究,提供了理解张载代表的气学哲学的分析典范;理本论、心本论、气本论的三派之分也是张先生1930年代以来的一贯主张,得到了学界绝大多数学者的认同。④ 张先生还辨析了理学、心学新旧名义的不同。⑤

在关于宋明理学的理解和认识方面,理学的理欲之辨是一个中心的问题。张先生指出,理学讲理欲之辨,宣扬存天理、去人欲,许多论者认为这是讲禁欲主义、是否定人性的,实际上这是不正确的。理欲之辨讲的"欲"是指个人的私欲,强调反对追求物质享受,这种观点不重视人民的欲望的满足,但并非主张禁绝饮食男女等一般欲望,故理学不是禁欲主义,而是一种节欲主义。孔子宣扬"贫而乐",这

---

① 《张岱年全集》第8卷,第189页。
② 《张岱年全集》第6卷,第326页。
③ 《张岱年全集》第5卷,第379—392页。
④ 同上书,第478页。
⑤ 《张岱年全集》第8卷,第190页。

是就个人修养来说的,对于人民,孔子强调以富为先;孟子也提倡与民同乐,都不是禁欲主义。理学家强调"节操",程颐讲"饿死事小,失节事大",其积极的方面是强调民族的气节,反对屈身降敌,其消极方面是宣扬妇女贞节。① 张先生晚年更指出戴震的说法是把问题简单化了,指出康德也严于理欲之辩,理欲问题是中国西方都有的;他认为在见利忘义、纵欲背理的当今现实社会还批判儒家的义利之辩和理欲之辩是无的放矢;人的欲望是不可能无限满足的,必须加以节制;如果否定了理欲之辩,而走向物欲横流,后患显而易见;正确的原则是遵义兴利,循理节欲。② 张先生对理欲之辩的说明是非常平正的,可惜当代文化界、学术界的人士大多仍然忽略张先生的明确说明。

张先生还指出,近人或将中国近代文化落后的原因归咎于宋明理学,甚至认为理学是扼杀人性的。这个问题需要加以辨析,理学强调德性、良知,德性即是实践理性、道德理性,良知即是道德知识。理学认为德性和良知是先验的,这是错误的,但是说人具有道德理性、具有道德知识,这是应该肯定的,强调德性和良知的学说,如何是扼杀人性呢?理学强调理和欲的对立,忽视了理和欲的统一,因而不注意提高物质生活与实际问题,没有提供近代科学的基础,没有提供近代民主的理论,但理学也没有扼杀人性,没有遏制思想自由。③ 张先生认为,宋明理学的基本特点就在于发挥了孔子在日常现实生活中实现崇高道德理想的主张;他认为理学的历史作用是双重的,既增强了民族的凝聚力,但又促进了礼教的强化。④

---

① 见《张岱年全集》第 6 卷,第 328、349 页;第 5 卷,第 506 页。
② 《张岱年全集》第 6 卷,第 463 页;第 7 卷,第 312、344、410 页。
③ 《张岱年全集》第 6 卷,第 434 页。
④ 《张岱年全集》第 5 卷,第 478 页;第 6 卷,第 350 页。

三　论儒家的中心思想及儒家思想的特点

张岱年先生认为,儒学在历史上有许多不同的学派,儒学各派共同承认的基本观点也就是儒学的中心思想。儒学的中心思想最主要的是关于人生价值的观点,其中包括:肯定人的价值,即肯定人贵于物;肯定现实生活的价值,孔子的生活态度便表现了肯定现实生活的积极乐观的精神;儒家更肯定了道德的价值,道德是生活所应遵循的原则,在一定条件下,为了实现崇高的道德理想,可以牺牲自己的生命。儒家认为人的价值、生活的价值、道德的价值三者是统一的。这就是儒家的中心思想。这些理论论点虽然具有时代的局限性,但是确实有较高的理论价值。①

他指出,从先秦到宋明,儒家思想的一个显著特点就是强调道德原则与实际生活的统一,以为道德原则不能脱离日常生活,日常生活中必须体现道德原则,批判道家和佛教脱离现实生活去追求玄远理想的态度。"广大高明而不离乎日用"可以说是儒学家的基本主张。宋明理学肯定道德的崇高和尊严,它以为实行道德原则即是人生价值之所在。理学要求在现实生活中体现道德原则,以实行道德原则作为人类生活的归宿,其实际作用固然是维持当时封建社会的等级秩序,但也具有重视精神价值的理论意义。②

张岱年先生认为:中国传统文化有一个显著的特点,就是以"人"为中心,这是儒家的特点,因为儒学在中国文化传统中居于主

---

① 《张岱年全集》第6卷,第295页。
② 《张岱年全集》第5卷,第505页。

导地位,所以也成为传统文化的特点。西方近代有所谓人文主义、人道主义、人本主义,有些学者也用这些名词称述中国的儒学,有人则不以为然。无论如何,如果说儒学以人为本位,还是应该承认的。所谓以人为本位即是说以人为出发点,从人的问题出发,又以人的问题为归宿。儒家思想是人本主义,是古代的人道主义。① 张先生的这一论断,对我们今天进一步研究中国古代"以人为本"的思想奠定了基础。

四 阐扬儒家对独立人格的肯定

在关于儒家思想的分析评论中,80年代的张先生最为重视的是儒家的独立人格思想。他认为,儒家以人为本位,必然以人的自觉为中心。所谓人的自觉,至少包括两层含义,一、同类意识,肯定自己与别人为同类。二、个性自觉,肯定自我是一个与别人不同的自我。这种思想在孔子思想中已经存在了。孔子将鸟兽与斯人之徒对立起来,显然是认斯人之徒为同类,以鸟兽为异类。孔子讲性相近,习相远,即肯定人与人是相类的。孔子说贤者辟世,其次辟地,其次辟色,其次辟言。为什么要辟色辟言呢? 就是因为有自己的独立人格,要求受到尊重。《周易》蛊卦"上九不事王侯、高尚其事",这种不事王侯的人正是坚持自己的独立意志。历代史书记载了许多特立独行的人,这些人都是不事王侯、高尚其志的人,即都是坚持独立意志的人。孟子更强调人的同类意识,他宣称:故凡同类者,举相似也,何独至于人而疑之? 孟子认为人类同一性的最主要的内容是道德意识,即以

---

① 《张岱年全集》第6卷,第353页。

理为人心之所同然,亦即认为人的自觉即道德的自觉。由此可见,在中国古代儒家哲学中,从孔子以来即强调对于独立人格的尊重。今天有些论者却声称中国传统中个人人格概念并未建立起来,缺乏对个人人格的承认与尊重,这种论调只表现其对中国传统哲学的无知而已。①

张先生指出,儒家人文主义的历史影响,既有积极的方面,又有消极的方面。积极的方面就是能够符合社会发展的利益,促进社会的发展的方面,消极的方面就是不符合社会发展的利益、阻碍社会发展方面。儒家思想中最值得注意的是在一定程度上宣扬了人的主体性,强调树立独立人格的必要。对于这个问题孟子讲得最为深切著明,孟子提出大丈夫的标准人格:"居天下之广居,立天下之正位,行天下之大道;得志与民由之,不得志独行其道。富贵不能淫,贫贱不能移,威武不能屈,此之谓大丈夫。"这是对独立人格的明确表达,在历史上对广大知识分子起了激励的作用,鼓舞人民为理想和正义而奋斗。孔子早就提出"志士仁人,无求生以害人,有杀身以成仁",孟子也提出"舍生取义",这都是坚持自己的独立人格,在历史上,成仁、取义的原则在民族危急、国家多难的时代多次起了鼓舞士气、坚定斗志、激发牺牲精神的巨大作用。汉代以来在知识分子中间存在着一个以天下为己任、士可杀不可辱的传统,也就是一个坚持人格尊严的优良传统。但是另一方面,儒家是承认君权的,是维护等级制度的,三纲削弱了以致否定了臣、妻、子的独立人格,也有严重的消极作用。②

---

① 《张岱年全集》第6卷,第354页。
② 同上书,第553—554页。

张先生还指出,儒家的人格价值学说是和道德学说密切结合的,儒家的道德学说具有一定的时代性和阶级性,他们讲的高尚的品德只能是封建时代知识分子的高尚品德。虽然如此,儒家能摆脱封建时代追求富贵的世俗之见,肯定人人都有可能提高自己的道德觉悟,肯定这种道德觉悟才是人的价值之所在,在这一点上对于民族的精神发展还是具有重要的积极意义的。①

五 儒家的价值观研究

关于个人和社会的关系上,张先生指出,儒家忽视个人自由是一个缺陷,但儒家特别强调人与人的和谐关系。张先生晚年非常重视儒家关于人际和谐的思想,把它看成与独立人格并立的儒家学说的两大要点。② 张先生还指出,肯定别人、尊重别人,主张爱人敬人,这个原则还是正确的。孔子所说的立人达人,是说首先建立自己的主体性,我有我的要求,我有我的理想;但同时要尊重别人,并帮助别人建立主体性。这种思想是有价值的,既要肯定自己的主体性,也要肯定别人的主体性,人我并重。③ 儒家注重人伦关系,但认为人伦关系无损于独立人格,认为实行人伦准则是完成独立人格的条件。④

关于儒家的道德概念,张先生指出,儒家讲的仁义礼智信在当时有一定的阶级性,但还有更根本的普遍意义,仁的根本意义是承认别人与自己是同类,在通常的情况下要对别人有同情心;这种古代的人

---

① 《张岱年全集》第 6 卷,第 235 页。
② 《张岱年全集》第 7 卷,第 388 页。
③ 《张岱年全集》第 6 卷,第 455 页。
④ 《张岱年全集》第 7 卷,第 19 页。

道主义在反对暴政方面有其积极的意义。义的根本意义是尊重公共利益,不侵犯别人的利益;包含尊重人们的所有权的意义;也包括尊重人的独立人格。礼的根本意义是人与人的相互交往应遵守一定的规矩;智的根本意义是肯定是非善恶的分别,代表了人的道德觉悟;信的意义是对别人应当遵守诺言,信与诚是人与人之间相互对待的基本原则。把五常一概斥为反动思想是缺乏分析的。儒家重义轻利,主要是告诫人们不要为了个人的私利而破坏社会的秩序。这种稳定秩序的思想符合于统治阶级的利益,但在一定的条件下也符合社会整体的利益。社会整体的利益即公共利益,即使在阶级社会,也存在着一些共同的利益,使社会得以继续存在而不至于在各阶级的相互斗争中同归于尽。儒家所重视的就是这类的社会整体利益。这是儒家尚义学说的一个重要意义。① 儒家倡导仁爱的古代人道主义,在政治上反对和批判暴虐的苛政,在历史上有积极的意义。

关于权利与民主,张岱年先生认为,先秦的法家讲"用人如用六畜"(《管子》),把人当做牛马,所以后来汉代的儒家批评说"奈何牛马之用人也"。儒家反对把人看做牛马,孔子时马厩失火,孔子问伤人乎?不问马。儒家没有提出人权的思想,儒家只讲人对人有义务,不讲每个人都有权利。先秦儒家中的漆雕氏之儒曾有过这种思想,但后来没有什么影响。儒家虽然没有讲人权,但孟子、黄宗羲讲民主有一个理论基础,就是孟子所提出的"良贵"观念,他说"人人有贵于己者",此即是良贵。良贵的意思是本然的价值,是说人人生来便有其价值,只要发挥了这个价值,就可以成为一个很好的人。孟子讲的民主是承认每个人有天赋价值,与天赋人权有所区别,他主要是从道

---

① 参看《张岱年全集》第 7 卷,第 427—428 页。

德方面来讲的,西方则是从政治方面来讲的。① 张先生对儒家价值学说的研究和论述不仅是他后期中国哲学研究的一个重要方面,也为儒家价值观研究全面地奠定了基础。

六　论儒家的历史作用和思想缺欠

关于儒家在历史上所起的作用,张先生认为,中国文化持续发展已有数千年的历史,虽有时衰微而终可以复盛,延续不绝,必然有其不断发展的精神支柱,这种支柱便是中国文化的基本精神。中国文化的基本精神来自儒家哲学,来自儒家所提倡的积极有为、奋发向上的思想态度。儒家的《易传》中提出"天行健,君子以自强不息",这种思想两千年来激励了正直的人士奋发向上、努力前进、不屈服于恶劣的势力,坚持与外来的压迫斗争。历史上坚持反对不法权贵的忠直之士、抵抗外来侵略的民族英雄、不倦探求真理的学者等都受到此种思想的深刻影响。他还说过,历史上儒学作为统治思想,确实起了一定的维系人心的作用,这对于维护和增强民族凝聚力具有一定的积极作用。儒家重视"人文"、"博学于文",对于中国文化的发展起了积极推动的作用。② 但儒家思想也有一定的偏向,其中最显著的一点就是儒家把"德"与"力"对立起来,看不到德与力的密切联系,忽视了生命力的培育。③

关于儒家文化在历史上所起的作用,张岱年先生还曾这样表达过:第一,等级思想,从孔子到明清儒家总要分别上下贵贱,分别等

---

① 《张岱年全集》第 6 卷,第 244—245 页;第 7 卷,第 325 页。
② 《张岱年全集》第 6 卷,第 299 页。
③ 同上书,第 62 页。

级。第二,人格意识,儒家有一个特点,就是虽然分别等级,但认为人不论贵贱都是同类,人都应受到人的待遇而每一个人都有其独立的意志、独立的人格。第三,刚健观念,从孔子开始就注意刚,后来儒家把刚健作为人生的一个根本原则。第四,保守倾向,强调继承,不重创造。①

张先生明确指出,儒学也表现了一些严重的缺陷,如承认等级区分的合理性,就是一个严重的缺陷。此外由于重视人贵于物的价值,将注意力完全集中于人的问题,于是对物的问题和研究有所忽视,贬低了关于物的知识,没有为科学发展提供理论基础。② 儒家反对追求个人私利,强调道德理想高于物质利益,这对于精神文明的发展起了积极的推动作用。儒家虽然没有排斥公共利益,但也不重视道德理想与公共利益的联系,结果未免脱离实际、陷于空疏。③

张岱年先生认为,两汉以后,儒家的价值观占据了统治地位,成为中国文化的主导思想,儒家肯定人的价值,强调道德的重要,这对于封建时代的精神文明的发展起过巨大的作用。但在义利关系、德力关系的问题上,儒家尤其是宋明理学的见解有严重的偏向。董仲舒以及程朱陆王忽视公利与私利的区别而强调道义,有脱离实际的倾向。儒家强调道德的尊贵,高度赞扬"不降其志,不辱其身"的志士仁人,这对中华民族的成长和发展确实起了巨大的积极作用,但是,忽视物质利益,道德理想就会变成空洞的说教了。④

---

① 《张岱年全集》第 6 卷,第 446 页。
② 同上书,第 300 页。
③ 《张岱年文集》第 6 卷,清华大学出版社,1995 年,第 361 页。
④ 同上书,第 82 页。

七　对有关儒学的错误观念的驳正

张岱年先生对80年代文化热中一些流行的对儒家的错误看法每每加以纠正,所涉及的流行看法也相当广泛,可以说文化热中的"反传统思潮"针对儒家的主要论点都得到了张先生的辨析纠正。以下只举出几个例子。

有人说儒学是建立在专制制度之上的,张岱年先生指出,专制制度的建立始于秦始皇,先秦的孔孟思想并不是建立在专制制度上,孔子反对"言莫予违"的君主独裁,孟子更提出民为贵的学说,都不是鼓吹君主专制的,儒家不是提倡君主专制和个人独裁的。宋明理学家经常"格君心之非",更经常批评当政的宰执,理学的王霸之辨也说明他们并不赞同现实的专制制度。①

有人认为中国传统哲学中没有"人"的观念,不知道人是人,张先生多次批评这种观点,指出这是很荒谬的,这种观点不是出于殖民地的民族自卑心理,就是出于对历史事实的无知。中国古代儒家确实具有真正的人的观念,有肯定人的独立人格的思想,中国传统哲学已经达到了人的真正自觉。②

有人认为,中国传统文化贬低人的尊严,否认人的独立人格,张先生指出,古代哲学中孔子、孟子等都肯定人的独立人格,重视人的尊严,明确肯定人人具有内在的价值,道家更是重视个人自由。③ 有人认为儒家学说是压抑人性的,张先生指出,以孟子为代表,儒家强

---

① 《张岱年文集》第6卷,清华大学出版社,1995年,第303、348页。
② 《张岱年全集》第6卷,第404、411、446页,第7卷,第11、22、56页。
③ 同上书,第157页。

调人的社会性,而且也没有否认人的自然性,儒家主张发展人的社会性,这不能说是压抑人性。①

针对有人提出儒家的学说不是自我发现或自我实现,而是发现一个否定自我的非我,儒家所说的不过是自我压抑、自我否定,宋明理学则把对人性的否定推向极致,张岱年先生指出,孔子论仁,最重要的一条是"己欲立而立人,己欲达而达人",这是仁的出发点,孔子说"三军可夺帅也,匹夫不可夺志也",承认人人具有独立的意志,肯定人与己都有独立的人格,孟子还认为人人都有不能剥夺的天赋价值。②

张先生一贯反对把儒家传统与专制主义等同的说法,坚持认为儒家学说有维护君主政体和等级制度的一面,也有重视人民、宣扬独立意识、人格尊严的一面。他指出,马克思说:"君主政体的原则总的来说就是轻视人、蔑视人、使人不成其为人。"有人认为儒学的本质也就是"使人不成其为人",事实上这是莫大的误解,儒家作为教育家,所关心的乃是使人成其为人。肯定人的独立意志、独立人格,高扬人的主体意识,这是儒家教育思想的核心。不能把专制主义和儒家传统等同起来。③

最后,关于儒学与现代化的问题,针对许多论者把中国近代落后的原因完全归咎于儒学,张先生认为,儒学有消极保守的方面,但也有积极进步的方面,所以把中国落后的原因确认归咎于儒学,不符合历史事实,中国落后的根本原因在于明清时代中央集权的君主专制

---

① 《张岱年全集》第6卷,第404、411、446页;第7卷,第555页。
② 《张岱年全集》第6卷,第302页。
③ 见《张岱年全集》第7卷,第10页;第8卷,第126页;第6卷,第348页。

制度的空前加强。① 90年代,张先生进一步认为,二次世界大战后东亚地区的实际情况,证明了儒家思想对于经济发展并非阻力,而是一种助力。儒家重视道德,重视教育的思想,以和为贵的思想,在东亚地区,对于经济的发展都起了积极作用。②

张先生的儒学观是其文化观的一部分,体现了他对传统文化的基本观点和态度。这种态度,在基本方法上可以说是"析古"立场的体现,这种析古态度所采取的是辩证的分析方法,因此在他对儒家思想的分析中,充分肯定了儒家思想的积极历史作用和普遍的理论价值,也明确指出了儒家思想的历史局限和思想缺欠。从张先生的以上论述来看,张先生评论儒家思想的方法,是采用了二重性的分析立场,但这并不是对优点和缺点"各打五十大板",应当说,他对儒家思想的历史作用和理论意义在主体上是给予明确肯定的。还应看到,张先生对儒家思想提出的一些批评,如指出儒家认同等级制度的秩序,这种批评既合乎历史事实,也明显包含着张先生对不合理现实的一种批判意识。

由本文以上所述还可见,张先生的文化观不是抽象的一般口号,在理论分析、阐发的同时,伴随着文化实践的积极参与。他在80年代以来文化讨论中,对有关儒家的各种流行的误解和不妥当的观点,广泛地进行了评论和纠正,在很多地方甚至是针锋相对的批驳。我们知道,张先生并不赞成"儒学复兴论",他自己明确表示他不是"新儒家",他也一贯明白指出儒学的时代和阶级的局限,但在80—90年代的文化论争中,在促进正确认识儒家思想的优点和现代意义方面,

---

① 《张岱年全集》第6卷,第426页。
② 《张岱年全集》第7卷,第518页。

在反驳和澄清有关儒学认识的种种错误观点方面,张先生所发挥的重要作用却是其他人所不能相比的。在一定程度上,我们甚至可以说,在80年代后期以来的中国文化思潮中,张先生实际上扮演了儒学的护法的角色。真切了解这一点,对全面认识20世纪后期的文化讨论和张先生在文化讨论中的角色与作用,以及张先生晚年的思想特点,都是十分重要的。

二十世纪的儒学研究与儒学发展

本文所讨论的20世纪的儒学研究,并不是要盘点或列举上个世纪儒学研究的成果,或总结20世纪儒学研究的方法,或综述百年来儒学研究的成就与缺欠。而是希望把儒学的学术研究作为一个问题,以儒学的现代发展为主体,探求何以学术研究成为20世纪儒学的基调;讨论20世纪儒学学术研究对儒学在现代社会的生存与发展有何意义,起了何种作用,具有何种限制;并由此讨论现代儒学与传统儒学的不同特色,以及这些特色所以形成的历史环境与制度条件。有幸的是,长期以来,已有不少学人对这一类问题有过多样的深度观察和思考,我们将在回顾这些观察与思考的基础上来提出进一步的看法。

一 文化的危机

要了解20世纪儒学的特色,必须了解20世纪儒学发生的背景,面对的挑战,承受的使命,才能明晓儒学的学术研究对于现代儒学的意义。

众所公认,鸦片战争以后,中国逐步陷入了空前的、全面的危机。这个全面的危机在根本上来自于西方的挑战,西方近代文化和西方帝国主义在亚洲的侵逼扩张,对古老的中华文明和庞大的中华帝国,在军事、政治、科学、工业、教育等诸方面带来的巨大冲击,引发了晚清时代一系列的近代化的改革。

如我曾针对近代儒教兴衰史所指出的,古老的传统中国文明在帝国主义的坚船利炮面前一败涂地,被迫变革。经过洋务运动到戊戌变法,近代自然科学及工艺制造已开始引进,近代西方合理主义的政治结构也已为先进知识人所介绍,清政府也开始渐进的改革。甲午战争的挫折使得儒教中国的危机更加深重。19世纪末儒学的状况是,儒家的知识体系和政治制度受到了巨大挑战。

洋务运动后期,维新派在各地已经开始兴办新式学堂,即使在一些旧式学塾中,课程亦开始新旧并存。1899年清廷下诏废八股、诗赋,1901年清政府发布《兴学诏书》,正式要求全国广设学堂,这些已经是对传统科举服务、为制造儒生的旧式教育体系的根本挑战。由于自1899年来各地书院已渐改为学堂,至1905年传统"儒学"(学校)已无形中取消。更为决定性的是,1905年,清政府正式决定废止科举,规定所有学校除保留经学、修身之外,皆教授自然科学。无论在法律上还是事实上,儒学在传统教育的地位终于完全倒塌了。

辛亥革命及其后短短几年,儒学已整体上退出了政治、教育领域,儒学典籍不再是意识形态和国家制度的基础,新文化运动正是把辛亥革命前后放逐儒学的运动进一步推展到伦理和精神的领域。从废止科举到新文化运动不过十数年时间,儒学在现代中国文化的格局中遭到全面的放逐,从中心退缩到边缘。经过本世纪初的二十余年,儒教文化已全面解体。①

---

① 参看拙著《传统与现代》,北京大学出版社,2006年,第84—87页。

一般认为近代中国的危机主要是西方帝国主义的侵迫而形成的民族危机。50年代以后的中国研究中,中国19世纪中叶以来遭遇的危机在社会变化层面上被认为是"现代化的危机",在外部强力压迫下发生的从传统社会向近代社会的逐步转变。但是,从儒家思想家的立场来看,则始终强调中国近代以来遭遇的危机必须从文化上来理解,贺麟早就提出:

> 中国近百年来的危机,根本上是一个文化的危机。文化上有失调整,就不能应付新的文化局势。中国近代政治军事上的国耻,也许可以说是起于鸦片战争,中国学术文化上的国耻,却早在鸦片战争之前。儒家思想之正式被中国青年们猛烈地反对,虽说是起于新文化运动,但儒家思想的消沉、僵化、无生气,失掉孔孟的真精神和应付新文化需要的无能,却早腐蚀在五四运动以前。儒家思想在中国文化生活上失掉了自主权,丧失了新生命,才是中华民族的最大危机。①

这就是说,中国自近代以来之所以不能应付新的局势,在外强压迫下屡屡失败,内在的原因是这个时代的儒家思想作为中国的精神、思想的根本,僵化停滞,没有焕发出新的生命。贺麟这种从内在思想来理解近代历史的立场,应该不是没有理由的。如日本近代的经验证明,同样面临西方文明与帝国主义的压迫,若能积极奋起改革,儒家思想与时俱进而推动改革,则可有效化解民族危机,促进现代化的进程。

西方的坚船利炮当然是摧毁东方防线的前锋和先导,但对于中

---

① 贺麟:《儒家思想的新展开》,载《文化与人生》,商务印书馆,1988年,第5页。

国而言,真正深刻的危机还不是军事的弱势或失败,而是西方文明的全面挑战。13—14世纪的蒙古铁骑同样锐不可当,但蒙古的军事优势并不代表文明的优势。而中国鸦片战争以来所感受到的西方冲击,绝不仅仅是军事技术的先进,在全方位的节节败退下,中国人渐渐丧失了对自己文明的自信,而在心理上为西方文化所征服。正是在这个意义上,西方文化的挑战被认为是根本性的,而如何吸收与回应西方文化上的挑战,成为消解危机最为根本性的问题了。

当然,贺麟把文化的危机只归为清代儒家思想的消沉僵化,是不全面的。从文化观念上看,当时的知识人不能正确地评衡中西文化,是文化危机发生的一个重要原因。事实上,近代中西文化的问题讨论中,批判中国文化传统的声音之所以占了上风,是由于流行的观念里包含不少文化观的迷思;如何从超越启蒙主义的角度阐发中国文化的价值,维护中国文化的自信,必须从学术上进行辨析,这是化解文化危机的重要方面,也是畅通民族文化生命的根本关键。文化观的问题必须用文化观的分析和论辩来解决,文化观的问题不解决,思想的重建、历史的研究就没有基础。由于文化的危机主要来自知识分子的观念,而不是普通民众,所以以知识分子为对象的文化辨析必然在这个时代成为儒学的主战场。在这方面,梁漱溟的文化哲学著作是最具有代表性的。

贺麟指出:

> 西洋文化学术大规模的无选择的输入,又是使儒家思想得到新发展的一大动力。表面上,西洋文化的输入,好像是代替儒家,推翻儒家,使之趋于没落消沉的运动。但一如印度文化的输入,在历史上曾展开了一个新儒家运动一样,西洋文化的输入,无疑亦将大大地促进儒家思想的新开展。西洋文化的输入,给

了儒家思想一个考验,一个生死存亡的大考验,大关头。假如儒家思想能够把握、吸收、融汇、转化西洋文化,以充实自身,发展自身,儒家思想则生存、复活而有新的发展。①

因此,对文化危机的克服或消解,不是拒绝西方文化,事实上拒绝西方文化是不可能的。中国文化的危机,在思想文化方面主要是儒家文化的危机,西方文化的大规模输入,造成了儒家思想生死存亡的大考验,换言之,儒家文化的危机与解除,是要面对西方文化的输入,了解西方文化,吸收西方文化,融合西方文化,并转化西方文化。只有在经历了这样的历程的基础之上,儒家思想才能在现代生存、复兴和发展,正如宋明理学吸收融会佛教而发展出新的儒学形态一样。只有在文化上扬弃西方学术,儒学才能在现代生存。这也就是说,文化上的融合、转化西方成为20世纪以来对儒家的存亡具有根本性的任务。冯友兰的新理学所作的正是这一类的工作。

这种"转化西方文化",他又称为"儒化西方文化",他指出:

> 就民族言,如中华民族是自由自主、有理性有精神的民族,是能够继承先人遗产应付文化危机的民族,……如果中华民族不能以儒家思想或民族精神为主体去儒化或华化西洋文化,则中国将失掉文化上的自主权,而陷于文化上的殖民地,让五花八门的思想,不同国别,不同民族的文化,漫无标准地输入到中国,各自寻找其倾销市场,各自施展其征服力,而我们却不归本于儒家思想而对各种外来思想加以陶熔统贯,我们又如何能对治哲学分歧庞杂的思想而达到殊途同归、共同合作以担负建设新国

---

① 贺麟:《儒家思想的新展开》,《文化与人生》,第6页。

家新文化的责任呢？……儒家思想的新展开,是在西洋文化大规模输入后,要求一自主的文化,文化的自主,也就是要求收复文化的失地,争取文化上的独立与自主。①

所谓儒化或转化,即正如宋明理学对于佛教的吸收和转化,是指以儒家思想为主体,吸收西方文化,并把吸收来的西方文化的因素加以融汇改造,使之变成自己思想的部分;是用儒家思想统贯外来思想因素,自主地重建新的现代的儒学。熊十力的新易学哲学在这方面的贡献最为突出。

重建这样的儒学,本质上必然是一学术的研究和发展。从而,儒学的学术发展成为这个时代最重要的工作。正唯如此,贺麟提出了"学术治国"的口号,以凸显他对学术工作的重视:

老实说,中国百年来之受异族侵凌,国势不振,根本原因还是由于学术文化不如人,中国之所以复兴建国的展望,亦因中华民族是有文化敏感、学术陶养的民族。……由此看来,我们抗战的真正的最后胜利,必是文化学术的胜利。我们真正完成的建国,必是建筑在对于新文化、新学术各方面的研究、把握、创造、应用上。换言之,必是学术的建国。……

我愿意提出"学治"或"学术治国"的观念以代替迷信武力、君权高于一切的"力治"主义。……我愿意提出"学治"来代替申韩式的急功好利、富国强兵的法治。……我愿意提出"学治"以补充德治主义。②

---

① 贺麟:《儒家思想的新展开》,《文化与人生》,第7页。
② 贺麟:《抗战建国与学术建国》,《文化与人生》,第21页。

这是最明确提出学术对于中华民族复兴的重要意义的提法。在他看来,中华民族的复兴即是中国文化的复兴,中国文化的复兴主要是儒家思想的复兴,而儒家思想的复兴,最根本的用力之处是学术建设。从而,学术建设成为这个时代儒学的根本使命,学术儒学也成为这个时代儒学发展的特色。

二 精神的迷失

如上所说,19世纪后期以来,中国文化遭遇到前所未有的危机与困境,这一危机总体上来自于中国作为民族国家遭遇到的危机,而在文化上儒家思想体系遭遇的危机是中国文化诸部分中最为突出的,以至于一般所说的中国文化危机实质即是儒家思想文化的危机。在文化危机的总体形势之下,儒学的学术发展应该突出什么课题以求其复兴呢?当然,这一问题在现代儒学中的看法并不完全一致。

20世纪70年代,在当代新儒家还未受到特别重视时,张灏写了《新儒家与当代中国的思想危机》,他认为不能仅从民族危机、文化认同或现代化来了解中国文化所遇到的危机,必须从"精神"的方面来理解危机的特质。

他从思想史家的立场突出了新儒家思潮出现的背景,他提出:"新儒家并不是1949后才突兀地出现于思想界,而是自五四时代即长期发展的一股趋势"[1],他主张"新儒家是对思想危机的回应"[2]。

---

[1] 张灏:《新儒家与当代中国的思想危机》,载《当代新儒家》,三联书店,1989年,第54页。
[2] 同上书,第57页。

张灏认为,西方文化传进之后,各种新学蜂拥而起,"传统价值取向的象征日益衰落,于是中国人陷入严重的'精神迷失'境地,这是自中古时代佛教传入中土所未有的"①。

这种"迷失"被他分析为三个层次:首先是"道德迷失",这是指五四时代的激进主义者要求对所有传统的儒学价值进行重估,在道德上打破传统旧习,破坏和否定自己的道德价值传统,造成了道德迷失的普遍心理。② 其次是"存在迷失"。这是指传统宗教信仰已遭到破坏,人的由苦难、死亡、命运造成的焦虑失去象征性庇护时,人对存在感受到的困境和痛苦。第三是"形上的迷失"。这是指科学传播冲击了人的原有世界观和宇宙观,人对世界的究竟原因,对世界统一性的理解找不到答案,对传统哲学的摒弃,使得人对物理世界以外的世界理解,对形上世界观的需要,无法满足。③

由此,张灏认为:

> 在现代中国,精神迷失的特色是道德迷失、存在迷失和形上迷失三者是同时存在的。而不在于任一项的个别出现。位于现代中国之意义危机的底部,是此三种迷失的熔合。惟有从这个背景才能把握到:新儒家学者在许多方面将自己关联于传统。他们的思想大多可视为"意义的追求",企图去克服精神迷失,而精神迷失正是中国知识分子之中许多敏感灵魂所感受到的问题。④

我们可以说,"精神迷失"的说法表明,张灏是从更为内在的方面来

---

① 张灏:《新儒家与当代中国的思想危机》,载《当代新儒家》,三联书店,1989年,第58页。
② 同上书,第59页。
③ 同上书,第60页。
④ 同上。

说明近代以来中国文化的危机。这显然是就海外新儒家当时的学术关怀而加以总结的。也就是说,在他的理解中,从当代新儒家的角度来看,中国文化的危机最突出的是精神的危机,是道德心理、存在焦虑和哲学世界观的迷失。这三项其实可以说都是哲学的迷失。也由于此,化解这些危机,必须在哲学的层面上澄清这些迷失,扭转这些迷失,在哲学上做出新的发展。换言之,对这些意义危机的哲学回应乃是这个时代儒家最根本的工作。这个工作不仅对儒家传统是重要的,对现代中国人的精神迷失之解除也是重要的。

张灏对新儒家回应儒学危机与困境的内在进路的提法,可以在新儒家代表人物那里得到印证。张君劢早在1933年便写出《民族复兴的学术基础》,强调学术基础的重要性,他后来在宣讲"中国现代化与儒家思想复兴"时也明确宣称:"我更要指出,现代化的程序应从内在的思想着手,而不是从外在开始。"①

这种学术的重要性是当代新儒家一贯肯定和强调的。牟宗三说:"学术文化上的影响,对照政治、社会活动来说,本是'虚层'的影响,但'虚以控实',其影响尤为广泛而深远,所以我说它是一种'决定性的影响',我们不可轻看,以为是不急之务。"②

从以上的叙述可见,我们所说的20世纪儒学的"学术研究",包含有两种基本意义,一是指对传统儒学的学术研究,即把握儒学历史发展演化的脉络,梳理儒学理论体系的内部结构,清理儒学概念的意义及演变,研究儒学在不同时代与社会、制度的联系,澄清儒学的思想特质和价值方向等等。一是指儒家思想的理论建构与发展,即20

---

① 张君劢:《中国现代化与儒家思想复兴》,载《当代新儒家》,第150页。
② 牟宗三:《客观的了解与中国文化之再造》,载《当代新儒学论文集》总论篇,第3页。

世纪面对时代、社会的变化、调整和挑战,发展出符合时代处境的儒家思想的新的开展,开展出新的吸收了西方文化的儒家哲学,新的发扬民族精神的儒家哲学,以及从儒家立场对世界和人类境况的普遍性问题给出指引的哲学。历史研究与思想理论建构当然都是学术建设。有了历史研究才能了解传统思想及其发展的全体大用,有了思想建构才能结合时代使传统有新的展开,儒家思想的传承和发展才能有本而日新。当代新儒家中唐君毅和牟宗三在这两方面的工作都具有典范形态的意义。

三　人伦的疏远

与张灏强调现代儒学从"形而上"、内在的精神方面回应现代的挑战的合理性不同,余英时则着重指出儒学与传统建制脱离之后的失重状态以及与人伦日用的逐步脱离。

张灏所说的道德迷失,并没有强调其人伦日用的道德规范方面,反而使之与存在迷失、形上迷失一起,成为内在的意识危机的一部分;忽略了儒学解体后20世纪中国社会价值失范,社会缺乏传统价值支持的行为混乱状态。作为历史学家,余英时注重思想与社会的联系,从这个角度,他多次就"形而下"、外在的社会方面观察了20世纪的儒学困境。他认为,现代的儒学(主要指当代新儒家)已经没有生活的基础,而主要是一种哲学,这一哲学取径的现代儒学重建,其价值不容质疑,但这种哲学化的现代儒学和一般人伦日用很难发生实际的联系。[①] 显然他是把这一点看做现代儒学与传统儒学的主

---

① 余英时:《现代儒学论》"序",上海人民出版社,1998年,第5页。

要区别,也将其视为现代儒学的根本困境。他指出:

> 儒家的价值必求在"人伦日用"中实现,而不能仅止于成为一套学院式的道德学说或宗教哲学。在这个意义上,儒学在传统中确已体现为中国人的生活方式,而这一生活方式则依附在整套的社会结构上面。二十世纪以来传统的社会结构解体了,生活方式也随之发生了根本的改变。……一方面儒学已越来越成为知识分子的一种论说,另一方面儒家的价值却和现代的"人伦日用"越来越疏远了。①

这所谓生活方式又称为制度化的生活方式。余英时这里对儒学境况的描述是无可怀疑亦无可回避的事实。照其分析,传统儒学之发生作用,在整体上有三个环节,即道德学说——生活日用——社会结构,三者的关系是道德学说体现为生活方式,生活方式依附在社会结构。在传统社会这是有机的一体。他认为,近代以来中国的社会变迁,使得社会结构解体了,生活日用改变了,儒学学说则学院化了。这样的学说贯彻不到生活日用,又断绝了同社会结构的关联,成为无所依附的东西了,这就是他所说的"游魂"状态。显然,他把这一点看成现代儒学的根本困境和挑战。他说:

> ……现在的问题是,现代儒学是否将改变其传统的"践履"性格,而止于一种"论说"呢?还是继续以往的传统,在"人伦日用"方面发挥规范的作用呢?如属前者,则儒学便是以"游魂"为其现代的命运;如属后者,则怎样在儒家价值和现代社会结构之间重新建立制度性的联系,将是一个不易解决的难题。儒家

---

① 余英时:《现代儒学论》"序",第5—6页。

并不是有组织的宗教,也没有专职的传教人员;而在现代社会中,从家庭到学校,儒家教育都没有寄身之处。一部分知识分子关于现代儒学的论说,即使十分精微高妙,又怎样能够传布到一般人的身上呢?①

此处所谓践履并不是只信奉儒家的学者的个人修身践履,实际是指儒家价值的社会教化及其深入民心的结果。自然,甘居游魂,也是现代儒学的一种选项,即仅止于学院化的哲学论说;但在余英时看来这就失去了儒学传统的一种基本性格。而如果儒学不甘居游魂,它的"魂"在断绝了与旧社会结构的关联之后,要附载在现代社会的"体"上,那就意味着要和现代社会结构重建制度性的关系,而这在余英时看来却是没有什么可能性的。所以余英时的分析,意在揭示此中的两难困境,是很明显的。

然而,如果依照余英时三要素的结构看,与现代社会结构无法建立制度性联系,只是切断了第三个环节,而这一切断并不意味着同时取消了前两个环节之间的联系。也就是说,失去了第三环节,儒家学说及价值影响中国人的生活即人伦日用,这仍然是可能的。他的问题只是说,如果现代儒家学说只是学院式的精妙哲学,是无法传布给一般人的,一般人也是无法受纳的。事实上,古代社会传布给一般人的也不是儒家精深的义理,而是一般的价值。因此现代社会的儒家价值,只要不是以精妙高深的形式出现,通过适当的传播手段,自然仍可能传布给普通人。这是从传布的角度来看的。而儒学中高深精妙的义理部分自有其重要的意义,宋明理学如果不能发展出精微的义理体系,就不可能回应佛教的挑战,重新占据文化的主导地位。现

---

① 余英时:《现代儒学论》"序",第6页。

代儒学如果不能吸取西方哲学以发展自身的哲学维度,就不可能在整体上、根本上回应西方文化的挑战,巩固儒学的生命基础。这是我们在前两节所着重强调指出的。所以与余英时不同,刘述先则强调,儒学作为一个完整的思想文化体系,不是仅仅提供一套俗世伦理而已,儒学同时是一个精神传统,包含着从超越到内在,从本体到境界的哲学思想体系。① 只是,历史学家对这种哲学建构的学术意义一般不甚突出与强调。

余英时不认为儒家价值和现代社会结构之间有可能重新建立制度性的联系,但他又认为儒学影响生活是可能的。他自己说:"我所得到的基本看法是儒家的现代出路在于日常人生化,唯有如此儒家似乎才可以避开建制而重新产生精神价值方面的影响力。"②什么是日常人生化,余英时并没有具体加以说明,他只是以明清儒学放弃"得君行道"而转向"注重普通百姓这样在日常人生中修身齐家"作为方向,并且以政教分离、公私之辩为依据,主张"日常人生化的现代儒家只能直接在私领域中求其实现"③。根据其思想推论,只要儒学不止于哲学论说,只要儒学不止于学院化讲学,而把儒学的传布转向百姓生活伦常的重建,儒学在现代仍然是有出路的。

余英时所论,从另一个角度来看,也可以说是儒学的教化困境与出路的问题。他提出的问题仍有讨论的空间,这就是,道德学说——生活日用——社会结构,三者在现代社会究竟如何安排。关于第三环节社会结构,我们要问,儒家思想与价值真的不可能与现代建制作

---

① 刘述先:《当代儒学精神性之传承与开拓》,载香港浸会大学编《当代儒学与精神性》,广西师范大学出版社,2009年,第8页。
② 余英时:《现代儒学论》,第244页。
③ 同上书,第248页。

某种结合吗?即使儒家思想与价值真的不可能与现代建制作某种结合,儒家思想与价值向生活日用传布的可能及条件是什么?如果儒家思想与价值真的不可能与现代建制作某种结合,而儒学与其价值仍然能够向生活日用传布,发生作用,那么至少说明,儒学还不是脱离了两个环节的游魂。至于儒学传统作为文化心理结构的存在,及其对游魂说可能发生的挑战,就不在这里讨论了。

四 大学与讲学

与儒家学说直接联接的是讲学,余英时指出:

> 在传统时代,到处都可以是儒家"讲学"之地,不必限于书院、私塾、明伦堂之类的地方,连朝廷之上都可以有经筵讲座。今天的儒学似乎只能在大学哲学系中存身,而且也不是每一个哲学系都有儒学。此外,当然还有一些零星的儒学社群,但也往往要依附在大学制度之中。那么是不是儒学的前途即寄托在大学讲堂和少数人的讲论之间?这样的儒学其可能的最高成就是什么?[①]

由于大学讲堂与研究是学术研究的主要场所,因而,对于20世纪儒学的根本使命而言,大学的学术研究有其特别的重要性。

那么,在传统制度解体后,儒学要继续存在和发展,要不要、可不可能或者如何寻求与新的制度条件结合呢?事实上,即使在近代以来,儒学的存续也仍然与现代建制性条件相关。就儒学的核心部分

---

① 余英时:《现代儒学的困境》,载《现代儒学论》,第234页。

即哲学思想而言,其存续主要依赖于讲学和传承。从这一点来说,在讨论重建儒学和社会制度的联系方面,大学的作用应得到正面的肯定。从世界历史来看,近代社会与制度变迁给哲学带来的最大影响是,哲学的主要舞台转移到近代意义上的大学,转到以大学为主的现代教育、科研体制中来,这使得以学科为中心的知识性的哲学研究和哲学教育大为发展。事实上,康德以来的西方哲学家无不以大学为其讲学著述的依托。所以,尽管20世纪的中国哲学家中仍有不满于学院体制或倾向于游离学院体制之外的人,但绝大多数哲学家和研究哲学的学者都不可能与大学绝缘,因为大学已经成为现代社会提供哲学基础教育和哲学理论研究环境的基本体制。哲学与大学的这种密切关联,是几千年来中国历史上所没有的。由此造成的趋势和结果是,哲学作为大学分科之一在近代教育体制中获得一席稳固的地位,而哲学家也成为专业化的哲学教授。20世纪中国哲学家,他们的哲学研究工作,和他们的哲学体系的建立,也大都在大学之中。即使是最倾向于学院外体制的现代儒家梁漱溟和熊十力,他们的名著《东西文化及其哲学》和《新唯识论》也都是任教北京大学哲学系时期完成的。所以大学在现代可以作为儒家哲学生存的基地之一种,是不必有什么疑问的。只是,这种存在方式及其影响,与近世儒学在普遍建制化支持下的广泛而深入的存在自是难以相比的。所以,对于余英时的问题"是不是儒学的前途即寄托在大学讲堂和少数人的讲论之间",我们的回答是,现代儒学应该也可以利用大学作为建制条件以为自己发展的部分基础。所谓部分,是说儒学的前途可部分地寄托在大学,但不是完全寄托于大学讲堂(自然,大学哲学系的讲堂也不都是以儒学为内容,这与古代以儒学为主的讲堂是难以相比的)。

以大学作为现代建制的基础,其根本理由在于学术研究在现代儒学发展中的地位。如前所说,回应西方文化的挑战,重建适应社会变化的新的儒家思想,清理、总结儒学传统,使儒家思想得到复兴和新的开展,是20世纪儒学的根本课题,这些课题无一不是学术研究才能承担的,而大学正是现代社会进行学术研究的最佳制度条件。

现代大学是以知识性的研究和教育为主,这和儒学的教育方向不完全相同。不过,就传统儒学来说,其中本来包含着大量学术性和知识性研究的方面和部分,汉唐经学和宋元明时代的经学中有着大量的此类研究,即使是理学,如朱子学传统中所包括的学术性著述也不在少数。甚至清代的王学也有考证学性质的著作。宋明理学思想性的著述也都主要面向士大夫阶层。从这个角度看,现代教育和科研体制中的儒学研究与古代儒学本有的学术研究传统是有其接续关系的。而且,古代的官私教育体制,从国学、州县学乃至书院,本来就是儒学讲学传承发展的基地之一。就"作为哲学的儒学"而言,大学的人文学科(哲学、历史、中文)提供了现代知识人进行儒学研究的基本场所,是儒学在现代建制中传承发展的一种条件;从而,大学对儒学的支持作用虽然是有限度的,但应当予以肯定。何况大学的儒学研究不仅是学术性知识性的研究,也包含着并且向社会发散着文化和道德的思考。只是,大学所容纳的儒学研究和传承并不是儒学的全部,因为"作为哲学的儒学"不是儒学的全部。有些论者因此便反对儒学的学术研究,这也不足为怪。儒学是一个历史上包容甚广的传统,儒学传统中不仅有智识主义,也有反智识主义,明代的民间儒学如颜山农、韩贞等都反对经典研究和义理研讨,只关心地方教化,这些都是历史上出现过的例子。

其实在我看来,比起韩国、日本、台湾地区大学和科研院所的儒学研究,我们的儒学研究不是多了,而是远远不够,学术水平和研究眼界都大有待于提高。今天的知识分子,只有对两千多年来的儒学,包括它和社会、制度的互动,进行深入细致的研究,才能真正了解这一伟大的传统及其偏病,才能对中国文化的未来发展有真正的文化自觉,也才能回应世界范围内儒学研究的挑战。大学和科研院所的青年学人正应当对此承担起更多的责任,才能无愧于这个前所未有的时代。对于儒学的发展来说,这个时代真正需要的,无论在学术上还是实践上,是沉实严谨的努力,而不是汲汲于造势和喧哗。

所以,问题的实质不在于如何认识现代大学建制中的儒学研究,而应当在于,经历过明清以来儒学与日常生活的结合的发展经验,和感受到当代市场经济转型时代对传统道德文化资源的需求,人们越来越认识到,儒学不能仅仅存在于大学讲坛和书斋之上,不能止于"作为哲学的儒学",而必须结合社会生活的实践,同时发展"作为文化的儒学"的方面,使儒学深入国民教育和人生践履。这其实是一切关心儒学及其现代命运的人士的共识。在这个问题上,我们应当记取古代朱陆对立的教训,尊德性和道问学,如车之两轮,鸟之两翼,不可偏废。而这既是儒学整体的性格,也是对儒者个人的要求。

五 教育与教化

儒学在现代社会中,不仅可以与大学结合,还可以与更广泛的教育领域结合,如小学、中学教育,社会文化教育,儒学的价值教育功能不仅通过教育体制可以发挥,还可以通过和现代媒体的结合而实现。更广泛地,它还可以通过各种社会文化团体、公益团体发挥其功能。

而这一切需要一定的前提,即教育宗旨的确定,国家文化政策的肯定,文化学术空气的转变。

在现代社会,儒学的存在应尽可能以教育为其基地,通过将儒家经典的部分引入小学、中学,使儒家思想与价值透过教育途径,植根于青少年的心灵。事实上在近三十年的中国教育中,通过古典教育的方式,这一点已经有所实现,只是不突出、不全面。最重要的是,缺乏一种固定化的制度性形式,以确定和保证儒家文化的价值成为小学、中学德育的基本内容。

社会教化的途径即使在传统社会,也不是固定的,现代社会更是如此。校外的文化教育与经典教育近年开始流行,应当得到社会的支持。鼓励各种经典诵读的活动和以经典诵读为宗旨的组织,使国民从小培养起对包括儒学在内的经典的敬重之心,熟悉儒家文化的价值资源,倡导把传统价值与现代生活进行结合,促进人伦日用的新的新式,这些都是富有积极意义的社会教化。政府与社会应表彰实践儒家价值的各类典型人物与事迹,鼓励各种文艺形式深刻地表现中国文化的价值,发扬中国文化的精神。

目前各地也出现了不少民间书院,多以儒学为中心的中国文化作为主要的学习内容,对象主要是成人。成人的国学教育现在遍地开花,各种国学班时长不一,重点有别,但都在普及传统文化的知识、智慧与价值。尤其是以企业管理者为对象的国学班或国学讲座,注重把传统价值与现代企业管理结合起来,虽然其出发点多是工具性的,但文化浸润的力量往往超出预想,人们在传统文化中发现的归属感,不仅增强了中国文化的认同,而且找到了个人安身立命的基础。近年来还出现不少公益团体,以儒学为指导思想,推行包括晨读在内的各种经典学习和实践,号召并带动志愿者实践儒家的价值。电视台与其他现代媒体近年来在普及传统文化以及推动古代典籍与现代生活结合方面也发挥了令人瞩目的作用,提示出以电视为代表的现代媒体也可以作为儒学教化传布的载体之一。当然,这需要媒体知识分子的文化自觉作为条件。

很容易观察到,在这些社会文化的活动中,儒学文化在社会层面正在复活。中国古代文化的宝库已经渐渐成为现代人待人、处世、律己的主要资源,与其他外来的文化、宗教相比,在稳定社会人心方面,儒家文化提供的生活规范、德行价值及文化归属感,起着其他文化要素所不能替代的作用。几千年的传统儒家文化,在"心灵的滋养、情感的慰藉、精神的提升,以及增益人文教养"方面,为当代市场经济社会中的中国人提供了主要的精神资源,在心灵稳定、精神向上、社会和谐等人伦日用方面发挥了重要的积极作用。

这类文化活动和文化事业,在台湾也一直在多方面开展,有些还影响到大陆,如儿童读经运动,是大家最为熟悉的例子。蔡仁厚说:

> 有人说,当代新儒家讲得很多,做得很少,我愿意说,此话有理。……五年前我为第四届当代新儒家国际会议写过一篇短文,文中呼吁大家异地同心,来接续前人的精神,可就一己的志趣和专长,分头进行下面几件事。第一件,疏导经典性的文献;第二件,研究专家专题;第三件,讲论中西主流的思想;第四件,豁醒文化意识;第五件,落实文化事业。这些年来,我们办文化讲座,学术会议,出版书籍,发行期刊,以及推动儿童读经——这些都很好,但应该还有其他的工作可以做。譬如人伦日用间生活礼仪的践行,生活环境的经营,风俗习惯的改善,凡此等等。[①]

---

① 蔡仁厚:《新儒三统的实践问题》,载《新儒家与新世纪》,学生书局,2005年,第50页。

文化事业便包括了我们这里所说的社会文化实践。蔡仁厚的这个说法代表了台湾当代新儒家对儒学当代文化实践广阔性的认知。

儒学在现代社会传布其文化价值的途径的多种多样的,而每一种传布的方式都提示了一种儒学的现代生存路径,在这个意义上传布与建制不是截然分开的。如果一定要用建制化的角度来看现代的儒学生存,那么,我们可以说,与传统社会不同,儒学与现代建制的结合是"弥散性"的,也是"松散性"的,这正是现代儒学与社会相关联的特色。

前面说到,目前公私道德教育的支撑缺少一种固定的制度化形式。这种固定化的制度形式,我指的就是"教育宗旨"。梁启超在1902年作《论教育当立宗旨》一文,吸取日本近代转型发展的经验,呼吁订立国家教育宗旨。[①] 1904年清政府《奏定学堂章程》概述了政府的教育立学宗旨。1906年清政府正式颁布《教育宗旨》,一方面坚持固有价值,一方面也倡导新的价值。1912年民国发布《教育宗旨》,采纳蔡元培的意见,去除了对固有忠孝价值的突出,强调以美感教育完成道德。1916年袁世凯颁布的《教育宗旨》,突出爱国,其他则回到清政府的教育要求。1929年国民政府《教育宗旨及其实施方针》,以三民主义为教育宗旨,指明"以忠孝仁爱信义和平"为国民道德的教育内容。1949年以后,政府再没有以"教育宗旨"的形式确定以何种社会价值培养国民。今天,应该重新考虑以教育宗旨或类似的形式,以政府的权威,确定以中国文化的传统价值作为培养国民德行的标准(当然不排斥其他现代生活价值)。有了这样的宗旨,学

---

① 有趣的是,清华国学院四大教授的另一位王国维在1903年也写了《论教育之宗旨》。

校教育和社会教化活动才有根本的指导和依据,使得儒学与社会的所有弥散性、松散型的关系获得一无形的支撑。

很难定义何为"现代儒者",但"具有儒家情怀的学者"应当是较少争议的。一个具有儒家情怀的学者与一个纯粹的儒家哲学研究者之间,有一个重要的区别,这就是有或没有对于历史文化的深切关怀。这种对历史文化的关怀主要是指对中国文化和儒学的温情敬意与同情了解,对中国文化与儒学遭受的压制不满于胸,关切儒学的前途和发展。一个儒家情怀的学者,在专业研究之外,一定要表达其对历史文化的忧患与关切,这是不能自已的。尤其是处在20世纪的中国,儒家乃至整个中国文化始终遭到了被唾弃、被批判的艰难处境,凡是自觉或不自觉对儒家文化价值有所认同、有所承诺的学者,必定愤然而起,挺身而出,对于各种对儒学的不合理压制,进行理性的回应。在中国,两岸三地的儒学学者的文化情怀既表达为对民族文化的捍卫和对民族文化生命的痛切声张,也表现为对社会文化的强烈的价值关怀和道德关怀。然而,没有儒学学养的基础,只有文化的、道德的关怀,也不能成为真正的儒学者。20世纪新儒家,大多以精治中国哲学史或儒学思想史为其学术基础,应当不是偶然的,表明这个时代面临西方哲学的冲击和现代文化的挑战,只有在学术上、理论上对儒学进行梳理和重建,才能立身于哲学思想的场域,得到论辩对方的尊重,与其他思想系统形成合理的互动;也才能说服知识分子,取信于社会大众,改良文化氛围,为儒学的全面复兴打下坚实的基础。

走向真正的世界文化
——全球化时代的多元普遍性

古代儒家的历史哲学,常用"理—势"的分析框架来观察历史。所谓势,就是说,成为一种现实的趋势,所谓理,就是规律、原则、理想。势往往与现实性、必然性相关,理则往往联系于合理性而言。二者有分有合。离开历史的发展现实,空谈理想和正义,就会被历史边缘化。但如果认为"理势合一"是无条件的,那就意味"凡是现实的都是合理的",使我们失去了对历史和现代的批判与引导力量,抹杀了人对历史的能动参与和改造。因此,就本来意义上说,"理—势"分析的出现,既是为了强调人对历史发展趋势的清醒认识,更是为了强调人以及人的道德理想对历史的批判改造的功能。从前人们常说"历史潮流,不可阻挡",历史潮流就是势。势或历史潮流有其历史的必然性,但不一定是全然合理的,不是不可以引导的,但不顾历史大势,反势而行,逆历史潮流而动,则必然要失败。妥当的态度应当是"理势兼顾",本文将以此种立场来分析全球化的问题。

一 历史的终结与历史的开始

1980年代末至1990年代初,冷战的结束,使得福山急忙地断言了一个历史的"终结";而与此同时,"全球化"一词的适时浮现,则似乎宣布了另一个历史的"开始"。事实上,这两件事确实也有关联。冷战结束以来,现代市场经济体制终于一统天下,也使得许多政治家看到了政治体制全球趋同的远景。在这个意义上,冷战结束的确是"全球化"观念流行的基础,这个意义上的全球化,是世界体系从"分异"到"趋同"的演化。

促使全球化的观念流行的另一动力来自新技术革命。20世纪80年代电脑使用在世界的推广,90年代发展起来的互联网技术与应用,使得当今世界的交往方式根本改观。信息技术的日新月异导致了一系列的革命性变化,现代通讯技术以及金融、贸易手段的网络化更新,各种信息超大规模、超高速度地跨国流动,人们所经验的时间空间较以往大大压缩,信息时代以更快的速度把世界联通一体。这个世界的每个地方比以往任何时候都更加了解世界的其他地方,世界其他地方也比以往任何时候都更加了解每个地方。信息时代把从前"中心"和"边缘"的距离迅速拉小。①

在政治的和技术的因素发生如此改变的当今世界,从此,资本在全球的自由流动和增值不再有根本性的障碍。② 19世纪以来形成的生产的世界分工和产品的世界市场,在新的阶段上更深地、更紧密地把各个国家的经济生产和消费,从而也把各个地方的人民更紧密地联结在一起。经济的全球化已经是一个不争的现实。正是在这样的

---

① 麦克卢汉在60年代便根据通讯信息的发展而提出"全球村世界"的说法,现已公认为全球化论说的滥觞。
② 亚洲金融危机时加尔布雷斯在新闻访谈中称,美国人发明全球化这一概念,目的在于使他们的境外投资受到尊重并促进资本的国际流动。《全球化话语》,上海三联书店,2002年,第207页。

形势之下,1992年联合国秘书长加利宣布"第一个真正的全球化时代已经到来"。

以上所说的三个方面,构成了当今世界全球化的大"势"。其内涵就是,全球经济的一体化和信息的联通化越来越使全球各地方联成一整体;在当今世界,任何一个国家的经济、技术、政治的发展都不可能脱离世界之网。在当今世界,任何闭关自守、孤立于世界的发展努力都不仅是徒劳的,而且注定是失败的。

今天,面对经济、技术的全球化,以及由此带来的人们对推进政治民主化的要求,我们必须以"全盘承受"的态度,全面加强和世界的联系与交往,加速科技文明的进步,加快学习现代企业制度及其管理体系,推动政治文明的不断进步;立足于民族国家的根本利益,充分利用全球化的机遇,趋利避害,大大发展生产力;借助全球化,促进现代化,在积极融入全球化的潮流中,建设起适应世界发展和潮流的社会,促进中华民族的伟大复兴。

以上是我们对于全球化的基本态度,但这并不是本文的重点,本文的重点是不仅关注全球化运动的"势",也要分析其中的"理",尤其注重全球化运动的文化面向,从而使我们不仅成为全球化运动的参与者,也时刻保持对全球化运动的清醒分析,在参与中发挥东方的力量,促进全球化运动向更理想的方向发展。

二 "世界化"的历程:普遍交往和相互依赖

如果放开历史的眼界,把晚近迎来的所谓"全球化"进程放在近代世界历史的发展中,放在世界"现代化"运动的展开过程来看,那么可以说,全球化其实是世界史上现代化发展的一个新的阶段,是世界各地区联结一体进程的一个新的阶段,当然也是全球资本主义发展的一个新的阶段。① 在这个意义上,"全球化"一词的讨论虽然是在90年代,而对于全球化趋势的分析则至少可以追溯到马克思和恩格斯在19世纪中叶建立的"世界历史"理论。②

应当承认,全球化已经成为一个诠释的主题,它所引发的各种诠释涵盖了人类社会实践的多个领域。因此,如果把上世纪90年代以来兴起和流行的全球化概念看做狭义的全球化概念,即指冷战结束以后以信息技术革命为基础的世界新发展时期,那么,要思考和回应全球化运动的特质,必须回到广义的全球化观念,即19世纪以来有关世界交往联系加深的理论思考。其中最重要的是马克思关于"世界化"的思想。

早在《德意志意识形态》中马克思就指出,由于民族间交往的封闭状态日益被消灭,人们的存在已经不再是"地域性的存在"了,而是"世界历史性的存在"了,而"历史"越来越成为"世界历史"。这就是说,以前的"历史"只是世界各地方人民互无交往或交往极为有限的历史,那时的世界并没有真正作为一体的世界而存在,即没有作为一个具有密切联系和交往的统一世界存在,从而也就没有作为一个具有密切联系和交往的统一世界的历史。这样一个具有密切联系和交往的统一世界的历史马克思称为"世界历史"。因此,相对于以往交往不发达的"历史","世界历史"则是世界各地方联通一体的生

---

① 罗兰·罗伯逊认为全球化的早期阶段可以追溯至15世纪早期的欧洲,见其论文《为全球化定位:全球化作为中心概念》,载《全球化话语》,上海三联书店,2002年,第14页。亦可参看其著作《全球化:社会理论和全球文化》,梁光严译,上海人民出版社,2000年。

② 参看丰子义、杨学功著:《马克思"世界历史"理论与全球化》,人民出版社,2002年。本文引用的马克思文献,皆转引自该书,以下不更注明。

存历史。在马克思看来,近代的整个历史发展,就是从以往缺少相互交往的"历史"走向普遍交往的"世界历史"的进程。他指出,这种"历史向世界历史的转变",不是抽象的,是可以用经验事实说明的,"如果在英国发明了一种机器,它剥夺了印度和中国的无数劳动者的饭碗,并引起这些国家的整个生存形式的改变,那么这个发明就成为一个世界历史性的事实"①。

技术发明当然不会独自产生这样的结果,它的革命作用是和世界市场的形成联结在一起的:"资产阶级,由于开拓了世界市场,使一切国家的生产和消费都成为世界性的了,……新工业的建立已经成为一切文明民族的生命攸关的问题。这些工业所加工的,已经不是本地的原料,而是来自极其遥远的地区的原料,它们的产品不仅供本国消费而且同时供世界各地消费。旧的、靠本国产品来满足的需要,被新的、要靠极其遥远的国家和地带的产品来满足的需要所代替了。过去那种地方的和民族的自给自足和闭关自守状态,被各民族的各地方的互相往来和各方面的互相依赖所代替了。"②马克思把这样一种世界历史性的变化的本质,揭示为"全人类互相依赖为基础的普遍交往"③。

可见,马克思在 19 世纪中叶所揭示的"世界性"的发展,和我们今天所面对的全球化发展本质上是一致的,其要点在指出这个时代世界各个国家及其人民的"普遍交往"和"互相依赖"。④ 不过,马克

---

① 《马克思恩格斯选集》第一卷,第88—89页。
② 同上书,第273页。
③ 同上。
④ 现代学者对全球化的理解仍与马克思接近,"全球化可以这样被定义为世界范围内的社会关系的加强,这种联系以一地发生的事被遥远地方所发生的事所影响的方式将相距遥远的地方联系起来。"《全球化话语》,第107页。

思自己并不用"全球化"的说法,而是更多使用"世界历史"、"世界历史性"的概念,以指出历史的世界化和交往的世界化,在这个意义上,马克思自己应当更倾向于接受"世界化"的概念。从马克思的角度来看,从19世纪的"世界化"到今天所谓"全球化",其本质都是"全人类的普遍交往和互相依赖"。从这方面来看,今天的全球化,可以说是"世界普遍交往和互相依赖的全面扩展和深化"。

三 "全球化"的趋势和结构

在这样一种观察下可知,全球化实际是马克思所说的资本"世界化"的一种新的发展阶段和形式。从历史上看,近代欧洲商业和贸易的繁荣,并不能自发地导致世界市场,它只能要求世界市场。新大陆的发现和新航路的开辟,以及大工业和商业革命,都不能自发导致世界市场。正是殖民主义和帝国主义以"坚船利炮"强力打开非西方世界的大门,强迫这些国家卷入近代文明,促成了世界市场的形成,这也就是最早的全球化运动。于是,在世界市场形成的同时,产生了世界性的从属关系,这就是马克思所说的:"正像它使农村从属于城市一样,它使未开化的国家从属于文明国家,使农民的民族从属于资产阶级的民族,使东方从属于西方。"[①]我们今天所面临的全球化也仍然强化着这样的世界历史性的从属结构和权力关系。

马克思所指出的"从属"现象,现象地指出了一个多世纪以来全球交往所展开的历史特征,也是近代历史的大走势。历史的现实总是通过"势"来发展的,但"势"是历史的现实,而现实性不等于合理

---

① 《马克思恩格斯选集》第一卷,第266—277页。

性。现实是对立的统一,往往同时包含着合理性和非合理性。一百多年来世界历史的发展进程是在一个历史地形成的"从属"结构中实现的,这个从属结构就其世界化而言,其根本特点是"使东方从属于西方"。因此,世界化也好,全球化也好,从来不是抽象的,而是在一定的历史条件下、一定的权力关系、一定的利益冲突格局中发生和进行的。马克思所说的四个"从属于",正是这样一种历史的现实。

"全球化"已经成了我们时代使用频率最高的跨学科词汇。但是"全球化"的定义五花八门,莫衷一是。在有关"全球化"的诸种说法中,"经济全球化"的使用最为广泛,在这个意义上,"全球化是指各种生产要素或资源在世界范围内自由流动以实现生产要素或资源在世界范围的最优配置",成为常常被人们所引用的定义。这里所谓自由,所谓全球,都是相对民族国家的单位而言。

然而,全球化是一个历史的过程,它是在一定的从属结构和民族国家利益冲突格局中展开的。真实的、历史上发生着的全球化远没有新自由主义鼓吹的那么自由。资源、技术、管理的流动,本质上都是资本的流动。在市场经济一体化的当今世界,这些生产要素的流动比以往任何时代都要快,流动的规模也遍及全球各地。但劳动力的自由流动在民族国家的签证制度下从来就是空想,全球化时代发达国家对移民劳动力的排斥越来越大。能源的流动受到美国霸权的全球监控,美国不仅控制中东等石油资源,并且以全球的制海权制约着海上石油运输。中国虽然已参加世界贸易组织(WTO),但中国商品的准入不断受到欧美的打压,美国和欧洲从来没有放弃贸易保守主义的政策以保护其国家的利益。军工商品的贸易更是如此,以色列与中国之间的贸易始终受到美国的阻挠。可见西方发达国家从来不允许全球化阻碍其国家利益,民族国家的利益在这里始终是"在场"的。如果说西方国家在什么地方未强调民族国家,那一定有另外的区域组织或国际组织代表着他们的集体利益。所谓全球化的自由,是在既有的国际政治经济秩序中发展的,而这一国际政治经济秩序是由西方国家建立规则,这一秩序的框架是以有利于西方发达国家为根本原则的框架。资本与其他生产要素的流动,只有在不影响这一格局、只有总体上不减少发达国家既得利益的前提下,"自由"才有可能。所以,全球化的结果,并非全球所有国家都能得益受惠。正是因为如此,人们看到的全球化结果更多的是"资本流遍世界,利润流向西方"。如同一切液体是在势能的作用下流动一样,生产要素的自由流动是在一定的现实的从属结构中实现的。1997年亚洲金融危机提醒人们,全球化的展开并不导致所有国家受惠,非发达国家很容易成为受害者。2001年的"9·11"事件导致美国国家安全政策的变化,更加显示出"后民族国家"、"后主权时代"远没有来临。事实上,美国推动和主导的全球化,不仅要使美国和西方发达国家的生产方式以及与之相适应的经济关系全球化,使美国主导的世界经济秩序彻底全球化,而且包含着使美国和其他西方发达国家的政治价值和政治制度全球化,"使东方从属于西方"。90年代,世界并没有变成一个单一的整体,对立的种族和宗教冲突依然存在,民族国家仍然比跨国公司更有力量,和平远没有战争和冲突更能成为这个时代的特征。

然而,这种现实的透视,决不是主张拒绝全球化,而是使我们更加清醒地了解百年来的历史大势,了解全球化在可能给我们带来好处的同时所倾向带来的危险。与此同时,我们要认识全球化具有的两面性,积极认清全球化为我们提供了赶上、参与、分享全世界所创造的最新文明成果的机会。

资本没有祖国,全球化时代跨国公司的活跃更证明了这一点①。资本的本性是追逐利润,因此,资本始终谋求和低价劳动力的结合。在 19 世纪,西方新兴资本主义国家是靠"低廉价格的商品"作为摧毁一切东方万里长城的重炮,而 20 世纪 60 年代以来,资本主义的发展则是以跨国公司资本的投资方向朝向第三世界地区为特征。资本在第三世界的落地当然为了利润,但也同时为后发展的国家资本短缺提供了资金来源,为当地劳动力提供了就业机会,为这些国家制造的商品开通了国际市场,为当地技术、市场、管理的国际化提供了条件。从而使得后发展国家通过广泛参与全球化的劳动分工,通过与先进文明成果的连接,获得了促进自己的壮大和获得生产力的发展的机会。跨国资本的积极流动在这里为落后国家进入工业化竞赛提供了机遇,而这往往是民族国家自己难以独立达成的。

但在决定是否积极参与全球化过程的政策和发展战略上,民族国家的角色不仅没有消失,而且对全球化过程起着重要的作用。

四 文化全球化:变"西方化"为"世界化"

本文的重点其实不是讨论全球化的经济、技术、政治的方面,重点仍在文化,即全球化时代的文化关系。从全球化的实践上看,经济和文化可以分开讨论。② 如经济全球化的浪潮席卷全球,在第三世

---

① 罗伯特·考克斯说"多国公司和银行是全球化的主要媒介",见其文《从不同的角度透视全球化》,载《全球化话语》,第 19 页。
② 罗兰·罗伯森(又译罗兰·罗伯逊)也认为,世界体系在政治上、经济上的扩张,与文化并不形成对称的关系。见《全球化理论谱系》,湖南人民出版社,2002 年,第 126 页。

界异议较少;但在文化上,注重本土性、民族性和地方特色的呼声日益高涨,而且这些呼声既来自非西方的国家,也来自欧洲国家①。中国古代的理气论中,有所谓"气强理弱"和"以理抗势"的说法②。如果"气"与"势"一样可表达现实性、必然性的概念,而"理"可以表达合理性的概念,用这样的观点来看全球化的问题,我们可以说,在全球经济领域,气强理弱;但在全球文化领域中,理可以抗势。理念对现实的引导作用更多地体现在文化的领域。

从文化的角度来思考19世纪以来世界各民族历史密切联结,世界各地文化沟通、融合的过程,即从文化的角度来反思全球化的历程、特点,以罗兰·罗伯森为代表,晚近以来已经有了不少申论。

不过,让我们还是先回到马克思:

> ……过去那种地方的和民族的自给自足和闭关自守状态,被各民族的各方面的互相往来和各方面的互相依赖所代替了。物质的生产是如此,精神的生产也是如此。各民族的精神产品成了公共的财产,民族的片面性和局限性日益成为不可能,于是由许多种民族的和地方的文学形成为一种世界的文学。③

这里,"民族的片面性和局限性",不仅对东方是如此,对西方也同样适用。很显然,在文化上,马克思所主张的,决不是"东方从属于西方",他所肯定的是"各民族的精神产品成为公共的财产","由许多种民族和地方的文学形成为一种世界的文学"。这个观点,应当说

---

① 莱利斯·辛克莱说:"本土文化抗击全球化力量的竞争诉求,已然在世界范围内把自己提上了社会学、文化和政治研究的日程。"参见其文:《相互竞争中的多种全球化概念》,载《全球化话语》,第41页。
② 气强理弱之说出于宋代的朱子,以理抗势之说则见于明代的吕坤。
③ 《共产党宣言》,《马克思恩格斯选集》第1卷,人民出版社,2001年,第276页。

不仅是指文学,也代表了马克思在整个人文学领域的世界化观点。在这样的立场上,世界文学、世界史学、世界哲学是涵盖了各地方的各民族的特色,又超越了单一地方、单一民族的局限的文化范畴,而决不是以欧洲的范式和特色去覆盖一切民族和地方的文化。

就哲学而言,在全球化的时代,必须一改近代以来西方中心主义的文化理解,那种认为只有西方的哲学才是哲学的观点已经是一种落后于200年来东西方文化频繁交流和普遍交往的经验的观点。在世界化的时代,我们应当把哲学了解为文化,换言之,"哲学"是一共相,是一个"家族相似"的概念,是西方、印度、中国文明各自关于宇宙人生的理论思考,是世界各民族对宇宙人生之理论思考之总名,是一个世界哲学的概念。在此意义上,西方哲学只是哲学的一个殊相、一个例子,而不是哲学的标准。因此,"哲学"一名不应当是西方传统的特殊意义上的东西,而应当是世界多元文化的一个富于包容性的普遍概念。

中国哲学虽然其范围与西方哲学有所不同,其问题亦与西方哲学有所不同,这不仅不妨碍其为中国的哲学,恰恰体现了哲学是共相和殊相的统一。所以,今天非西方的哲学家的重要工作之一,就是发展起一种广义的"哲学"观念,在世界范围内推广,解构在"哲学"这一概念理解上的西方中心立场,才能真正促进跨文化的哲学对话,发展21世纪的人类哲学智慧。如果未来的哲学理解,仍然受制于欧洲传统或更狭小的"英美分析"传统,而哲学的人文智慧和价值导向无法体现,那么21世纪人类的前途将不会比20世纪更好。[1]

全球化一词,若作为动词,本应指某一元素被推行于、流行于、接

---

[1] 参看陈来:《现代中国哲学的追寻》,人民出版社,2001年,第359页。

受于全球各地,在这个意义上,全球化是有主词的,如说"市场经济的全球化",其主词就是市场经济,如说"美国文化的全球化",其主词就是美国文化。但是,事实上,虽然众多政治家、媒体、学者使用全球化这一语词,但多数人并不赞成这种有主词的全球化理解。从文化上看,原因很明显,有主词的全球化,是一元论的,意味着用单一性事物去同化、覆盖和取代全球的文化多样性,意味着同质化、单一化、平面化,这在文化上是极其有害的。另一方面,这种有主词的全球化,一般被认为是西方化,甚至是以美国的政治经济体制、美国的价值观、美国的文化意识形态作为其主词的,它必然引起与世界各地民族认同和文化传统的紧张。而现实世界的全球化过程也的确有这样的趋势和倾向,特别是美国所主导和推动的全球化始终致力于朝向这样的方向发展。这理所当然地受到欧洲和亚洲等多数国家人民对"文化帝国主义"的警觉和质疑。① 基于这样的立场,更多的人赞成把文化的全球化视作全球各文化"相互渗透,相互融合"的过程,甚至把全球化作为一种杂和的过程。② 这样的全球化概念更多地代表一种全球性状态,而不是指某单一中心把别人都化掉。可见全球化这一词,既可以是性质的,也可以是状态的,即全球化也可以理解为全球性状态的,这里就不需要主词了。与这样一个时代相适应,必须发展起一些新的、富于多元性的世界性文化概念和文化理解。

最后,全球化和本土化在实践上是互相补充的,所谓"全球的本土化"(glocalization)即是如此。从这个方面来说,全球化应当是多主词的,从而形成复数的全球化,诸多的全球化努力相互竞争、相互

---

① 乔纳森·弗里德曼:《文化认同与全球性过程》,商务印书馆,2003年,第294页。
② 让·内德·皮特斯:《作为杂和的全球化》,载《全球化话语》,上海三联书店,2002年,第103页。

影响,共同构成全球化时代大交流的丰富画面。在这个意义上,全球化是一个竞争平台,是一种技术机制,任何事物都可以努力借助当今世界的技术机制使自己所欲求的东西全球化。

五 价值的多元普遍性

全球化为东方文明提供了新的机遇,从根本上改变三百年来东西方文化失衡的状态。因此我们不能把全球化仅仅当做一个外在的客观过程,而应当把它作为参与的、能动选择的、改变着的实践过程。这又涉及到文化认同的问题。在中国,文化认同的问题始终和古今东西之争连接着。

全球化所涉及的古今东西的问题,全球化的讨论和现代化的讨论有些类似,只是方式和角度有所不同。如,在中国近代化初期的启蒙运动中,是以西方 vs 东方;在现代化理论中,是以传统 vs 现代,在全球化论说中则是以全球化 vs 地方性,其实都始终关联着一个根本的问题,即在现代化时代,传统的命运如何,和如何对待传统,如何对待文化认同的问题。我们这里所说的地方性传统,还不是指人类学家常常处理的部落的、小区域的地方,而是指非西方的大文明传统,如印度文明、中国文明、阿拉伯文明。可以说,全球化已经显现出一种趋向,把这个问题提得更尖锐了,即当今全球化的世界,谁在经济政治上有力量,谁的文化就有可能覆盖其他的文化和文明创造。

此外,由于经济全球化的说法最有说服力,所以在这个意义上,全球化突出的仍然是工具理性的全球发展,也因此,全球化中遇到的问题是和现代化运动一样的,如工具理性和价值理性的不平衡问题,德国资深政治家施密特即指出,非全球化可能带来道德退化的问题必须引起注意。

从哲学上说,一个事物或要素在一定的历史过程中被全球化了,表示此一事物或要素自身具有可普遍化的特质,并且这一特质得到了外在的实现。由于早期现代化过程是历史地呈现为西方化的特点,因此,从韦伯到帕森思,在伦理上,都把西方文化看成是普遍主义的,而把东方文化看成是特殊主义的,意味着只有西方文化及其价值才具有普遍性,才是可普遍化的,而东方文化及其价值只有特殊性,是不可普遍化的。从而把东西方价值的关系制造为"普遍主义"和"特殊主义"的对立。这样的观点运用于全球化,就是以"西方"去"化"全球,以实现"全球化"。在这里,全球化的讨论就和现代化的讨论衔接起来了。"现代化"要求从古代进入现代,讲的是古往今来,突出了"古—今"的矛盾;而"全球化"要求放之四海而皆准,讲的是四方上下,突出的是"东—西"的矛盾。60年代的现代化论者突显"传统—现代"的对立,要后发展国家和地区抛弃传统文化价值,拥抱现代化,90年代的全球主义者强调的是"全球—地方"的对立,要用全球性覆盖地方性。可见,从现代化到全球化,古今东西的问题始终是文化的中心问题。从儒家的思想立场来说,针对现代化理论,我们强调古代的智慧仍然具有现代意义;针对全球主义,我们强调东方的智慧同样具有普遍价值。其实,这两种针对性都是强调文化传统特别是非西方文化传统的普遍意义和永久价值,只是强调的重点是一个侧重在时间,一个侧重在空间。

首先,如果我们借用地方性这个概念的话,那么必须看到,人类不管生活在什么样的工业技术时代,人的最直接的生活秩序是地方性的,人在现代化生活之外,要求道德生活,要求精神生活,要求心灵对话,而道德秩序都是由地方文化来承担的,宗教信仰也都是由地方文化来承担的。古往今来，从来没有、未来也不可能有一个全球宗教可以取代一切地方性宗教而成为地球人类的共同宗教。多元化的道德体系和宗教系统是世界的现实，未来几百年也不大会有改变的可能。另一方面，地方文化也可具有普遍性，亦可普遍化，以佛教为例，佛教属于世界宗教，但仍有其地方性，儒教亦然。可见全球化与地方化不是截然两分的，而是互相渗透的。事实上，佛教也好，儒教也好，在历史上都早已不是纯粹的地方文化，而不断地随着传播的可能性而扩展，它们都先在近世东亚取得了世界性，并在近代向更大的世界性展开。这种传播的扩大本身就说明了东方的佛教和儒教具有可普遍化的性质，其内容具有普遍性的意义。

因此，我们必须尝试建立起"多元的普遍性"的观念。美国社会学家罗伯森在其《全球化：社会理论和全球文化》中提出，"普遍主义的特殊化"和"特殊主义的普遍化"是全球化的互补性的双重进程。普遍主义的特殊化，即我们常讲的"普遍真理与（当地的）具体实际相结合"，其普遍主义指的是西方首先发展起来的现代经济、政治体制、管理体系和基本价值，这又可称为"全球地方化"。特殊主义的普遍化则是指对特殊性的价值和认同越来越具有全球普遍性，只要各民族群体或本土群体放弃各种特殊形式的本质主义，开放地融入全球化过程，其族群文化或地方性知识同样可以获得全球化的普遍意义，这是"地方全球化"。[①] 罗伯森的这一说法很有意义，但这种说法对东方文明的普遍性肯定不足。在我们看来，这种普遍和特殊只有时间的差别，西方较早地把自己实现为普遍的，东方则尚处在把自己的地方性实现为普遍性的开始，而精神价值的内在普遍性并不决

---

① 参看《全球化理论谱系》，第131页。

定于外在实现的程度。在我们看来,东西方精神文明与价值都内在地具有普遍性,这可称为"内在的普遍性",而内在的普遍性能否实现出来,需要很多的外在的、历史的条件,实现出来的则可称为"实现的普遍性"。因此,真正说来,在精神、价值层面,必须承认东西方各文明都具有普遍性,都是普遍主义,只是它们之间互有差别,在不同历史时代实现的程度不同,这就是多元的普遍性。① 正义、自由、权利、理性个性是普遍主义的价值,仁爱、平等、责任、同情、社群也是普遍主义的价值②。梁漱溟早期的《东西文化及其哲学》所致力揭示的正是这个道理。今天,只有建立全球化中的多元普遍性观念,才能使全球所有文化形态都相对化,并使它们平等化。③ 在这个意义上,如果说,在全球化的第一阶段,文化的变迁具有西方化的特征,那么在其第二阶段,则可能是使西方回到西方,使西方文化回到与东方文化相同的相对化地位。在此意义上,相对于西方多元主义立场注重的"承认的政治"④,在全球化文化关系上我们则强调"承认的文化",这就是承认文化与文明的多元普遍性,用这样的原则处理不同文化和不同文明的关系。这样的立场自然是世界性的文化多元主义的立场,主张全球文化关系的去中心化和多中心化即世界性的多元

---

① 林端从社会学的角度质疑了韦伯—帕森思制造的普遍主义与特殊主义的对立,认为儒家伦理是一种"脉络化的普遍主义",见其文《全球化下的儒家伦理》,载氏著《儒家伦理与法律文化》,中国政法大学出版社,2002年,第187页。
② 杜维明在哈佛大学"儒家人文主义"课程中曾就这两组价值孰重孰轻在学生中做过调查,据他说,十年前学生的选择和现在学生的选择有很大变化,现在认为公益比自由重要、同情比理性重要的人越来越多。有关两类价值的分析请看杜维明两篇论文:《全球化与多样性》(《全球化与文明对话》,江苏教育出版社,2005年)和《文化多样性时代的全球伦理》(《儒家传统与启蒙心态》,江苏教育出版社,2005年)。
③ 参看《全球化理论谱系》,第129页。
④ 见查尔斯·泰勒:《承认的政治》,载《文化与公共性》,三联书店,1998年。

文化主义。从哲学上讲,以往的习惯认为普遍性是一元的,多元即意味着特殊性;其实多元并不必然皆为特殊,多元的普遍性是否可能及如何可能,应当成为全球化时代哲学思考的一个课题。

回到儒家哲学,在全球化的问题上,已经有学者用理学的"理一分殊"来说明东西方各宗教传统都是普遍真理的特殊表现形态,都各有其价值,又共有一致的可能性,用以促进文明对话,这是很有价值的。① 我所想补充的是,从儒家哲学的角度,可以有三个层面来讲,第一是"气一则理一,气万则理万",气在这里可解释为文明实体(及地方、地区),理即价值体系。每一特殊的文明实体都有自己的价值体系,诸文明实体的价值都是理,都有其独特性,也都有其普遍性。② 第二是"和而不同",全球不同文明、宗教的关系应当是"和",和不是单一性,和是多样性、多元性、差别性的共存,而同是单一性、同质性、一元性,这是目前最理想的全球文化关系。第三是"理一分殊",在差异中寻求一致,为了地球人类的共同理想而努力。

朱子在《四书集注》中,既谈到"理势之当然",又谈到"理势之必然"。用这样的观点来说,全球化是"自然之势",但人可以而且应当"因其自然之势而导之",这样才能把理和气结合起来,把理势之自然和理势之当然结合起来,历史才能向着人的理想的方向前进。

---

① 刘述先:《全球伦理与宗教对话》,台北立绪文化公司,2001年。
② 表面上看,这有流于相对主义的危险,但对反对文化霸权而言,却不失为一种理据。这里的关键是论域,在世界文化格局的论域里,人们所关注的是,文化霸权主义还是文化相对主义是当前主要的危险。应当说,在全球的文明关系中霸权主义是主要的危险。当然,若论域不同,如在一国内的文化状态来说,相对主义与虚无主义的问题亦值得重视。

后　记

儒家文化源远流长。孔子与早期儒家思想传承了三代文明,承继了夏、商、周的政治、思想的主导价值,在轴心时代建立起了一套贯通天地人的思想文化体系。中国文化的历史显示出,儒学是中国文化的主体部分,儒学奠定了中国文化的核心价值,并在历史上对传承、发展中华文明发挥了主要的积极作用。在两千多年的中国历史发展中,无数的儒家政治家、思想家和知识分子,以自己的全幅身心性命参与了这一伟大传统的建构、延续与发展,在塑造中华文明及其性格方面起了不可替代的作用。儒家与孔子已经在相当的程度上成为中华文明的精神标志。

近代以来,儒家文化及其价值受到了追求富强进步的先进的中国人的全面批判,儒学经历了最为严厉的历史文化考验,但同时也开启了儒家思想文化新的发展的生机。战后东亚地区发展的历史,中国大陆三十年来改革开放的历史,显示出儒学经受住了现代化和西方文化的冲击,经过创造的转化之后,儒学在现代焕发了生机,迎来了新的发展的前景。特别是,1990年代后期以来,中国的现代化进程不断深入,快速发展,2008年的北京奥运会是中国现代化初级阶段达成的标志。在世界范围内,中国的重新崛起已经是不争的事实。随着中国现代化的纵深发展,中华文明的伟大复兴已经不再是一个遥远的梦想。今天,中华民族在国学热的涌动中重新拥抱自己的文化,带着自己的文化、价值与信心,挺胸走向世界。在这样的背景和形势下,深入进行儒家思想文化的研究,有着不言而喻的重要意义。

20世纪中叶以来,儒家思想的开展是在和现代文化的互动中实现的,有关现代文化的各种思想对儒家哲学和思想文化形成了刺激和挑战,而现代儒学必须对这些挑战进行回应和思考,在这种回应和思考中,一方面尽其关注现实的文化责任,另一方面发展儒学的现代思考。

本书各章的写作,虽然在思路上具有内在的一致性,但由于因应于不同的具体需要,而产生在不同的时期。在这里把它们的原初写作情况向读者做一交代。

《孔子与当代中国》是2007年夏中国文化论坛第三届论坛我作为会议执行主席提交的大会报告,发表在当年《读书》杂志第11期;

《谁之正义,何种伦理?——儒家伦理与全球伦理》是1998年夏针对孔汉思等《世界伦理宣言》文本而提供的一个从儒家伦理角度所作的回应,发表在同年《读书》杂志第10期;

《儒家思想与人权话语》是综合我在1995年美国夏威夷和1996年在北京香山两次参加中美"儒家与人权"研讨会的论文而成,收入2001年出版的《对话二:儒释道与基督教》一书;

《儒家传统与公共知识分子》是2002年参加华东师范大学主办的"公共知识分子与现代中国"研讨会的论文,发表在许纪霖主编、2003年出版的《公共性与公共知识分子》一书中;

《儒家仁说的生态面向与现代诠释》是我在1998年冬参加香港中文大学举办的"第四届儒耶对话国际会议"研讨会论文,发表在《中国哲学史》期刊1999年第2期;

《儒家礼学与现代社会》是 1999 年参加韩国全南大学举办的"国际儒家礼学会议"的论文,发表在《孔子研究》2001 年第 1 期;

《儒耶对话的儒家观点:本体与本根》,收入 1998 年出版的何光沪、许志伟主编的《对话:儒释道与基督教》一书;

《儒家思想与现代东亚世界》是 1994 年参加在日本福冈举行的"东亚传统思想国际讨论会"的论文,发表在同年的《东方》杂志第 3 期;

《儒家伦理与中国现代化》是参加"第四届中国文化与现代化会议"论文基础上改写的,曾部分发表在《二十一世纪》1994 年 2 月号;

《现代中国文化与儒学的困境》,是参加台湾"中研院"第二届汉学国际会议的论文,收入刘述先所编的《儒家思想与现代世界》一书,1997 年出版;

《中国早期政治哲学的三个主题》是 2006 年 9 月参加首都师范大学举办的政治哲学研讨会的论文,发表于《天津社会科学》2007 年第 2 期;

《论道德的政治——儒家政治哲学的特质》是 2009 年参加台湾辅仁大学主办的国际中国哲学大会的论文,发表在《天津社会科学》2010 年第 1 期;

《论儒家的教育思想的基本理念》(本书作《论儒家的教育思想》)是 2005 年参加在夏威夷大学举办的第 9 届东西方哲学家会议的论文,发表在同年《北京大学学报》第 5 期;

《现代新儒家的"哲学"观念——以熊十力为中心》是参加 2000 年在武汉大学举办的"熊十力与中国传统文化国际学术研讨会"的论文,收入《人文论丛》2002 年;

《"互以对方为重"——梁漱溟的儒家伦理观》是提交 2004 年在

杭州举办的中国哲学史学会年会的论文,发表于《浙江学刊》2005 年第 1 期;

《"文化热"运动的儒学护法——张岱年先生的儒学观》写于 2004 年,发表在《中国哲学史》2004 年第 3 期;

《二十世纪的儒学研究与儒学发展》是参加 2010 年香港中文大学"儒学:学术、信仰和修养国际学术研讨会"的论文;

《走向真正的世界文化:全球化时代的多元普遍性》是参加 2005 年北京大学举办的哈佛燕京校友会年会论文,发表于《文史哲》2006 年第 2 期。

本书在写作的过程中曾得到不少友人的辩难、激发、帮助,促进了我自己的相关思考。本书部分章节的写作,以及全书各章在收入本书时作的改写、修订和编辑等,得到了凯风公益基金会的资助,谨在此一并表示衷心的感谢。

陈　来
2011 年 1 月 8 日